REYNALDO DIAS DE MORAES E SILVA

# BRASIL – UM GIGANTE ACORRENTADO

## *- 25 ANOS NO CAMINHO DO DESASTRE -*

**REYNALDO DIAS DE MORAES E SILVA**

# BRASIL – UM GIGANTE ACORRENTADO

## *- 25 ANOS NO CAMINHO DO DESASTRE -*

SÃO PAULO - 2020

------------------------------------------------------------

Todos direitos de edição reservados à
**REYNALDO DIAS DE MORAES E SILVA**
Águas de São Pedro – São Paulo - SP


Revisão
Maria José Alves

Ilustração
https://pt.wikipedia.org/wiki/Ficheiro:Prometheus_Adam_Louvre
_MR1745_edit_atoma.jpg

Dados Internacionais de Catalogação na Publicação (CIP)
(Câmara Brasileira do Livro, SP, Brasil)

Silva, Reynaldo Dias de Moraes
Brasil – Um Gigante Acorrentado – / Reynaldo Dias de Moraes e
Silva. 1ª ed. – Águas de São Pedro, SP, 2020.
1. Economia
2. Inflação – Brasil 1. Título

Índice para catálogo sistemático
1.Brasil: Economia: Inflação
2. Economia: Desenvolvimento

*O deus supremo ordenou que o deus ferreiro Hefáistos forjasse uma corrente indestrutível, de elos invioláveis — incumbência que ele aceitou de bom grado porque afinal fora de sua forja que Prometeu teria roubado o fogo. Com essa corrente a toda prova, Prometeu ficou acorrentado ao alto de um pico no Cáucaso — onde hoje fica a Geórgia, na União Soviética, portanto bem longe do Olimpo grego — condenado a ter o fígado eternamente devorado por uma águia. Cada vez que a águia terminava de devorar todo o fígado de Prometeu, a víscera renascia e a águia começava de novo a devorá-lo. Esse castigo impiedoso — e acima de tudo injusto, pois que mal podiam os homens mortais fazer com o fogo contra os deuses imortais?*

## O BRASIL RETRATADO

Economia sempre foi em parte um veículo para a ideologia dominante de cada período, assim como em parte um método de investigação científica. Ela claudicou com um pé em uma hipótese não testada e com outro em slogans não testados. Aqui nossa tarefa é esclarecer da melhor forma, essa mistura de ideologias e ciência. No que segue, esse tema é ilustrado com referências de uma ou duas das principais ideias dos economistas desde Adam Smith e posteriores, não da maneira que foram apreendidas, marcando o desenvolvimento do pensamento, não historicamente, para mostrar como as ideias cresceram a partir dos problemas de cada era, mas principalmente uma tentativa de desembaraçar a misteriosa maneira que as proposições metafísicas, sem nenhum conteúdo lógico, podem ainda ter uma poderosa influencia no pensamento e na ação.

JOAN ROBINSON

A condução da política monetária é hoje a última trincheira do liberalismo tecnocrático. O questionamento do arcabouço teórico que lhe confere legitimidade não é entendido como um questionamento meramente intelectual, mas como uma ameaça política. Diante da gravidade da crise político-institucional por que passa o país, levantar a possibilidade de que o arcabouço conceitual da ortodoxia macroeconômica possa estar equivocado ameaça, assim, a legitimidade da última trincheira da tecnocracia liberal ilustrada. Por isso mesmo, mais do que nunca, é preciso que se compreendam as questões envolvidas no debate macroeconômico. Assim como no passado a desastrada tentativa de aplicar regras rígidas do controle da moeda e do crédito diante de um processo inflacionário crônico, nas últimas duas décadas a insistência em aplicar uma nova ortodoxia, agora baseada numa regra para a taxa de juros, pode ter causado danos mais graves do que se aparenta. A moeda é uma convenção social. As questões monetárias são, portanto, indissociáveis dos costumes, das instituições e da tecnologia, que estão sempre em evolução. Nada mais inadequado para ser congelado numa ortodoxia defendida com unhas e dentes de todo questionamento intelectual."

ANDRÉ LARA RESENDE

9

Para mim, um defeito da economia atualmente, como ciência e como profissão, refere-se ao fato de ela ter nascido interdisciplinar e humanista. Veio da filosofia e, com o passar do tempo, restringiu-se rigidamente a um determinado modo de atuar, esquecendo-se do ato de pensar.

Esse modo de ver reduz as possibilidades criativas dos seres humanos a comportamentos que podem ser medidos e previstos, tendo como consequência a redução do próprio humano, com fortes suposições sobre aquilo que importa: a sobrevivência, o material. Tudo isso opera transformando pessoas em estatísticas, sistemas complexos em equações lineares, subjetividade em gráficos, sem espaço para imaginação. A imaginação não é ciência entende a disciplina – e não é mesmo. Mas a disciplina esquece que a ciência não existiria sem o pensamento e a imaginação.

MONICA BAUMGARTEN DE BOLLE

# SUMÁRIO

## CAPÍTULO IV



## CAPÍTULO V



## BIBLIOGRAFIA

# Prefacio

Retrato o Brasil como Ptolomeu da mitologia grega, pois me pareceu uma representação lúdica dos juros altos (a águia), o fígado (as riquezas) e os deuses (o sistema financeiro). Como dizem os italianos *"si non é vero é bene trovatto"*. Uma tragédia anunciada. A utilização de juros básicos muito elevados para controle da inflação aplicados nos últimos 25 anos como essência da política monetária, levou o País a uma situação absolutamente crítica com o advento da pandemia da COVID – 19 sem que uma saída possível possa ser imaginada, afora as mentiras e enganações das autoridades econômicas tentando se escusar de responsabilidade com o desastre. O aumento da inflação provocado provavelmente por uma redução da produção se for combatido por um aumento da taxa de juros irá aumentar o déficit das contas públicas e levar o País a insolvência por impactar a dívida pública mobiliária que ultrapassará 115% do PIB. Um desastre anunciado há 25 anos.

Durante esses anos todos a destinação de grande parte da renda obtida no crescimento da produção foi desviada para os detentores de títulos públicos remunerados por esses juros, que fizeram não somente a riqueza de muitos rentistas, mas em sua maior parte para o sistema financeiro, principal detentor da maioria desses títulos. Investir em produção para que? Ganhar mais com somente o risco soberano era muito mais atrativo para o capital privado e para o sistema financeiro.

Nos últimos tempos tem havido no universo da economia uma notável convulsão, se podemos assim qualificar o debate acirrado entre os ortodoxos defensores da teoria do equilíbrio e da velocidade-renda da moeda e sua neutralidade e os críticos dessa teoria, em razão do grande desgaste sofrido pelos primeiros com as crises sucessivas que resultaram certamente na mais grave crise mundial e de longa duração, e o desastre da política monetária aplicada no Brasil. Pela teoria deles a crise mundial seria inimaginável e no Brasil ela é tratada como fruto de problemas acessórios pontuais.

De uma bolha financeira no setor imobiliário nos EUA que quando estourou levando de cambulhada importantes organizações financeiras e uma queda no valor dos ativos financeiros em todo mundo, além de provocar a necessidade de vultosos aportes financeiros das autoridades monetárias dos mais importantes países capitalistas para evitar o risco sistêmico de contaminação de todo universos dos intermediários financeiros, os governos tiveram que destinar grande volume de recursos públicos para salvar enormes empresas transnacionais, tanto nos EUA como na União Europeia.

Ainda 12 anos depois as taxas de crescimentos na Europa são irrisórias, problemas como os sofridos por Portugal, Espanha e pela Grécia vieram de uma crise resultante da elevada liquidez mundial, onde as taxas de juros reais se tornaram negativas levando o sistema financeiro a aplicar seus depósitos em empréstimos a esses países em montantes muito além do recomendável pelos critérios bancários usuais, originando as crises de dificuldades de pagamento das obrigações. O elevado endividamento mundial de US\$ 274 trilhões que de certa forma atesta esse enorme excedente de capital rolando como ativos financeiros nos mercados internacionais e que não conseguem se converter em ativo real, criou de fato uma situação parecida com o Esquema Ponzi (*esquema pirâmide*), que resulta inevitavelmente em crises periódicas de depreciação desses ativos financeiros para continuar a entrada de novos capitais. A predominância de juros reais negativos no mercado internacional, também atesta claramente esse excedente.

André Lara Resende com o lançamento de seu livro "Juros, Moedas e Ortodoxia", deu esperanças de que a prevalência das teorias monetárias que apoiam a política monetária adotada no País nesses 25 anos, possa vir a mudar. A importância política desse trabalho de Lara Resende é enorme se considerarmos que vai lentamente, mas inexoravelmente demolindo os fundamentos da ortodoxia monetarista e a prevalência da doença do "econometrismo" sobre a razão filosófica. Em razão de sua importância acadêmica e como um dos pais do Plano Real, apesar de ter sido "massacrado" pelos economistas ligados à área financeira com seus interesses próprios, sua inegável e brilhante ficha acadêmica irá produzir efeitos duradouros, considerando ainda um movimento mundial, que não é o "*neofisherismo*" em torno do ensino de economia calcado nas velhas teorias neokeynesianas, que na verdade é uma volta aos clássicos. Lara Resende com seu livro vai marcar definitivamente o limite entre um passado recheado de enormes equívocos acadêmicos, estéreis controvérsias entre desenvolvimentismo e monetarismo e uma possibilidade na condução de políticas monetárias consequentes com as necessidades e a realidade de um País corroído pela dominação financeira, com seu desenvolvimento acorrentado por essas teorias enfaticamente justificadas pela profissão de economista, principalmente aqueles situados no Banco Central e como assessores dos governos nesse período. Meu aparente otimismo não delimita o tempo, mas dá um valor político e social até hoje não experimentado no Brasil à extraordinária lucidez e acuidade dos escritos dele.

Como disse Lara Resende não podemos manter longe da sociedade a compreensão dos fenômenos que abalaram tanto a Nação brasileira. Entretanto, não pretendo aqui discutir todas as questões do desenvolvimento brasileiro, mas mostrar que o Brasil que teve taxas médias de desenvolvimento superiores de 6,7% a.a. de 1963 até 1982, e quando começou a hiperinflação somente cresceu em média de 1982 até 1993, 2,25% a.a., e a partir do Plano Real até agora cresceu em média somente 3,14% a.a. com inflação baixa. Isso mostra que o crescimento foi acorrentado por interesses alheios às necessidades de seu povo passando a taxas de crescimento médio muito inferior as possibilidades por desviar parte importante de sua renda e investimentos para o setor financeiro e para os rentistas.

Apesar das numerosas referências bibliográficas e de seu aspecto este não é um livro categorizado como acadêmico. Essas citações mostram apenas que não estou sozinho nesta tarefa de trazer alguns esclarecimentos para essa "Grande Caixa Preta" que se tornou a divulgação dos fatos econômicos no Brasil. Assim, este não é um livro para acadêmicos, o grande público interessado em economia e nos problemas atuais do País pode se beneficiar de sua leitura. É o Brasil no fundo do seu quintal, longe das vistas do grande público com suas mazelas históricas.

**Reynaldo Dias de Moraes e Silva**

# Prólogo

A partir da eleição de 2018 para os cargos majoritários e de representação popular, admitia-se uma melhora no cenário, mas o ano de 2020 apresenta resultados desastrosos sob o ponto de vista econômico pela prática continuada de uma política econômica e monetária ortodoxa durante 25 anos, muito agravada quando chamada a agir numa situação de crise política-institucional como em 2020 e capitaneada por um economista do "mercado", o qual se chamado de ortodoxo seria um elogio. Situa-se na margem extrema dos economistas que defendem a ausência do Estado competindo seriamente com os anarquistas que no século XIX eram os progressistas, enquanto os conservadores defendiam o Estado.

A austeridade fiscal e monetária para o controle de uma inflação pressupostamente fora de controle, tanto por seu diagnóstico equivocado como pela sua pequena intensidade, provocou a mais grave e intensa recessão que já sofreu o País. Essa recessão, com todas as sequelas de altíssimo desemprego, queda ampla da arrecadação tributária, explosão do *"déficit"* fiscal, quebra de uma quantidade muito grande de empresas, principalmente as pequenas e médias grandes empregadoras de mão de obra, não logrou de imediato uma redução significativa da inflação que ainda atingiu em 2015 a taxa de 9,32% e somente num estágio avançado da recessão com mais de 13,5 milhões de pessoas desempregadas, esta começou a ceder.

Com o aparecimento da pandemia e a necessidade de acudir as classes mais pobres e os desempregados em número elevado pelo fechamento das empresas industriais e de serviço para manter o isolamento social, as despesas fiscais se somaram a Dívida Mobiliária Federal Interna Bruta já em níveis muito elevados pela acumulação dos juros, explodiu e ultrapassou 90% do PIB mostrando clara dificuldade de manter os serviços da dívida em dia. Os investidores desconfiados passaram a exigir juros mais altos para comprarem títulos do tesouro o que impactará ainda mais na dívida pública num círculo vicioso perverso. Adicionalmente à crise do COVID - 19, o uso intensivo dos recursos da dívida para evitar um descalabro social - como o "mercado" passou a exigir juros mais altos para rolar a dívida - levou a suspeita de que o Tesouro não conseguiria rolar 25,8% de seu total nas mãos do público que vencem em meados do próximo ano.

Os resultados não deixaram de aparecer e o "mercado" promoveu a desvalorização do Real passando de R$3,85 para R$5,87 no novo período de governo apesar dos esforços do Banco Central vendendo moeda da reserva internacional para conter a alta do dólar.

Ironicamente a sobrevalorização do Real nesses 25 anos passou a se reverter por uma queda acentuada das exportações, um importante "déficit" das transações correntes, (-) US$ 95,580 bilhões em 2014 ou 4,34% do PIB e um saldo negativo em conta corrente de US$ 90,753 bilhões do Balanço de Pagamentos, somente saldado com a entrada de U97,180 bilhões de capitais estrangeiros para investimentos que deixaram de entrar por causa da pandemia e da confusão nas contas públicas.

Digo ironicamente, pois essa sobrevalorização era o instrumento principal para controle da inflação através do "subsídio" implícito às importações para impedir que as empresas brasileiras subissem seus preços. Uma permanente sobrevalorização da moeda nacional ajudou a agravar o quadro de dificuldades de capitalização das empresas, principalmente as empresas industriais que já vinham sofrendo a competição desleal de concorrentes estrangeiros privilegiados por uma taxa cambial que lhes dava de pronto uma vantagem bruta de 48,22 % na competição com as empresas brasileiras.

Nesse contexto a mídia capitalista para disfarçar a questão alegava a falta de competitividade da indústria brasileira e a associação dos empresários culpava um tal de "Custo Brasil", para explicar o "déficit" das transações correntes, com a cumplicidade da maior parte dos economistas brasileiros. Esse "déficit" pretendia justificar a entrada de capital estrangeiro pressupostamente para equilibrar o Balanço de Pagamentos, pois o País seria incapaz de obter poupança suficiente para bancar os investimentos necessários para crescer. No entanto, não se davam conta ou não queriam se dar conta que juros altos e câmbio apreciado é um binômio insuperável para as mais eficientes empresas brasileiras conseguissem competir com bens e serviços importados.

Hipocrisias a parte, provocou a redução da participação do setor industrial no **PIB** que traduzia claramente uma desindustrialização precoce em razão da sobrevalorização cambial, como sequela da ortodoxia econômica e monetária. Essa ortodoxia utiliza essa sobrevalorização para controle da inflação no pressuposto simplório que a competição com as empresas estrangeiras auxilia no controle da inflação, isto num quadro grave de ampla oligopolização no setor industrial multinacional.

Apesar dessa sobrevalorização, a economia acusada de falta de competitividade conseguiu obter saldo na balança comercial em 2012 e uma forte redução em 2013 e um saldo negativo em 20014, principalmente devido a uma grande queda das importações em razão da recessão. Os saldos negativos das transações correntes apesar de expressivos saldos da balança comercial mostravam apenas a desarrazoada invasão do capital estrangeiro, que gerou necessidade de remuneração desses capitais com vultoso comprometimento das Transações Correntes pela predominância de investimentos em bens e serviços *"non tradeables"* e aplicações de *"portfolio"*.

Graves equívocos teóricos e conceituais que perduraram durante 25 anos levaram o País a uma situação crítica com a aprovação quase unanime dos economistas brasileiros, e evidentemente de outros diretamente interessados, como o sistema financeiro e a mídia capitalista triunfalista, usufrutuários da política de juros altos e elevados rendimentos do capital financeiro, o famoso *"mercado"*.

O que pretendemos mostrar neste livro são os desvios teóricos da adoção das políticas econômicas e monetárias, aplicadas no Brasil, como simples cópias delas dos países capitalistas pós-industriais, muitas vezes com base numa *"Globalização"*, palavra muito difundida atualmente em todo mundo, como desculpa para as insuficiências das teorias econômicas atuais para explicar o que ocorre no mundo capitalista com suas crises sistêmicas.

As falsas premissas que fundamentaram o Plano Real, certamente o melhor de toda séria de tentativas frustradas anteriormente, não impediram por causa de seu sucesso momentâneo que se evitasse a adoção das medidas monetárias ortodoxas que resultaram na crise atual. O parco crescimento do PIB nesse período justificado pelos economistas defensores do *"status quo"* foi justificado como *"o Brasil não pode crescer além desse limite sem provocar grave inflação"*. Não se conseguiu descobrir até agora de que *algibeira* eles tiraram essa fantasia. Provavelmente da *direita!*

Vários fatores se uniram para provocar essas crises internacionais: uma integração dos mercados financeiros e de capitais dos países capitalistas devido à evolução da teleinformática e da rede mundial (Internet); uma internacionalização do sistema bancário fora dos controles dos bancos centrais, nascida da formação do Euromercado; um crescimento desordenado do mercado de derivativos; uma desregulamentação dos sistemas financeiros devido a um crescimento acelerado da liquidez, como fruto da impossibilidade de aplicação da acumulação de capital sem possibilidade de aplicação na forma de capital real, resultante de um grande salto da produtividade industrial e dos serviços.

Todos esses fatos criaram o ambiente propicio para a pressão dos detentores desses ativos para a desregulamentação, como forma de poderem aplicá-los mesmo com um mínimo de rendimentos. Os resultados são conhecidos desde a crise de 1987, que resultou nos acordos do Plaza em Paris, com as crises fiduciárias periódicas. Essas crises são típicas da evolução do sistema capitalista, devido a um rápido crescimento da produtividade nos três setores da economia, mas principalmente no setor industrial e foram confundidas como ciclos dos negócios.

O surgimento da rede mundial (Internet) generalizado na década de 90 provocou um rápido aumento da produtividade no setor terciário, anteriormente pouco afeito a aumentos da produtividade do trabalho. A administração das empresas tornou-se tão mais eficiente e produtiva, economizando incontáveis horas de trabalho, o que provocou uma verdadeira revolução em decorrência da teleinformática e da rede mundial. A comunicação entre as empresas e pessoas abalou intensamente os tradicionais métodos de comunicação e afetou gravemente os negócios do tipo tradicional, por exemplo, dos correios em todo mundo, que tiveram que se adaptar rapidamente para sobreviver. Somente o crescimento dos negócios virtuais salvou os mesmos de uma derrocada total.

Esse novo mundo da Internet e dos *"smartphones"* veio catapultar a produtividade no setor terciário de tal modo que, de um setor que se dizia que "acomodava" a população ativa saída do setor primário e secundário transformou-se num setor altamente produtivo de bens imateriais de consumo instantâneo (serviços). Como pode a ciência tradicional medir o PIB se não consegue medir muitos serviços. Como medir a produtividade de muitos serviços? Qual é a produtividade do Governo? E dos médicos? E dos bancos? E do comércio? O que os economistas fazem não é a produtividade do trabalho nesses setores e sim uma vaga estimativa baseada em artifícios. O resto é puro arbítrio.

As Contas Nacionais se transformaram em meros espelhos de um passado que não existe mais. A ciência econômica agarrada aos conceitos e teorias de um tempo que não volta mais, não consegue perceber o que é a moeda hoje, onde suas funções de reserva de valor foram absorvidas por outros ativos financeiros de custo insignificante de conversão, restando apenas a função de troca e uma função de unidade de conta de pouca importância, que desnortearam os conceitos tradicionais de moeda. E as moedas virtuais? E as quase-moedas? Por causa do CDB Flex? Tempos do paleozoico!

Pretendi neste livro mostrar a necessidade de atualizar tais conceitos, não a luz das teorias dos neokeynesianos ou keynesianos, mas sob a ótica de uma realidade dramática resultante da aplicação dessas teses acadêmicas em todo após-guerra que provocou uma dívida bruta dos países capitalistas de US$274 trilhões que significa 4,2 vezes o PIB deles.

Como utilizar teorias ortodoxas sobre inflação com as novas características da moeda, se esta é essencialmente um fenômeno monetário diferente? Como aceitar as teorias que não conseguem descobrir o que é inflação e as características da nova moeda nas vésperas de uma economia 4.0? Intervenções que permitem ocorrer crises periódicas que elas entendem como desregulação, mas se estendem pelo mundo todo, regulado ou desregulado.

A crise de 2008 mostrou uma insatisfação geral nos EUA com essa ciência, que na verdade está à procura de uma identidade. Não pretendo criar novas teorias, mas apenas atualizar as grandes descobertas do passado que foram descartadas gerando parte da confusão atual, pois como disse apropriadamente André Lara Resende repetindo Hicks, em seu novo livro *"A moeda é uma convenção social. As questões monetárias são, portanto, indissociáveis dos costumes, das instituições e da tecnologia, que estão sempre em evolução"*.

Infelizmente Lara Resende em seu livro descarta a TQR (Teoria Quantitativa da Moeda) de Irving Fisher. A adoção da teoria de Marshall, que ficou conhecida como Teoria de

Cambridge resultou no uso generalizado até hoje da ideia da velocidade-renda da moeda e da neutralidade da moeda, ao contrário de Fisher que considerava a velocidade efetiva de circulação da moeda, tanto a moeda manual como a moeda escritural como influenciando as transações econômicas mostrando que a moeda não é neutra e dizendo como medi-la.

No livro, "Inflação - O Mal do Século" demonstrei longamente e estatisticamente no Brasil essa velocidade e seus efeitos sobre a inflação, e que sua negação levou a absoluta incompreensão do que é e como funciona a inflação e que desde o após guerra todos os esforços para controlá-la resultaram em fracassos. Como explicar a injeção de 60 vezes mais moeda no mercado e não gerar inflação, como ocorreu nos EUA depois de 1998?

Como não faço parte da profissão em seu aspecto acadêmico, meus escritos foram solenemente ignorados, pois negavam enfaticamente as teses ortodoxas e estruturalistas. Creio firmemente que esse fato é o fator mais importante que catapultou as teorias neoclássicas de equilíbrio e *neutralidade (endogenia)* da moeda por Milton Friedman, seus seguidores da Universidade de Chicago e os neoclássicos que o sucederam, como Allan Meltzer, Phillip Cagan e Karl Brunner, que fundamentaram as políticas econômicas e monetárias da maior parte dos países do mundo.

Os desastres econômicos e sociais que elas provocam vêm levando no mundo todo a um questionamento de sua aplicação, sem, contudo, atentarem para uma alternativa ou a razão de sua persistência.

Neste livro tenho a pretensão de esclarecer essa questão. Como diz o dito popular *"pretensão e água benta toma-se quanto quer"*, sinto-me confortável para demonstrar os equívocos conceituais dos neoclássicos da aplicação das políticas monetárias que decorrem. No Brasil o atraso e o caminho do desastre que a aplicação dessas teorias construiu, estão levando o País a uma crise de consequências muito graves.

Se não forem adotadas pelo governo as medidas urgentes para desmontar essa situação, que, na verdade se constitui numa verdadeira *"bomba relógio"* marcada para estourar em 1 a 2 anos, o País terá que enfrentar não uma década de atraso e pobreza, mas um desastre de proporções inimagináveis, ou como disse a maior autoridade econômica do governo, *"uma provável hiperinflação"*. Acho essa possibilidade do atual governo fazer alguma coisa parecida *"Um sonho de uma noite de verão"*.

# CAPÍTULO I
## A inflação na economia brasileira como base da política de juros altos

O uso do conceito das quase-moedas *(near-money)* basicamente desenvolvido por Milton Friedman[1] e aceito por quase todos os economistas na época e de forma continuada até hoje, distorce completamente a compreensão do fenômeno da inflação e promove a adoção de medidas de combate totalmente inadequadas. O resultado não podia deixar de ser outro, muito sofrimento da população, consideráveis atrasos no crescimento econômico e distorções por toda economia sem resultados.

Como o diagnóstico é equivocado o objetivo não é atingido e somente depois de desastrosas recessões a taxa de inflação começa a cair num elevado nível de desemprego e quebra de muitas empresas. Tem alguma coisa que ver com o ditado popular *"atirou no que viu e atingiu o que não viu"*.

O histórico mundial é rico dessas experiências mal sucedidas, como no episódio do Governo Collor e da Comissão Radcliffe na Inglaterra no final dos anos 50, que apesar de concluir que além das moedas manual e escritural (M1), outros meios de pagamento (M2, M3 e M4) existiam e se comportavam como quase-moeda apresentando sempre um caráter  passivo

---

[1] Veja-se Friedman, B. M. Empirical issues in monetary policy: a review of monetary aggregates and monetary policy. Journal o Monetary Economics, Jan. 1977a. citado por Antônio Carlos Porto Gonçalves em "Definição de moeda".

(*endógeno*), a aplicação de uma política monetária de 1956 a 1958 sem qualquer resultado, pois os preços continuaram subindo, o que provocou a criação dessa Comissão presidida por Lorde Radcliffe para apurar o porquê da falta de resultados. As conclusões da Comissão são risíveis, ela concluiu que a moeda se ajusta a economia e não ao contrário.

No meu livro "Inflação: O Mal do Século"[2] fica muito claro a demonstração de que CDB, Poupança, Títulos do Tesouro, Debentures não são moeda, pois não atendem um dos requisitos que é o poder liberatório como meio de troca e como unidade de conta, e como moeda pressupõe liquidez e as quase-moedas para terem liquidez devem se converter em moeda manual ou escritural, e aí fica-se somente no *"quase"*. O tal do *"quase"*, das *"quase-moedas"* lembra-nos um humorista que se referiu a uma moça *"quase gravida"*. Um famoso filósofo e teatrólogo brasileiro conhecido por suas causticas ironias costumava dizer que *"O obvio é coisa mais difícil de enxergar"*.

A procura de uma política de estabilização que não incluísse recessão e aumento da taxa de juros possibilitou a ascensão de Fernando Henrique Cardoso (FHC), que fundamentou sua proposta nas teses dos economistas que fizeram o Plano Cruzado, principalmente o chamado Plano Larida (Lara Resende - Pérsio Arida). A inconsistência do pressuposto de FHC de que a falha do Plano Cruzado foi devido ao erro do

---

[2] Veja-se Silva, Reynaldo Dias de Moraes - Inflação - O mal do século – Brasília, DF, Ariel Editora, 1990.p.58.

Presidente Sarney [3]de não apoiar a equipe econômica que queria mexer no plano, até as eleições de 15 de novembro de 1986 foi motivo de críticas acerbas de diversos economistas,[4] que ou não aceitavam a teoria inercialista, ou criticavam a expansão monetária havida.

Esse pressuposto deve ter tido influência na decisão de FHC de manter o comando do Plano Real nas mãos dos mesmos economistas do Plano Cruzado, com a ressalva de escolher os responsáveis pelo Plano Larida, que divergiam em alguns pontos do que foi adotado no Plano Cruzado, mesmo com os graves problemas do balanço de pagamentos e inconsistências deste, sobretudo com relação a falta de poupança interna que justifica a motivação para a adoção de medidas para incentivar a entrada de capitais estrangeiros, um dos elementos do Plano.

Nesse aspecto vale ressaltar o conhecido comentário de Delfim Netto com base nas teorias de Keynes de que a poupança é um fenômeno *"a posteriori"* e não *"a priori"*, como resultante dos investimentos e na acumulação prévia de recursos monetários. Além, evidentemente dos graves equívocos políticos

---

[3] Nota: Este aspecto está discutido em detalhe no próximo item.

[4] Nota: Em um notável trabalho intitulado "Déficit Público, Política Monetária e os Erros de Concepção do Plano Cruzado", nº 13/87, o Professor Valdir Ramalho do Centro de Estudos Monetários e de Economia Internacional do IBRE/FGV, outubro de 1987, comenta "Muitos dos insucessos nas tentativas de debelar males econômicos se devem a resistências políticas à adoção das medidas adequadas. *Mas o fato de que frequentemente há soluções técnicas confrontadas por obstáculos políticos tem sido também desculpa preferida dos economistas para erros que são apenas seus".*

decorrentes principalmente da implementação do receituário do Consenso de Washington fundamentado essencialmente nas teorias dos neoclássicos, FHC achava, aliás, como outros líderes do **PSDB**, saídos do **PMDB** de 1986, que o fracasso do Plano se devia a falta de firmeza do presidente José Sarney para assumir as mudanças impopulares que deviam resultar das mudanças proposta pela equipe econômica a serem já implementadas em julho de 1986.

Um dos meus pressupostos é baseado no discurso do Senador Fernando Henrique Cardoso no Senado Federal em janeiro de 1987, onde já ressaltava a enorme liquidez internacional. A hipótese de que a extrema inteligência do Senador tivesse vislumbrado a possibilidade de captar uma grande quantidade desse capital financeiro, evidentemente desejoso de se transformar em capital real e com isso transformar o Brasil num país desenvolvido em 20 anos, como asseverou num discurso seu Ministro das Comunicações, o engenheiro Sérgio Mota, me parece bastante plausível desde que a maioria dos economistas afirmava que o Brasil não crescia mais por falta de "*poupança*".

Posteriormente Fernando Henrique publicou, "*Charting a New Course – The Politics of Globalization and Social Transformation- Rowman & Littlefield Publishers Inc., EUA, 2001*", onde mostrava claramente seu pensamento neoliberal.[5]

---

[5] Texto original: "*Those who possess knowledge will be in position to attract abundant capital available in the world today, p. 188*", e "*The growing process*

Evidentemente, seria uma simplificação inaceitável com base somente em alguns trechos de um trabalho extenso sobre sociologia política pinçar apenas uma frase, mas a visão de FHC muito mais complexa admite em seus princípios que tais pensamentos já existiam quando escreveu sobre dependência e economias periféricas, a inevitabilidade da dependência econômica do Brasil e dos países da América Latina dos *"centros de decisão"*. Tivesse a Coreia do Sul um "FHC" entre seus líderes seria uma economia de 3ª Classe.

Em seu livro "A Construção da Democracia", São Paulo, Siciliano, 1993 - *"Ideologia e realidade: a burguesia num país dependente - É forçoso concluir, portanto, que a política de desenvolvimento baseada no impulso dinâmico do setor industrial financeiro da burguesia nacional chegou a seu termo, sem que isto signifique necessariamente que a burguesia industrial venha a ser excluída dos novos sistemas de aliança. Em qualquer hipótese, contudo, cumprirá um **papel subordinado na condução do processo de desenvolvimento como caudatária dos***

---

*of globalization and the concomitant weakening of the nation-state are exacerbating the problem I have been describing. The nation-states scope for independent action in economic policy is diminishing, while other issues by their very nature transcend their boundaries.* p. 253." "Aqueles que possuem o conhecimento estarão em posição para atrair o abundante capital disponível no mundo atualmente, p.188", e "O crescente processo de globalização concomitantemente com o enfraquecimento dos Estados - Nação estão exacerbando o problema que venho descrevendo. O espaço para ações independentes em política econômica está diminuindo, enquanto outras ações por sua própria natureza transcendem suas fronteiras. P.253." (Tradução livre).

**grandes grupos monopólicos,** *ou como dependente do setor público, no caso de uma eventual alternativa que leve a uma política econômica independente"*. Ele admite a possibilidade de uma política econômica independente conduzida pelo Estado, mas diz *"No segundo caso, quiçá se alcance o desenvolvimento nacional, mas a burguesia como força político-social pertencerá à história do desenvolvimento social"*.

Mas, a razão da manutenção da política adotada pela equipe com os economistas André Lara Resende, Gustavo Franco e Edmar Bacha na adoção do câmbio valorizado foi essencialmente baseada na experiência da paralização da hiperinflação na Alemanha em novembro de 1923.

Considero esse fato como o fator primordial na formação de uma dívida pública mobiliária, cuja remuneração com altas taxas de juros foi que levou a um enorme atraso no desenvolvimento. Nem as concepções bisonhas de que o país não pode crescer rapidamente por que gera inflação esconde o sacrifício dos investimentos públicos em infraestrutura até a inviabilização do desenvolvimento econômico como se verifica agora, a partir de 2015.

Como a atual remuneração dos títulos públicos, mesmo a juros mais baixos ainda significa um valor incapaz de ser obtido por arrecadação tributária mesmo com alta carga tributária, leva o país a uma rota de insolvência porque terá que pagar esses juros com dívida.

A manutenção do país acorrentado na sua economia pela atual política econômica e monetária, não vai possibilitar algum crescimento que permita sequer continuar o sacrifício indefinidamente até que nova crise acabe por decretar o inevitável, o *"default"* na dívida pública. *(Os deuses estavam enganados. A águia ficou a ver navios, até o fígado de Prometeu parou de crescer de novo; conseguiram inverter até a mitologia)*

Não há justificativa plausível de um possível risco sistêmico para provocar tal capitalização do sistema bancário e a atual remuneração dessa poupança financeira. A redução dessa remuneração deve passar por uma mudança na curva de juros onde os juros de longo prazo têm necessariamente ser superior aos de curto prazo e não como ocorre com os títulos pré-fixados remunerados com os elevados juros da Selic que invertem a curva.

A questão, no entanto, não é somente essa, mas a restrição do crédito através dos depósitos compulsórios absurdos e o sistemático enxugamento da liquidez pelas operações compromissadas no mercado aberto que permitem aos bancos elevarem suas taxas de juros a níveis estratosféricos. O País está há 25 anos sujeito a juros usurários. Resultado? Quase 70 milhões de pessoas inadimplentes e incapazes de pagar seus empréstimos.

A redução da Selic em razão da continuada recessão agravada pela pandemia obrigou o Banco Central a baixar essa taxa até 2%, mas um rebote da taxa de inflação vai obrigá-lo a alguma ação de contenção e como a única que conhecem é a elevação da taxa de juros, a tendência a um colapso nas contas públicas torna-se iminente.

A possibilidade de um controle efetivo do déficit das contas públicas na situação atual da pandemia e do estouro da dívida pública, que seria a alternativa conhecida por eles como possibilidade de controle da inflação é claramente uma hipótese utilizada somente como um meio de evitar o pânico entre os investidores.

A necessidade de prover com recursos do Estado os trabalhadores que tiveram que ficar afastados por causa da pandemia, e a dificuldades de distinguir a massa dos necessitados daqueles representados pelos trabalhadores autônomos acabou por beneficiar, também aquela população vivendo em condições extremamente precárias, onde até a fome era uma constante diária.

Nesse mesmo momento a produção era obrigada a se reduzir e muitos produtores de alimentos foram obrigados a paralisar sua produção porque não tinham para quem vender, até alguns conseguirem se adaptar através da venda pela Internet.

Quando começou a liberação da quarentena a procura de alimentos subitamente se materializou e encontrou a produção defasada, e o que seguiu foi uma rápida alta nos preços dos alimentos e da taxa de inflação. Qual é o instrumento de combate à inflação que eles conhecem? Alta dos juros! O que vai acontecer com a DPMFi que já ultrapassou todos os limites recomendados pelos capitalistas internos e externos?

Algumas das manifestações já ocorreram com a alta do dólar e a exigência de juros mais altos pelos investidores para comprar títulos de curto prazo pré-fixados. A questão não é que não há nada que o Governo pudesse fazer. Isto é verdade, parcialmente! A falta de apoio aos produtores pequenos de perecíveis com renda complementar como se deveria fazer com os pequenos empresários do comércio e da indústria, e quase nada foi feito poderia reduzir o impacto.

Outro aspecto importante é que os alimentos possuem elasticidade-preço da demanda muito baixa e uma redução da demanda provoca grandes aumentos nos preços. Colocar estes aumentos nos índices de preço que medem a inflação provoca uma indicação de inflação falsa. Os países mais adiantados usam métodos estatísticos para reduzir o impacto dessas altas nos preços.

Por outro lado, a volta da população ao trabalho e as atividades normais vai encontrar muitas empresas falidas ou insolventes fora do mercado e quanto maior o tempo de quarentena ou que a pandemia levar para ser controlada maior vai ser o impacto nas pequenas e médias empresas que não conseguiram sobreviver. Uma segunda "onda" como parece ocorrer deve tornar estas observações apenas "hipóteses" algo defasadas e as consequências absolutamente inimagináveis!

Nesta hora, 25 anos de juros absurdos e comprometimento da dívida pública mais as teorias atuais de inflação vão determinar as perspectivas futuras da economia nas expectativas do *"mercado"*, que baseia seus conceitos de solvência e liquidez de um Estado como se fosse uma empresa. Despesas acima da receita levam uma empresa à insolvência. Pura verdade aritmética. Mas um Estado não, porque o Estado tem o controle da moeda, e seu endividamento se não estiver concentrado nas mãos de poucos é uma relação de crédito com a população que representa. Quando a carga tributária é excessivamente alta essa relação já está claramente comprometida e o problema se agrava. Mas de modo algum há alguma comparação possível.

Mas, o mais grave de tudo é que nas condições atuais com um adendo à Constituição criando o "Teto de Gastos", criando a impossibilidade de realizar mais gastos para manter a população em quarentena para enfrentar uma segunda onda do COVID – 19, irá fatalmente criar uma situação algo dramática pelo fato evidente que fatalmente resultará numa revolta da população colocada entre a *"morte"* e a *"fome"*. O impacto político dessa situação pode ser de tal ordem que nem o controle policial ou militar terá condições de contornar. Uma nova *"Revolução Francesa"* de pobres x ricos?

## As dificuldades de condução do Plano Real

O fracasso do Plano Cruzado deixou rastros que de certa forma fizeram parte do Plano Real. Naquela época dois economistas se mostraram contrários ao congelamento de preços, advogado principalmente pelo economista Francisco Lopes que tinha sido responsável pelo Plano Primavera na Argentina. André Lara Resende e Pérsio Arida que tinham concebido um plano, conhecido como Plano Larida discordavam de alguns pontos do Plano Cruzado. Vários pontos do Plano Larida coincidiam, entretanto com o Plano Cruzado como a fixação da taxa de câmbio.

A base fundamental, entretanto, é a teoria inercialista ou de realimentação, formulada em 1975 por Mário Simonsen e depois muito desenvolvida por Bresser Pereira & Nakano com a análise dos fatores aceleradores da inflação, fatores mantenedores da inflação e fatores sancionadores da inflação que influenciaram fortemente Francisco Lopes, para propor os choques heterodoxos do Plano Primavera na Argentina e o Plano Cruzado no Brasil. O Plano Larida acreditava que um dos fatores de realimentação é a variação da taxa de câmbio, como fator acelerador da inflação contido na teoria inercialista. Decorre da infindável discussão sobre a inflação de custos e alterações nos preços relativos.

Enquanto a engenhosa ideia de criação de uma moeda indexada era sem dúvida válida dentro dos objetivos do Plano, o restante do Plano padecia dos conceitos da teoria inercialista, agravadas pelas ideias de André Lara Resende, Edmar Bacha e Gustavo Franco de fixação da taxa de câmbio, que Franco reafirmava em seu trabalho sobre a hiperinflação na Alemanha em 1923 e com o qual tinha a total concordância dos outros membros da equipe.

A questão básica é que a visão do problema da inflação era a não diferenciação das funções da moeda de meio de troca, e de reserva de valor e unidade de conta. A inflação deteriora a função de reserva de valor, mas não impede necessariamente seu funcionamento como meio de troca e assim não haveria uma fuga da moeda, mas sim um deslocamento de sua função de reserva de valor para ativos financeiros com alta liquidez, como ocorre nos mercados financeiros atualmente.

A utilização da URV mostrou isso com clareza. Mais adiante mostraremos o que significa isso e qual a influência no Plano Real e o que significa na compreensão do fenômeno da inflação. Aparentemente André Lara Resende foi o único que atualmente se apercebeu disso. Pode-se sempre alegar que a inercia era uma parte do problema, mas as interrupções de compra de dólar pelo Banco Central e paralização da emissão de moeda em contrapartida tinham alternativa sob o ponto de vista monetário? E o arrocho no crédito? E os juros estratosféricos para conter o ataque à moeda em decorrência do "déficit" das transações correntes com as crises do México, Países Asiáticos e Rússia? Somente com a brutal recessão a inflação caiu, as conhecidas medidas ortodoxas, que FHC disse que não adotaria, quando não funcionou a teoria inercialista.

Entretanto, a ideia da âncora cambial[6] não correspondia à realidade da estrutura de funcionamento do mercado de câmbio, completamente dependente do Banco Central que era obrigado a comprar todo saldo excedente de moeda estrangeira, pois os bancos somente podiam deter certo montante de moeda estrangeira por tempo limitado. A conversão da moeda estrangeira em moeda nacional obrigava a emissão de moeda primária e açulava a inflação.

A ideia tosca de Gustavo Franco de simplesmente suspender a compra de moeda estrangeira levou a uma rápida apreciação do Real com um rol de consequências extremamente danosas para o equilíbrio da economia, que acabaram por perdurar muito tempo e deixar incontáveis sequelas. O dólar atingiu a cotação de R$0,84/US$. O Real ficou mais forte do que o dólar que é a moeda de reserva.

O resultado da intensa valorização da taxa cambial resultou em toda a sorte de desequilíbrios das contas externas, necessidade de cobertura dos "déficits" das transações correntes

---

[6] Veja-se Maximus, Arthur - A desvalorização do Real de 1999, webpages, 01/07/2014. *"Como todo mundo sabe, um dos pilares do Plano Real era a âncora cambial. Manipulou-se a cotação do dólar com dois propósitos: primeiro, reduzir artificialmente o preço dos produtos importados; segundo, com a redução do preço dos importados, forçar competição com os similares nacionais, impedindo que os empresários reajustassem seus produtos".*

com entrada de capitais, e para isso uma substancial elevação dos juros e comprometimento da dívida pública.

Franco se gabava da taxa de câmbio valorizada, a ponto do Real valer mais do que o dólar, enquanto Paulo Nogueira Batista Jr alertava em artigo em agosto de 1994, do desastre que adviria.[7] Com exceção de Delfim Neto que somente se pronunciou da mesma forma em Dezembro de 1994, a academia aplaudia e a súbita "riqueza da elite" nas importações de automóveis de luxo mais baratos e viagens à Miami, que começava a criar uma crise na indústria automobilística doméstica que logo se traduziu na necessidade de impor uma alíquota de 70% nas importações de veículos, já em fevereiro de 1995.

A falsa riqueza logo se traduziu em pressões inflacionarias de demanda, quando a inflação atingiu 20,41% a.a. desaguando em abril desse ano, num desespero das Autoridades Monetárias quando se praticou a mais absurda e desastrosa intervenção do Estado na economia. Desespero para salvar o Plano Real que se falhasse, iria politicamente desfazer o *milagre* que FHC teria realizado e que fundamentou sua eleição.

A atitude absurda parece mais demonstrar esse desespero, por um aparente "fracasso" do Plano Real, pois em 24 de abril de 1995 um jornalista da Folha Luiz Nassif, publicou um artigo histórico, *"O Presidente vai quebrar o Brasil"*. Parecia adivinhação! O Banco Central sob o comando de Pérsio Arida e

---

[7] Veja-se Nogueira Batista Jr., Paulo

do Ministro da Fazenda, Pedro Malan, baixou instrução obrigando o recolhimento compulsório de 100% dos depósitos a vista, 80% dos depósitos a prazo, 60% dos depósitos na caderneta de poupança proibindo na pratica qualquer aumento do crédito bancário.

A taxa de juros foi às alturas (35,69% a.a.) para poder manter a taxa cambial tão valorizada, e combater um eventual ataque especulativo, como ocorreu em razão da crise do México e conter a inflação. Isso na prática levou o sistema bancário a insolvência, caracterizada pela inadimplência que em dezembro atingiu 15% do total dos empréstimos segundo declarações do Presidente da FEBRABAN ao Jornal "O Globo". Conforme acordo internacional garantido pelo *BIS – Bank of International Settlements,* os bancos devem manter sua alavancagem máxima com seu patrimônio líquido entre 8 e 12% do total dos empréstimos para garantir sua solvência. Não quebrou o País, quebrou os bancos.

Quando 15% dos empréstimos não podiam ser recuperados, o sistema bancário brasileiro estava falido. Como banco somente quebra por falta de liquidez e não por insolvência, o Banco Central apenas publicou resolução autorizando os bancos a utilizarem seus recursos nos depósitos compulsórios para repactuar os empréstimos inadimplentes, com a taxa máxima de 1% ao mês, até 24 meses. O que aconteceu?

Em março de 1996, o Presidente da FEBRABAN volta a declarar ao Jornal do Brasil que a inadimplência tinha subido para 17% do total das aplicações. O Banco Central então libera as tarifas dos serviços bancários e o sistema bancário eleva essas tarifas a ponto de nos balanços de final de ano, 75% do lucro dos 4 maiores Bancos advirem dos serviços bancários e não dos empréstimos.

O Banco Central depois da barbeiragem obrigou a população brasileira a pagar a falência do sistema bancário. Pérsio Arida indicado para a Presidência do Banco Central ficou somente até maio[8], apesar de ser um dos autores do Plano

---

[8] Veja-se, CPDOC/FGV "Com a posse de Fernando Henrique Cardoso na presidência da República em janeiro de 1995, Arida foi escolhido para suceder a Pedro Malan na presidência do Banco Central." A nomeação, entretanto, custou a efetivar-se devido à demora na aprovação de seu nome pelo Senado. No dia 10 de janeiro, depois de vários adiamentos, o Senado finalmente ratificou o nome de Arida. Arida permaneceu apenas cinco meses à frente do Banco Central. Logo no início de sua gestão, projetou um auxílio ao México, então às voltas com grave crise financeira que poderia afetar o Brasil. Articulou um rateio entre países latino-americanos, em que caberia ao Brasil a cota de trezentos milhões de dólares, mas o plano foi desativado em face da recusa do Congresso dos Estados Unidos em apoiá-lo. A austera administração do dinheiro público, a imposição de altas taxas de juros e a insistência no saneamento dos bancos estaduais trouxeram-lhe atritos com vários setores políticos, em especial com os proprietários rurais e o governador de São Paulo, Mário Covas. Enfrentou, também, problemas na área cambial, ao anunciar a criação das "bandas" de variação máxima e mínima do dólar em relação ao real. O anúncio provocou intensa agitação no mercado de câmbio, sendo o governo obrigado a usar uma parte expressiva das reservas internacionais para conter os movimentos especulativos. Dias depois, foi acusado pelo vazamento de informações sobre a valorização do dólar que teriam beneficiado a empresa de um amigo banqueiro, pelo que foi obrigado a prestar depoimento no Senado. A denúncia não foi comprovada, mas sua imagem pública ficou seriamente desgastada. No dia 31 de maio de 1995, Arida anunciou sua demissão da presidência do Banco Central, alegando "motivos estritamente pessoais". Verbete, Biografia.

Larida, uma das bases do Plano Real, presidiu a aplicação dessas medidas absurdas, para que? Salvar o Plano Real ou a sua cara?

| IPCA - 1995 | | | | |
|---|---|---|---|---|
| Mês | índice | | | Nº índice desde |
| | | Acumulado | | |
| | Do mês | No ano | Nos últimos 12 meses | Dez/1992 – 100 |
| jan/95 | 1,70 | 1,7000 | 631,5209 | 266,4029 |
| fev/95 | 1,02 | 2,7373 | 426,8286 | 269,1203 |
| mar/95 | 1,55 | 4,3298 | 274,7772 | 273,2916 |
| abr/95 | 2,43 | 6,8650 | 189,0526 | 279,9326 |
| mai/95 | 2,67 | 9,7183 | 91,7908 | 287,4068 |
| jun/95 | 2,26 | 12,1979 | 33,0294 | 293,9022 |
| jul/95 | 2,36 | 14,8458 | 27,4513 | 300,8383 |
| ago/95 | 0,99 | 15,9829 | 26,3627 | 303,8166 |
| set/95 | 0,98 | 17,1310 | 25,6906 | 306,8244 |
| out/95 | 1,41 | 18,7825 | 24,2086 | 311,1506 |
| nov/95 | 1,47 | 20,5286 | 22,5897 | 315,7245 |
| dez/95 | 1,56 | 22,4089 | 22,4089 | 320,6498 |

Fonte: IBGE

Nem durante o regime militar, quando os ministros da fazenda poderiam recorrer a medidas tão extremas, tiveram eles a coragem de sequer propô-las. Quebradeira generalizada de empresas de todos os tamanhos, mas principalmente as pequenas e médias, inadimplência superando o patrimônio líquido dos bancos, desemprego desenfreado que no dizer do Ministro Ricupero[9] *"não há pior política econômica que a que provoca a*

---

[9] Veja-se Ricupero, Rubens – O Ponto Ótimo da Crise -, Editora Revan, 1996, Rio de Janeiro, 320 p.

*crueldade do desemprego*". Pérsio Arida sendo o responsável, junto com Pedro Malan, pela aplicação desses absurdos monetários, foram aclamados como pela "austera administração do dinheiro público" pela mídia comprometida. Era o Plano Larida em ação, de fixação da taxa cambial. Deu no que deu! Plano Real. Aplaudido por todos durante 25 anos. Pobre Brasil!

Foram os mesmos fundamentos que basearam a concepção do Plano Cruzado e do Plano Real. Tais fundamentos eram teoricamente e empiricamente inconsistentes. No Plano Cruzado elegeu majoritariamente os políticos do PMDB na maioria dos Estados e no Congresso e no Plano Real a "falsa" riqueza decorrente de um Real muito apreciado, elegeu facilmente FHC e muitos pensaram que decorria do controle da inflação, que ainda estava em dois dígitos, depois da quebra generalizada de um grande número de empresas e da venda de importantes empresas brasileiras para capitais estrangeiros, como o emblemático caso da empresa Metal Leve, de José Mindlin, que vendeu o controle acionário por 10% de seu valor de mercado antes dessas medidas, para evitar a insolvência.[10]

Conta-se, também na época um episódio que ocorreu quando o dono da tradicional empresa de Santa Catarina,

---

[10] Segundo artigo na época, José Midlin que era considerado um exemplo de empresário brasileiro modelo, que a partir de uma pequena empresa de fabricação de pistões para motores em São Paulo, construiu uma empresa de importância mundial, que chegou a construir uma fábrica de pistões para automóveis em Detroit a pedido da GM e Ford desbancando a tradicional fabricante de pistões alemã Mahle.

Fundição Tupy que entrou no bar da **FIESP** em São Paulo e foi aplaudido de pé porque tinha conseguido vender o controle de sua empresa para uma empresa estrangeira por R$ 30 milhões, quando valia R$300 milhões. Eventuais exageros à parte, a quebradeira generalizada até cunhou popularmente um nome para o Plano Real, "Plano latinha", - *lá tinha uma loja, lá tinha uma empresa...* sabedoria popular?

As Tabelas abaixo mostram com clareza os efeitos da âncora cambial que provocou uma sequência de desastres e desequilíbrios na economia, além de acrescer R$ 30,548 bilhões de juros para segurar a taxa cambial que significavam 35,69% do saldo da **DPMFi**. Deve-se ressaltar que se os juros elevados, além da necessidade para manter o câmbio apreciado, foram uma necessidade de compensar os "déficits" em conta corrente do Balanço de Pagamentos, para atração de capitais externos.

| ANOS | BALANÇA COMERCIAL | | | BALANÇA DE SERVIÇOS | | | | | | | | TRANS-FERÊN-CIAS | BALANÇA DE TRANSAÇÕES CORRENTES |
| | | | | | | | RENDA DE CAPITAIS | | | | | | |
| | EXPOR. | IMPOR. | SALDO | VIAGENS | TRANS-PORTES | SEGU-ROS | LUCROS E DIVID. | JUROS LIQUIDOS | GOVER-NOS | DIVER-SOS | SALDO | | |
|---|---|---|---|---|---|---|---|---|---|---|---|---|---|
| 1990 | 31.414 | 20.661 | 10.753 | -121 | -1.643 | -69 | -1.865 | -9.748 | -328 | -1.595 | -15.369 | 834 | -3.782 |
| 1991 | 31.620 | 21.041 | 10.579 | 211 | -1.656 | -133 | -665 | -8.621 | -370 | -1.521 | -12.755 | 1.556 | -620 |
| 1992 | 35.793 | 20.554 | 15.239 | -319 | -1.359 | -58 | -749 | -7.253 | -166 | -1.435 | -11.339 | 2.243 | 6.143 |
| 1993 | 38.563 | 25.256 | 13.307 | -799 | -2.090 | -46 | -1.931 | -8.280 | -345 | -2.094 | -15.585 | 1.686 | -592 |
| 1994 | 43.545 | 33.079 | 10.466 | -1.181 | -2.441 | -132 | -2.566 | -6.338 | -327 | -1.758 | -14.743 | 2.588 | -1.689 |
| 1995 | 46.506 | 49.858 | -3.351 | -2.419 | -3.011 | -122 | -2.974 | -8.158 | -339 | -1.572 | -18.595 | 3.974 | -17.972 |
| 1996 | 47.747 | 53.286 | -5.539 | -3.593 | -3.480 | -62 | -2.820 | -9.840 | -275 | -1.637 | -21.707 | 2.899 | -24.347 |
| 1997 | 52.994 | 59.837 | -6.843 | -4.376 | -4.123 | 73 | -5.597 | -10.388 | -350 | 1.983 | -22.778 | 2.216 | -27.406 |
| 1998 | 51.140 | 57.734 | -6.594 | -4.146 | -3.259 | 81 | -7.181 | -11.947 | -385 | -1.837 | -28.674 | 1.778 | -33.489 |
| 1999 | 48.011 | 49.210 | -1.199 | - 1 457 | - 3 071 | -128 | - 4 115 | - 14 876 | -498 | -1.584 | -25.729 | 1.689 | -25.238 |
| 2000 | 55.086 | 55.783 | -697 | - 2 084 | - 2 896 | - 4 | - 3 316 | - 14 649 | - 549 | -1.566 | -25.064 | 1.521 | -24.240 |
| 2001 | 58.223 | 55.572 | 2.651 | - 1 468 | - 2 966 | - 275 | - 4 961 | - 14 877 | - 652 | -2.135 | -27.334 | 1.638 | -23.045 |
| 2002 | 60.362 | 47.240 | 13.122 | - 398 | - 1 959 | - 420 | - 5 162 | - 13 130 | - 252 | -1.722 | -23.043 | 2.390 | -7.532 |

FONTE: BANCO CENTRAL DO BRASIL

CONTAS EXTERNAS - BALANÇO DE PAGAMENTOS  - CONTAS DE CAPITAL em US$ milhões

| ANOS | TRANSAÇÕES CORRENTES | INVESTIMENTO LÍQUIDO ESTRANGEIRO | | | FINANCIA-MENTOS | EMPRÉSTI-MOS | AMORTI-ZAÇÃO | SALDO | DÉFICIT OU SUPERAVIT | ERROS/ OMISSÕES | DÉFICIT OU SUPERAVIT |
|---|---|---|---|---|---|---|---|---|---|---|---|
| | | DIRETO | PORTFÓLIO | TOTAL | | | | | | | |
| 1990 | -3.782 | 273 | 579 | 852 | 3.424 | -297 | -14.594 | -10.615 | -14.397 | -328 | -14.725 |
| 1991 | -620 | 535 | 3.808 | 4 343 | 2.026 | 3.997 | -8.826 | 1.540 | 920 | 876 | 1.796 |
| 1992 | 6.143 | 3.143 | 14.466 | 17 609 | 13.258 | 14.975 | -7.827 | 38.015 | 44.158 | -1.386 | 42.772 |
| 1993 | -592 | 6.270 | 12.929 | 19 199 | 2.380 | 10.790 | -8.572 | 23.797 | 23.205 | -1.119 | 22.086 |
| 1994 | -1.689 | 8.214 | 54.047 | 62 261 | 1.939 | 10.517 | -9.978 | 64.739 | 63.050 | 334 | 63.384 |
| 1995 | -17.972 | 5.047 | -9.217 | -4 170 | 8.118 | 14.736 | -6.314 | 12.370 | -5.602 | 2.207 | -3.395 |
| 1996 | -24.347 | 16.005 | -21.619 | -5 614 | 12.337 | -3.982 | -9.503 | -6.762 | -31.109 | -1.800 | -32.909 |
| 1997 | -27.406 | 20.813 | -12.616 | 8 197 | 1.045 | -2.341 | -9.423 | -2.520 | -29.926 | -3.244 | -33.170 |
| 1998 | -33.489 | 20.622 | -18.125 | 2 497 | 2.740 | -6.528 | -17.565 | -18.856 | -52.345 | -4.207 | -56.552 |
| 1999 | -25.238 | 30.034 | -3.802 | 26 232 | -7.284 | 801 | -19.508 | 242 | -24.997 | 283 | -24.713 |
| 2000 | -24.240 | 32.995 | -6.955 | 26 040 | -6.409 | -431 | -13.190 | 6.010 | -18.230 | 2.671 | -15.559 |
| 2001 | -23.045 | 23.226 | -77 | 23 149 | 4.233 | 8.651 | -13.331 | 22.702 | -343 | -565 | -909 |
| 2002 | -7.532 | 16.587 | 5.119 | 21 705 | 1.741 | -5.101 | -16.436 | 1.909 | -5.622 | -140 | -5.763 |

FONTE: BANCO CENTRAL DO BRASIL

Essa política de juros altos se traduziria depois na base da concepção da política monetarista ortodoxa, junto com a taxa de câmbio valorizada, a primeira como sinalização para os empresários e a segunda como forma de facilitar a importação subsidiada para aumentar a competição com os produtos brasileiros e controlar a inflação. Os "déficits" das transações correntes deixaram o País muito vulnerável a crises externas e logo em fevereiro de 1995, a crise do México colocou o Brasil numa situação difícil no mercado internacional, o que levou Pérsio Arida propor um plano de auxílio ao México para estancar a crise que afetaria gravemente o Brasil, que não prosperou porque os EUA se negaram a participar.

O Real valorizado iria ainda provocar muitos estragos no Plano, a ponto de na crise nos países asiáticos em setembro de 1997 e em 1998 na crise da Rússia, com as reservas internacionais do Brasil em apenas US$51,359 milhões no conceito de caixa, obrigou a recorrer ao FMI para obtenção de créditos para reforçar as reservas e fazer frente a um eventual ataque devido à queda da credibilidade na moeda,[11] além da ajuda do Governo americano.

O "amigo" Clinton aportou US$40 bilhões pelo FMI para evitar eventual ataque especulativo, que poderia resultar num calote com consequências graves naquele momento de crise. No final de 1998 a dívida externa tinha aumentado 62,95% em relação a dezembro de 1994, agregando US$ 93.348,43 milhões ao estoque da dívida de US$ 148.295,20 milhões de 1994. Apesar dos juros elevados o saldo da entrada de capitais, mesmo *"hot money"* (investimentos de carteira) foi insignificante, apesar de entradas elevadas, em razão da desconfiança do mercado com relação ao *"truque"*.

A dívida mobiliária interna tinha saltado de R$65,6 bilhões em dezembro de 1994 (US$ 70,126,540,877.00) para R$ 838, 967 bilhões em 2001 (US$ 361,623,706,900.00) sendo que a maior parte constituída de juros acumulados, ou seja, R$ 618,849 bilhões o que representa 73,76% do total.

Não importa a participação no PIB como gostam de ressaltar os economistas, mas sim a quantidade de juros que geram que tem que ser pagos ou com a arrecadação tributária ou

---

[11] Veja-se Perle Münch, Isabela, Bandas de Câmbio e Expectativas de Desvalorização: um Teste de Credibilidade Aplicado a Brasil, México, Rússia, Venezuela, Tailândia e Hong Kong, webpages, em 27/04/2018.

com o aumento da dívida, que acaba virando uma bola de neve, como ocorreu de fato. Depois de 1997 onde ocorreu o último "déficit" primário, somente em 2014 voltaram a ocorrer "déficits" primários, aliás, de pequena monta.

Os resultados primários foram retirados dos investimentos que assim mantinham o crescimento do País em ritmo muito lento e justificavam a teoria de que havia falta de poupança no País, por isso a necessidade de atrair capitais estrangeiros. Posteriormente retirados dos cálculos do resultado primário como se fizesse alguma diferença. Maquiagem disfarça a cara de jacarandá. (*Acho que Goebbels se mexe no túmulo com tamanha concorrência).*

Pode-se verificar pela tabela que a Balança Comercial desde 1990 até 2019, apesar da enorme crise inflacionária, mantinha um saldo positivo considerável, fruto das amargas experiências anteriores que levaram o Brasil a dar um *"default"* na dívida externa em razão mesmo de ter abusado com frequência da valorização cambial para controle da inflação.

O ex-ministro Roberto de Oliveira Campos dizia que os governos não aprendem por experiência, somente por cansaço. Acrescentaríamos com algum cinismo, que considerando o que ocorreu desde 1952, como frequente freguês do FMI, "nem por cansaço". No passado muitos economistas fizeram *"modelitos"* demonstrando uma alta correlação entre inflação e taxa de câmbio.

BALANÇA COMERCIAL BRASILEIRA - 1990 / 2019 - US$ milhões

| ANO | US$FOB EXPO | Var. % US$ FOB EXP | US$FOB IMPO | Var. % US$ FOB EXP | SALDO US$ FOB |
|---|---|---|---|---|---|
| 1990 | 31.414 | -8,63 | 20.661 | 13,13 | 10.753 |
| 1991 | 31.620 | 0,66 | 21.041 | 1,83 | 10.579 |
| 1992 | 35.793 | 13,20 | 20.554 | -2,31 | 15.239 |
| 1993 | 38.563 | 7,72 | 25.256 | 22,88 | 13.307 |
| 1994 | 43.545 | 12,94 | 33.079 | 30,97 | 10.466 |
| 1995 | 46.506 | 6,80 | 49.858 | 51,07 | -3.351 |
| 1996 | 47.747 | 2,67 | 53.286 | 6,75 | -5.539 |
| 1997 | 52.994 | 10,97 | 59.837 | 12,00 | -6.843 |
| 1998 | 51.140 | -3,48 | 57.734 | -3,32 | -6.594 |
| 1999 | 48.011 | -6,11 | 49.210 | -14,65 | -1.199 |
| 2000 | 55.086 | 14,80 | 55.783 | 13,28 | -697 |
| 2001 | 58.223 | 5,75 | 55.572 | -4,45 | 2.651 |
| 2002 | 60.362 | 3,69 | 47.240 | -15,03 | 13.122 |
| 2003 | 73.084 | 21,12 | 48.290 | 2,29 | 24.794 |
| 2004 | 96.475 | 32,07 | 62.835 | 30,03 | 33.640 |
| 2005 | 118.308 | 22,60 | 73.606 | 17,13 | 44.702 |
| 2006 | 137.807 | 16,26 | 91.350 | 21,12 | 46.457 |
| 2007 | 160.649 | 16,58 | 120.621 | 32,04 | 40.028 |
| 2008 | 197.942 | 23,21 | 173.107 | 43,42 | 24.835 |
| 2009 | 152.995 | -22,71 | 127.705 | -26,17 | 25.290 |
| 2010 | 201.915 | 31,98 | 181.768 | 42,32 | 20.147 |
| 2011 | 256.040 | 26,81 | 226.247 | 24,47 | 29.793 |
| 2012 | 242.578 | -5,26 | 223.183 | -1,35 | 19.395 |
| 2013 | 242.034 | -0,22 | 239.748 | 7,42 | 2.286 |
| 2014 | 225.101 | -7,00 | 229.060 | -4,42 | -3.959 |
| 2015 | 190.092 | -15,09 | 172.422 | -25,18 | 17.670 |
| 2016 | 184.453 | -3,09 | 139.416 | -19,77 | 45.037 |
| 2017 | 217.243 | -63,21 | 153.215 | -66,00 | 64.028 |
| 2018 | 236.638 | 8,93 | 186.485 | 21,71 | 50.153 |
| 2019 | 222.196 | -6,10 | 185.337 | -0,62 | 36.858 |

Fonte: Banco Central do Brasil

Mas, sempre nos perguntamos se ao invés da taxa de câmbio ser a causa da inflação, se esta não poderia ser a causa da alteração na taxa de câmbio, dando aos *"modelitos"* a mesma alta correlação? De 2014 até agora os saldos da balança comercial foram obtidos por uma queda maior das importações devido à recessão do que um aumento das exportações que caíram menos, devido a aumentos expressivos da produção de grãos exportáveis, como em 2017 com crescimento de 13 %, batendo o recorde em 2020 com a alta do dólar. Acabou provocando um aumento tão grande nos preços internos das commodities agropecuárias que as exportações desabasteceram o mercado interno. A isenção tributária nas exportações mesmo que defasadas impede um equilíbrio entre os preços internos e externos.

O Plano Real repetia o mesmo pecado de não olhar o *"modelito"* no *"espelho"*. Como desagravo para os autores do Plano Real, essa política que perdura por 25 anos com toda a gama de consequências, sendo a mais importante a desindustrialização do País foi muito além do que esperavam, como atesta hoje Lara Resende. Explicações um tanto tardias depois de 25 anos. Ao longo da década seguinte demonstraram à vontade à guisa de explicação, que não precisava desvalorizar a moeda nacional, pois os saldos da balança comercial mostravam valores elevados atestando que não era o problema a taxa de câmbio valorizada.

A ignorância generalizada sobre o funcionamento dos mercados agropecuários que já levou este País a cometer quantidades incomensuráveis de absurdos no passado, aliada a um grande crescimento das exportações do agronegócio, produzia essa visão idílica.

Somente que as exportações agropecuárias não dependem diretamente da taxa de câmbio, pois os agropecuaristas são *"price-takers"* e não *"price-makers"* como na indústria e serviços. Isso quer dizer que a taxa de câmbio valorizada reduz a renda dos exportadores dessas mercadorias, mas não inibe suas exportações e um cambio muito desvalorizado impulsiona a produção e as exportações por um aumento muito grande nos ganhos na produção, como está ocorrendo em 2020.

Essa ignorância sobre o funcionamento dos mercados agrícolas pode ser vista na decretação pelo Ministro do Planejamento Antônio Kandir em dezembro de 1995, de isenção de impostos para as exportações agrícolas e não para as exportações industriais. Essa isenção beneficia os produtores de commodities agrícolas que não vão aumentar suas exportações em razão disso, como era o objetivo do decreto para tornar as exportações agrícolas mais competitivas, pois os exportadores vão continuar vendendo a mesma coisa, pois os preços não são fixados por eles, mas pelas Bolsa de Mercadorias de Chicago, Nova York, Londres, mas vão ter um aumento da renda.

Essa isenção com objetivo de aumentar as exportações deveria ser feita para os produtos industriais, que aí sim vão ter maior competitividade e aumentar as exportações. Mesmo que o aumento das rendas dos produtores agrícolas que exportam resultasse num aumento das exportações o que é provável é houvesse uma queda dos preços internacionais por um excesso de oferta.

No caso dos produtos pecuários industrializados o problema é mais complexo e já se nota que os produtores são *"price-makers"* e sua competitividade pode aumentar suas exportações, apesar de qualidade, continuidade de fornecimento e eficiência no atendimento pesarem muito nessa competitividade. O Brasil experimentou essa característica praticando o abate *"Halal"* para o frango de corte, que lhe garantiu preferência nos mercados árabes de maioria mulçumana.

Outro aspecto foi que o frango produzido na Europa usa ração com resíduos proteinoso, como farinha de penas, que dão um gosto na carne, enquanto o frango americano e brasileiro utiliza farelo de soja, dando um gosto preferido pelos consumidores, daí porque o Brasil se tornou logo depois dos EUA um dos maiores produtores e exportadores de carne de frango no mundo.

A preferência pela carne bovina brasileira, que tornou o País o maior exportador mundial de carne bovina, tem entre seus motivos, a carne do gado zebu que apresenta a característica de ter pouca gordura entremeada, ao contrário da carne americana, argentina e europeia que tem muita gordura entremeada, isso em razão dos fatores de saúde e divulgação do conhecimento de que induzem aos problemas cardíacos produzidos pelo colesterol.

Ouve-se comumente na imprensa que a "competitividade da agricultura brasileira" advém de sua alta produtividade. Trata-se de uma observação inadequada. Uma visão agregada é simplista, mas a "grosso modo" essa elevada produtividade, apenas permite aos agricultores suportarem melhor o *"furto"* de parte de sua renda, feito pela política monetária quando valoriza a moeda nacional, mas tem menor importância nas exportações cujos preços são fixados na Bolsa de Chicago (CBT) para a soja, Bolsa de Nova York para o milho, Bolsa de Londres para o Açúcar, etc., onde as operações de mercado futuro têm grande importância, muitas vezes para o *"hedge"* ou para o margeamento no caso do farelo e o grão de soja.

As inconsistências dos fundamentos do Plano Real, principalmente a âncora cambial, tornaram a condução do Plano uma permanente e atarefada atividade de *"apagar fogueira"*, que necessariamente impunha improvisações que por vezes não se adequavam a realidade do momento, provocando grandes atritos dentro da equipe como bem relata Guilherme Fiuza.[12] A adoção de uma política monetária ortodoxa não estava certamente na mente dos autores do Plano [13]que acreditavam que o *"truque da*

---

[12] Fiuza, Guilherme, - 3.000 dias no bunker – um plano na cabeça e um país na mão, Editora Record, Rio de Janeiro – São Paulo, 2006.
[13] André Lara Resende no livro "Inflação Inercial, Teorias sobre inflação e o Plano Cruzado, organizador José Marcio Rego, Editora Paz e Terra S/A – Economia, São Paulo, 1986, os 149-158, defende a mesma tese equivocada de

*URV"* resolveria o problema, desde quando achavam que a inflação era de cunho inercial, uma velha teoria de Simonsen que inconformado por suas teorias ortodoxas não produzirem resultado, inventou a teoria da inflação inercial com sofisticada análise conceitual devido à indexação muito disseminada na economia desde 1965.

Essa teoria era tão aceita entre os economistas na época que foi utilizada até por Delfim Netto em 1980, um claro ortodoxo, levando o País a pedir socorro ao FMI em 1981 depois de ter fixado a taxa de câmbio em 1980 e levado o País a uma crise de liquidez. Essa teoria tinha, também, uma vertente caracterizada pela indexação da moeda, pois desde 1965, para evitar os danos causados pela inflação aos ativos financeiros esses passaram a ser corrigidos monetariamente. Lara Resende fundamentava suas teorias para o Plano Real na ancora cambial e na desindexação da moeda criando as URV, que nada mais eram do que um padrão monetário variável.

Em setembro de 1997 surgiu a crise da Rússia com dificuldades para cumprir seus compromissos internacionais, o que afetou o Brasil, que estava numa situação cambial muito vulnerável e baixas reservas internacionais que levavam ao risco de uma corrida contra a moeda. A possibilidade de uma "*disparada*" da taxa cambial poderia levar a uma inflação descontrolada podendo se transformar numa hiperinflação e no caos econômico.

---

Gustavo Franco sobre o termino da hiperinflação alemã de 1923.

Apesar de poder contar com os DES (Direitos Especiais de Saques) no FMI, uma maior ajuda deste poderia não vir a tempo de evitar a crise. Assim, FHC recorreu a seu "amigo" Bill Clinton e conseguiu um adiantamento de US$40 bilhões depois substituídos pelo FMI. De graça? (*Histórias da Carochinha!*) A vulnerabilidade com exigibilidades de curto prazo superiores as reservas internacionais exigiam medida excepcionais para superar a crise.

Nas eleições de 1998 apesar de FHC garantir que não "*mexeria*" no câmbio, as transações correntes muito deficitárias, problemas de cobertura do déficit em conta corrente do Balanço de Pagamentos indicavam claramente que seria muito difícil manter a taxa cambial muito apreciada. Em janeiro de 1999, já no segundo mandato e tendo claramente que desvalorizar o câmbio, sai Gustavo Franco da presidência do Banco Central e entra Francisco Lopes, que o mercado não aceitava em razão de seu passado no Plano Cruzado, e os agentes financeiros começaram a comprar dólar.

As cotações passaram de R$1,67. Essa situação veio a se agravar e resultar na crise de 2002, apesar da correção cambial em janeiro de 1999 ter melhorado as transações correntes, essa correção foi insuficiente para dar credibilidade à moeda em razão das ainda baixas cotações do dólar.

No começo do segundo mandato de FHC, um nebuloso episódio de depreciação do Real, que em poucos dias mudaram 3 presidentes do Banco Central, uma Diretora acusada de vazar informação errada sobre a desvalorização e a quebra de duas instituições financeiras, que na contra mão de todo mercado antecipadamente sabedor da desvalorização, apostaram na manutenção do câmbio apreciado. Continuou a *"caixa preta"*[14] com o Banco Central socorrendo estas instituições para depois quebrá-las e processar seus sócios, que acabaram na cadeia. Novela parecida com as da TV Globo!

A crise de 2002 as vésperas das eleições majoritárias e proporcionais promoveu uma rápida desvalorização do Real que muitos acreditaram como fruto do fato de Lula passar à frente do candidato do PSDB, partido do governo, pois este se eleito iria nacionalizar muitas empresas e *"socializar"* a economia. De fato, isso pode ter tido alguma influência, mas com mostra Perle Münch [15], com seu trabalho sobre a credibilidade da moeda naquela taxa de câmbio, o que ocorreu foi um ataque de especuladores em razão da sobrevalorização da moeda.

---

[14] Nota: No Governo Itamar Franco, este veio a público para dizer que o Banco Central era uma "Caixa Preta", "Foi o ex-presidente Itamar Franco (90-92) quem primeiro chamou o Banco Central de "caixa-preta". Reza o folclore brasiliense que Itamar chegou a telefonar para o BC perguntando o valor das reservas em dólar do governo e ouviu que o dado era sigiloso. Há versões contraditórias sobre a história: não teria sido Itamar, mas um assessor do Palácio do Planalto o autor da ligação, e o objetivo não era saber o valor das reservas, mas onde elas estavam aplicadas. Mas o rótulo de "caixa preta" pegou.", Gustavo Patú, da Sucursal de Brasília, São Paulo, domingo, 17 de março de 1996, Folha de São Paulo.

[15] Veja-se Perle Münch, Isabela, op.cit.

## As teorias sobre o término da hiperinflação na Alemanha em 1923

Apesar dos economistas do Plano Real acharem que foi a criação do *"Rentemark"* supostamente uma moeda indexada no dizer deles, o que aconteceu na Alemanha em 1923 com a paralização da hiperinflação em 1923 com criação dos *"Rentemark"* foi a necessidade de preservação urgente da reserva de valor, o que seria possível com a emissão de quantidades limitadas de um ativo financeiro lastreado, pois os ativos em mão da grande maioria do povo como a poupança tinham perdido completamente o valor com a hiperinflação, mas a moeda para uso do dia a dia para trocas continuou a ser o *"Reichsmark"*.

Muitos estudiosos da questão chegaram a diferentes conclusões, assim como André Lara Resende[16], que apesar de reconhecer que o *"Rentenmark"* era uma nova moeda lastreada,[17] considerou-a como moeda indexada, e a falta de credibilidade na moeda e sua rejeição, fatores decisivos para a inflação. Na

---

[16] Veja-se Resende, André Lara, "A moeda indexada, uma proposta para eliminar a inflação inercial", em "Inflação Inercial, teorias sobre inflação e o Plano Cruzado", organizador José Marcio Rego, Rio de Janeiro, Editora Paz e Terra, 1986. P.149, originalmente publicado na Gazeta Mercantil de 26, 27 e 28 de setembro de 1984.

[17] Veja-se Resende, op. cit., *"... uma nova moeda o "rentenmark", introduzida com valor equivalente a um trilhão de marcos antigos, foi anunciada como lastreada num empréstimos interno que se baseou nos ativos reais do país, terras e demais propriedades, e com um limite máximo de emissão previamente fixado"... Consequentemente, tinha sido também completamente rejeitado como meio de troca"*. P.155.

realidade não era uma moeda indexada e seu lastro em ativos fixos como imóveis e terras para serem resgatados precisavam ser convertidos em hipotecas negociáveis, e seu valor de mercado era a base da indexação ainda que cotado em dólar, o que não é a mesma coisa. Esta era a visão de Walter Lewis, mas não se conforma com a historiografia, pois em momento algum a moeda foi rejeitada, assim como a hipótese de que o *"Rentenmark"* tenha sido usado para trocas.

Segundo (Richard, 1988, p. 86) *"Antes da guerra, diferentemente da França, o pagamento por cheques na Alemanha começaria a generalizar-se. Depois, em razão do excesso de papel-moeda, os pagamentos por cheque havia até sido impostos aos negociantes e aos particulares cujos salários eram elevados. ... Em 1922-1923, a circulação de cheques acabou por se tornar-se um hábito. Todas as classes sociais utilizaram esse sistema de pagamentos e na Saxônia, por exemplo, 90% dos operários dispunham de uma conta corrente".* [18] Assim, não houve rejeição da moeda e os cheques eram nominados em marcos. Não houve, também, o uso do *Rentenmark* para moeda de troca devido a sua emissão limitada sendo apenas um ativo financeiro e não monetário. Um dos principais equívocos dos estudiosos da paralização da hiperinflação.

Como aconteceu na Alemanha em 1923 a emissão limitada dos *"Rentemark"*, assim como os outros títulos

---

[18] Veja-se Richard, Lionel, A República de Weimar, Cia das Letras, 1988, p 86.

ferroviários *"wertbestandiges"* igualava aproximadamente o valor em dólar do estoque monetário. A fixação do câmbio ocorreu "depois" da desvalorização do *"Reichsmark"* e não antes como supuseram a maior parte dos estudiosos. Assim não teria tido maior efeito na paralisação da inflação, que somente ocorreu com a interrupção abrupta dos descontos de letras do *Reichsbank.* Enquanto continuaram as emissões de *"Reichsmark"* não foram mais emitidos *"Rentenmark",* pois estavam limitados ao valor equivalente em dólar no dia de sua emissão dos ativos fixos que lhe serviram de lastro.

A ideia da inercia inflacionária foi muito útil para explicar por que todas as medidas tomadas anteriormente não tinham dado certo. Foi motivo de brilhantes elucubrações teóricas, mas na prática não se confirmou como visto em 1994 e 1995, onde as taxas de inflação foram respectivamente de 11,20% em 5 meses e 20,36%.

Acredito que as ideias de André Lara Resende a respeito do término da hiperinflação alemã em 1923 tenho influenciado Gustavo Franco para escrever seu trabalho publicado numa revista em Harvard e depois na Revista de Economia Brasileira da FGV[19]. Segundo Guilherme Fiuza em *"3.000 dias no Bunker*

---

[19] Veja-se Franco, Gustavo – O Milagre do Rentenmark - Uma experiência bem sucedida com moeda indexada - "O Plano Real e Outros Ensaios" Editora Francisco Alves, Rio de Janeiro, 1995. Originalmente publicado em inglês, sob o título "The rentenmark *"miracle"* em *Rivista di Storia Economica, Second Series,* Volume 4 (*international edition*) 1987 e depois reproduzido na coletânea *"Monetary Regime Transformations"* editada por Barry Eichengreen para a *Edward Elgar Reference Library,* Londres, 1992.

– *um plano na cabeça e um país na mão"* relata o papel de Gustavo Henrique Barroso Franco no Plano Real e no Governo FHC, e fica claro desde a primeira página a fixação de Franco com o episódio da hiperinflação alemã e seu controle pelo Presidente do Reichsbank em junho de 1923.

Franco chamou a URV de *"Rentemark"* brasileiro, uma clara impropriedade, pois o *"Rentemark"* não era uma moeda indexada como a URV e sim uma moeda lastreada em ativos fixos, que eram evidentemente atualizados pelo valor de mercado como o dólar era lastreado em ouro com paridade fixa. Sua fixação nesse ponto era evidente, pois havia publicado quando estava na Universidade de Harvard um trabalho sobre a hiperinflação de 1923 na Alemanha, [20] posteriormente publicado no Brasil pela Revista de Economia Brasileira da FGV, onde dizia que o término da hiperinflação alemã tinha ocorrido quando o Presidente do Reichsbank, Hjalmar Schacht tinha fixado a taxa de câmbio.

Em seu livro *"O PLANO REAL e outros ensaios publicado em 1995",*[21] escreve que essa foi sua tese de doutorado na Universidade de Harvard a causa de sua adoção na formulação do Plano Real e a fixação da taxa de câmbio. Esse trabalho de Franco negava parcialmente os estudos sobre a hiperinflação alemã por muitos autores, como Thomas Sargent,

---

[20] Veja-se Franco, G.H.B. "Reformas Fiscais e o fim de quatro hiperinflações", RBE/FGV, vol.4 out/dez 1987.
[21] Veja-se Franco, G.H.B., "O Plano Real e outros ensaios", Rio de Janeiro, Francisco Alves,1995".

F.D. Graham, Brian Griffiths, Phillip Cagan, Bresciani-Turroni, Walter Lewis e outros. Franco defendia a tese que foi a fixação da taxa de câmbio que paralisou o processo, uma sugestão de Keynes.

Reynaldo D. M. Silva [22]teve, também, possibilidade de analisar a questão das hiperinflações na Alemanha, na Hungria, na Áustria e na Polônia e demostrou em 1990, claramente o grave equívoco desses pesquisadores. Em estudo sobre a tese de Franco, ele mostrou que este cometeu um equívoco com efeito dramático, pois foi a base do Plano Real e do desastre do Governo FHC.

Em 1999, foi lançada a tradução em português a autobiografia de Hjalmar Schacht, publicada em 1953 *"76 Jahre meines Lebens"*, que teve o título em português *"Setenta e Seis Anos de Minha Vida - A autobiografia do mago da economia alemã da República de Weimar ao III Reich"*[23]. Tivesse Franco consultado esse livro jamais teria escrito sua tese e o Brasil certamente poderia estar melhor já que a equipe constituída de brilhantes economistas acadêmicos teria possivelmente, encontrado outra solução para o problema do câmbio.

Com os trabalhos de Franco[24] sobre a experiência bem sucedida do *"Rentenmark"*, uma "moeda indexada" como base

---

[22] Veja-se Silva, Reynaldo D.M. "Inflação - O mal do século", Brasília, DF, ARIEL Editora, 1990.

[23] Veja-se Schacht, Hjalmar, Setenta e Seis Anos de Minha Vida - A autobiografia do mago da economia alemã da República de Weimar ao III Reich, São Paulo, Editora 34, 1999, 640 p.

para a fixação da taxa cambial que teria sido a causa do término súbito da hiperinflação na Alemanha em 15 de novembro de 1923, a discussão sobre o assunto parece ter-se esgotado e nenhum novo estudo veio questionar as proposições e conclusões desse autor.

Entretanto, havia uma grande controvérsia sobre o assunto e muitos autores discordavam da tese, tais como, Bresciani-Turroni, Sargent, Angell, Graham, Webb, Hardach e outros. Outros que concordaram que o *"Rentenmark"* teria sido a base para fixação da taxa de câmbio usaram um argumento tipicamente *"bullionista"*[25], segundo Franco, de que o público confiava na nova moeda porque a emissão era limitada.

A discussão comporta, entretanto, uma clara diferenciação que Franco não fez ou não quis fazer: a introdução de uma moeda indexada e a fixação da taxa de câmbio numa economia dolarizada, como elementos distintos. Muitos dos autores que não reconhecem méritos no *"Rentenmark"*, acreditam que a fixação da taxa de câmbio foi o fator responsável pela cessação da hiperinflação na Alemanha em novembro de 1923.

---

[24] Veja-se, Franco, Gustavo H. B., O Plano Real e outros ensaios, Francisco Alves, Rio de Janeiro, 1995, p. 99-126, *"Quando da elaboração desse trabalho nos idos de 1984, jamais poderia imaginar que os incríveis relatos extraídos dos quase nunca manipulados arquivos e bibliotecas de Harvard especializadas em Europa Central ganhariam importância prática para o Brasil dos anos 1990".*

[25] Nota: Os "bullionistas" defendiam a tese do ouro como base do valor da moeda.

Aliás, Lord Keynes [26]participando de uma comissão de *"experts"* convidados pelo Governo Alemão, recomendou a fixação da taxa de câmbio, pois com a aceleração da inflação o valor real do estoque de moeda ficaria abaixo do valor das reservas em moeda estrangeira, permitindo o governo alemão enfrentar quaisquer tentativas contra o câmbio.[27] Já a moeda *"indexada"*, era vista com grandes desconfianças e como uma solução imaginativa e heterodoxa.

A oportunidade de abordar o assunto surgiu porque Franco passou a comandar a política cambial do Plano Real [28], e os resultados apresentados até agora levam a se suspeitar da validade da sustentação de sua tese de doutorado pela Universidade de Harvard, tais foram as graves sequelas dessa

---

[26] Veja-se Batista Jr, Paulo Nogueira, em Keynes e a estabilização do marco alemão nos anos 20, in "A Luta pela Sobrevivência da Moeda Nacional, Editora Paz e Terra, Rio de Janeiro, 1992, p. 223-[26] Veja-se Franco, G.H.B. "Reformas Fiscais e o fim de quatro hiperinflações", RBE/FGV, vol.4 out/dez 1987.

[26] Veja-se Franco, G.H.B., "O Plano Real e outros ensaios", Rio de Janeiro, Francisco Alves,1995, 275.

[27] Veja-se Richard, Lionel, A República de Weimar, Companhia das Letras, Círculo do Livro, 1988, p. 92, *"Em março de 1923, o governo presidido por Wilhelm Cuno tentava estabilizar o marco na proporção de 22.000 marcos por dólar. Medida ineficaz, no dia seguinte o dólar subia para 29.500 marcos." A tentativa, no entanto, fez o dólar passar de 25.000 em fevereiro para 20.000 em média em março, subindo para 25.000 em abril novamente."*

[28] Veja-se Franco, Gustavo H. B., op. cit. *"É lícito dizer que o ensaio do Capítulo 3 ilustra o "estado das artes", bem como, embora em menor medida, as circunstâncias antecedentes ao enunciado básico do Plano Real. Note-se, além disso, que a arquitetura do Real se beneficiaria da experiência relatada no Capítulo 4, ou seja, o fascinante e pouco compreendido experimento do rentenmark e seu papel na estabilização alemã de novembro de 1923.",* p.20.

política e os elevados riscos assumidos para sua manutenção, traduzidos num *"déficit"* do Balanço de Pagamentos produzido por um crescente desequilíbrio das Transações Correntes, cuja cobertura levou o país à uma situação insustentável.

A alta da taxa de juros necessária para a atração de capitais externos destinados à cobertura desse *"déficit"* e a paralisação do crédito comercial, necessária para provocar essa alta, produziram dois resultados: insolvência generalizada sobretudo no pequeno comércio e na indústria e inadimplência junto ao sistema bancário.

A manutenção dessas medidas durante quase 1 ano provocou a insolvência prática do sistema bancário quando a inadimplência atingiu 18,66 % das aplicações, sendo o patrimônio líquido dos bancos, em geral no Brasil, 12,3% das aplicações, muito inferior, portanto, ao montante dos créditos irrecuperáveis[29].

As elevadas taxas de juros agravaram sobremaneira as finanças dos Estados e Municípios que estavam rolando sua dívida mobiliária no mercado e levaram à União a um déficit fiscal da ordem de 7,6% do PIB, ocasionado, também por um crescimento explosivo da dívida mobiliária interna da União, em consequência da necessidade de financiar uma elevada reserva de divisas necessária à defesa da taxa de câmbio e ao pagamento dos

---

[29] Veja-se artigo escrito no Correio Braziliense de 20.02.96, "Juros Insuportáveis" pelo Dr. Mauricio Schulman, Presidente da FEBRABAN - Federação Brasileira das Associações de Bancos e a nota "Calote cresce no sistema financeiro" no Correio Braziliense de 08/11/96.

juros dessa dívida. A recessão produzida pôr essas medidas, todas destinadas a defender a taxa de câmbio, produziu um crescimento extraordinário no desemprego que na Grande São Paulo atingiu 16,5% da população ativa.

Tal política levou a um déficit vultoso do Balanço de Pagamentos coberto com a entrada de capitais externos, em grande parte produto de empréstimos dos bancos no exterior e capitais especulativos, elevando sobremaneira a dependência do país a fatores internacionais aleatórios e ao risco de nova instabilidade cambial.

Uma estratégia baseada na formação de déficit na Balança Comercial para forçar a entrada de capitais externos, como cobertura do déficit do balanço de pagamentos é fundamentalmente falsa, pois esses capitais não aumentam a poupança nacional e os investimentos, pois se destinaram em grande parte a compra de empresas nacionais e, sobretudo a compra das empresas estatais incluídas no Programa de Desestatização.

O incentivo à entrada de capitais externos através de elevadas taxas de juros, leva a um endividamento interno explosivo pela necessidade de conversão em Reais e consequente colocação de títulos públicos para retirar o excesso de emissão de moeda, além de aumentar a vulnerabilidade do país a crises internacionais. A poupança externa que pode eventualmente interessar ao país só virá com altas taxas de crescimento econômico e deve ser limitada a investimentos em produtos *"tradeables"* (exportáveis).

A sobrevalorização da moeda nacional em decorrência dessa fixação potencializou os efeitos das medidas de abertura comercial e levou a destruição de vários setores da economia, incapazes de sobreviverem com um subsídio cambial implícito nas importações que ultrapassava a tarifa alfandegária e ainda reduzia substancialmente os preços desses produtos.

Enfim, tais e tantas foram as sequelas para a sociedade brasileira que a afirmação genérica dos economistas que o controle da inflação não se faz sem muito sofrimento da população, mas parece uma explicação para deficiências teóricas e práticas dessa ciência e na prática o reconhecimento de que se desconhece uma solução eficaz para o fenômeno. Voltando ao problema da ancora cambial como o fator fundamental do desastre, vale a pena explicitar a questão de seus fundamentos teóricos.

Na verdade, Franco quando escreve *"A introdução do "Rentenmark" teve, no entanto, um papel importante para a fixação da taxa de câmbio, sendo que foi esta que garantiu o fim súbito da hiperinflação alemã."*[30], acredita que a criação de uma moeda indexada, o *"Rentenmark"*, ou seja, a base da reforma monetária de outubro de 1923, foi que propiciou a fixação da taxa de câmbio do marco-papel e que esse fato é que determinou

---

[30] Veja-se Franco, Gustavo H. B., op. cit. p. 119.

abruptamente o fim da hiperinflação em 15 de novembro de 1923.

Esta tese é bastante diferente da defendida pôr Keynes e vale ainda ressaltar que até mesmo Schacht, o então presidente do Reichsbank, nega a validade da mesma, aliás em sua autobiografia deixa muito claro que fora a cessação dos descontos no *Reichsbank* e não o *"Rentemark"* que paralisou a hiperinflação e a fixação da taxa de câmbio em 20/11/1923, em 4,2 trilhões de marcos-papel em nada paralisou o crescimento da cotação do dólar.

Segundo Schacht *"A cotação do dólar no mercado negro subiu no último dia de novembro para cerca de 12 trilhões de marcos por dólar"*. Schacht comenta ainda *"Segundo golpe decisivo tinha de ser dado contra o mercado negro de câmbio. Se o golpe deu certo foi porque o Rentemark não tinha, quando de sua criação oficial, o caráter de meio de pagamento legal e porque era distribuído pelo Reichsbank e não pelo Rentenbak."* Mais adiante *"portanto, se o "Rentenmark" não tinha esse caráter ninguém seria obrigado a aceitá-lo"*.

Vê-se claramente seu caráter de título lastreado para reserva de valor e não moeda para troca. A especulação no mercado de câmbio era constituída principalmente de contratos futuros e como o Reichsbank não mais descontava esses papeis de crédito, mas se dispunha a comprar qualquer quantidade de dólar a 4,2 trilhões de marcos-papel, levou os especuladores a ter que vender a taxa oficial perdendo muito dinheiro o que finalmente garantiu a estabilidade alcançada em 30/11/1923. Em 15 de novembro de 1923 foi suspenso o desconto de letras comerciais no Reichsbank que produziu uma redução muito grande no IPA que cresceu 10.100,43% em novembro e 74,33% em dezembro.[31]

O fato do *"Rentenmark"* não ser *"legal tender"* (meio de pagamento legal) caracteriza perfeitamente seu apelo como reserva de valor, além do fato de não ser moeda indexada e sim moeda lastreada em ativos fixos que se requeridos podiam emitir hipotecas negociáveis, como conta-se do episódio do marco – centeio, primeira ideia de lastreamento antes do *"Rentenmark"*.

O *"Rentenmark"* veio na verdade complementar a procura de ativos indexados, como as moedas estrangeiras, os títulos privados, *"wertbestandiges"* (valor estável), os títulos do empréstimo-ouro e os títulos ferroviários, que não possuíam nenhuma garantia real de conversibilidade, assim como o *"Rentenmark"*, a um custo de substituição de marco-papel relativamente muito baixo, considerando a elevada depreciação deste.

Na verdade, a carência de ativos financeiros indexados que pudessem fazer seu papel de reserva de valor é que levou à fácil aceitação dos *"wertbestandiges"*, [32] (valor estável) dos títulos

---

[31] Silva., R.D.M. e, op. cit. 130; vale a pena conhecer em detalhes e todos os episódios da paralização nessa obra.

[32] Nota: Bresciani-Turroni tampouco compreende a carência da oferta de ativos financeiros indexados que garantissem a reserva de valor, inexistente nos ativos financeiros oferecidos pelo setor privado, com algumas exceções, e pelo

do empréstimo-ouro e do sistema ferroviário, e até mesmo de ativos monetários sem rendimentos como as moedas estrangeiras, assim como ao *"Rentenmark"*. A inflação não somente retirou do marco-papel sua função já marginal de reserva de valor destruindo sua função de garantia real dos ativos financeiros, quiçá seus rendimentos.

O *"Rentenmark"* veio assim tapar uma lacuna que ameaçava a poupança da classe burguesa e das empresas, pois a poupança popular desaparecera nos títulos públicos e nas cadernetas de poupança, zerando tanto a dívida pública interna como transferindo ao sistema financeiro o valor real do sistema de poupança.

Improvável, portanto, que o *"Rentenmark"* viesse a servir como moeda de transações[33] de forma generalizada, pois assim

---

tesouro. *"Na realidade a lei de 14 de agosto de 1923, que regia o empréstimo em ouro de 500 milhões de marcos-ouro, continha apenas essa promessa limitada. ...Entretanto, as obrigações de empréstimo em ouro e as notas emitidas contra os depósitos dos empréstimos em ouro não se desvalorizaram. O povo se deixou hipnotizar pela palavra "wertbestandig" (valor estável) escrita no novo papel moeda. E o povo, da mesma forma, aceitou e reservou essas notas (as obrigações de empréstimo em ouro quase desapareceram de circulação) mesmo enquanto rejeitava o antigo marco em papel-moeda - preferindo não comercializar a receber uma moeda na qual havia perdido toda fé."*

[33]Nota do autor: Vale ressaltar que os diversos autores falam quase unanimemente que o Rentemark passou a ser uma moeda de troca. Entretanto, os números referentes à quantidade de marco-papel emitida depois de 15 de novembro, cerca de US$403 milhões, adicionado ao valor dos depósitos, considerando-se a estimativa do giro destes e da velocidade de circulação do marco-papel levam à meios de pagamento com números muitíssimos superiores ao volume de *Rentenmark* emitido até 15 de

como os *"wertbestandinges notgeld"*, as notas do empréstimo ouro e as notas do sistema ferroviário pouco giraram, sendo guardados entesouradas em sua grande parte, caracterizando-os claramente como ativos financeiros e não ativos monetários [34].

A grande emissão de marcos-papel depois da fixação do câmbio em 20 de novembro, equivalentes em valor real a cerca de 402,7 milhões de *"Rentenmark"*, tendo neste dia cessado os descontos de títulos do tesouro pelo Reichsbank, mostra que a procura pôr essa moeda cresceu muito mais do que a dos *"Rentenmark"*. Como o limite de emissão deste era de 3,2 bilhões e só foram emitidos 200 milhões até 15 de dezembro, é de se supor que não foram procurados em maior quantidade, o que teria acontecido caso fosse a moeda preferida de troca.

Em contrapartida, o valor real dos marco-papel em 15 de novembro de 1923, era de US$ 39,923,930.00, note-se bem, **depois**, da desvalorização cambial procedida pôr Schacht, e antes da fixação da taxa de câmbio que foi em 20/11. Esse valor teria sido no início de 1923, de US$140 milhões, e atingindo US$ 1,7 bilhões no final de outubro e US$118,2 milhões, em 31 de dezembro de 1923, permitindo supor-se que a monetização

---

dezembro de 1923, cerca de US$200 milhões. Assim, a composição da oferta de moeda na tabela 4.2, oferecida por FRANCO na p.112, considera ativos financeiros que diversos autores afirmam terem sido entesourados como os *wertbestandiges* privados, as notas do empréstimo ouro e as notas do sistema ferroviário.

[34] Veja-se Bresciani-Turroni, Constantino, Economia da Inflação - O fenômeno da Hiperinflação Alemã dos Anos 20, Expressão e Cultura, Rio de Janeiro, 1989, p. 179

efetiva ocorreu através do marco-papel e a recomposição dos ativos financeiros de alta liquidez através do *"Rentenmark".*

A paralisação da inflação parece ter ocorrido mais pela cessação súbita dos descontos das letras do tesouro, que foi o que levou a um valor real tão baixo a quantidade de marco-papel, [35]ju nto com a grande desvalorização cambial feita pôr Schacht antes de fixar a taxa de câmbio, pois em 30 de outubro esse valor atingia a cifra de US$1,7 bilhões, ou seja, 7 vezes o valor médio de janeiro/fevereiro de 1923. Essa escalada, iniciada em julho levou o valor real do estoque de marcos-papel de US$130 milhões nesse mês para US$230 milhões em agosto, US$540 milhões em setembro e US$1,7 bilhões em final de outubro.

O crescimento muito maior dos preços se deveu a um aumento muito grande da velocidade de circulação tanto do papel-moeda como dos depósitos bancários, produzindo uma descontrolada expansão monetária, que ocorreu através do desconto de títulos do tesouro e letras comerciais. Franco, se dizendo um *"ortodoxo"*, na verdade sustenta uma tese considerada na época o máximo da *"heterodoxia"*. A esse respeito Keynes já havia observado com clareza *"Since there are about as many German Government Treasury Bills, payable at short notice, held by the public and the banks, other than the Reichsbank, as there are Reichsbank notes, the note issue can be easily expanded".*

---

[35] Nota do autor: Segundo Nogueira Batista Jr. op. cit.

Evidentemente a paralisação da hiperinflação teve um conjunto de causas e seria ingênuo admitir uma causa única, como pretende Franco, porém a fixação da taxa de câmbio "de per si", já tentada antes pelo Chanceler Cuno, em março de 1923, não teria produzido qualquer resultado não fosse a paralisação dos descontos de títulos do tesouro e outros títtulos, pois a continuação das emissões de marco-papel foi necessária devido à grande queda da velocidade de circulação da moeda, tanto manual como escritural.

Segundo Keynes, a tendência de crescimento exponencial da quantidade de meios de pagamento devido às emissões e descontos de notas do tesouro, aliadas ao rápido crescimento da velocidade de circulação da moeda provocava uma redução muito grande no valor real do estoque de marcos-papel propiciando a fixação da taxa de câmbio, pois o estoque de moeda estrangeira pelo Reichsbank seria suficiente para defender a nova taxa.

Na verdade, não foi isso que aconteceu, pois os saldos reais de marcos-papel foram crescendo e eram muito superiores as reservas do Reichsbank. O baixo valor do saldo em 15 de novembro constatado pôr Franco, de US$400 milhões é um fato "*a posteriori*" e não "*a priori*" como afirma, pois Schacht fez uma grande desvalorização do marco-papel antes da fixação da taxa de câmbio, que se estima em 18 vezes, reduzindo assim esse estoque em valor equivalente em dólares. Isto também se verificou, quando uma redução pela metade dos descontos de letras do tesouro e outros títulos já diminuía grandemente as emissões e esse estoque de marcos-papel em valor real.

Assim, a tese de Franco, de que a reforma monetária é que teria possibilitado a fixação da taxa de câmbio e paralisado a inflação, não se sustenta, pois os ativos monetários eram efetivamente representados pelos marcos-papel e não por outros ativos financeiros e por moeda estrangeira, como ele supõe.

Deve-se também considerar que apesar de fixar a taxa de câmbio em 4,2 trilhões de marcos em 20/11/1923, foi somente em 30/11/1923 que quebrando os especuladores conseguiu que o mercado aceitasse o valor fixado. A velocidade de circulação caiu de 155,8 vezes em 30 de outubro para 88,6 vezes em 30 de novembro e 15,4 vezes em 31 de dezembro de 1923. Tal contração de meios de pagamento aliada à fixação da taxa de câmbio numa economia já amplamente indexada ao dólar e parcialmente dolarizada, produziu o resultado esperado e não a criação dos *"Rentenmark"*.

A fixação da taxa de câmbio não parou a inflação que ainda foi de 74,33% no IPA, mostrando que muitos setores não estavam de fato dolarizados e produzindo, pela sobrevalorização do *"Reichsmark"* um profundo desequilíbrio nas contas externas, tal como ocorreu no Brasil depois do Plano Real.

Tal situação não se encontrava no Brasil em junho de 1994, pois apesar de ser uma economia indexada, os índices confiáveis de indexação não levavam à indexação pelo dólar. Não havia, portanto, dolarização visível no país, principalmente porque as transações correntes eram superavitárias e não havia falta de dólar no mercado para que a fixação da taxa de câmbio fosse auxiliar em alguma coisa.

Alegar que esta não foi propriamente fixada é apenas um sofisma, pois a falta de sustentação da taxa de câmbio pelo Banco Central num mercado de oferta excedente, onde só havia este como comprador residual, viria fatalmente provocar a queda do valor do dólar, como aliás, ocorreu para uma taxa de R$0,83/US$1.00. Por outro lado, a vinculação de *"moeda indexada-fixação da taxa de câmbio"* feita por Franco, parece ser produto mais de um voluntarismo acadêmico, do que o que se passou na realidade.

Com a criação da URV se restabelecia a reserva de valor, porém não perturbava grandemente a população que passou a usar sem grandes problemas esse padrão variável para suas trocas. Na verdade, o que se fez foi indexar a moeda como pretendia a equipe econômica, como havia antigamente a ORTN para a reserva de valor, pois a unidade de conta era fixa com a URV.

O mundo vem acordando para a absoluta inconsistência das teorias monetaristas ortodoxas de Milton Friedman pelos dramáticos resultados em muitos países. Na verdade, é uma volta a antiga teoria monetária de Irving Fisher que tanto demonstramos no livro sobre a velocidade de circulação da moeda.

A confusão teórica que desde Friedman assolava a teoria econômica era a questão da velocidade da moeda, que A.C. Pigou (opositor de Keynes) que reafirmou a teoria quantitativa da moeda de Alfred Marshall de 1908, conhecida como a Equação de Cambridge e conceituada como velocidade-renda da moeda, que ficou em oposição a teoria quantitativa da moeda de Irving Fisher de 1911.

Essa conceituação vinha da teoria dos clássicos da ideia de equilíbrio onde não entrava a moeda que era tratada à parte, e prevalecia o conceito de valor e não preço. Se Marshall admitisse que a moeda não fosse neutra teria que aceitar a velocidade de circulação da moeda como Fisher e teria que abandonar a neutralidade e a tese clássica de equilíbrio do sistema econômico. A dificuldade maior para aceitar a teoria de Fischer como asseverou Pigou era a ideia de que não havia como medir a velocidade de circulação da moeda.

Essa teoria da velocidade-renda da moeda foi depois adotada por Friedman em seu trabalho ao estudar o comportamento da inflação em 100 anos nos EUA. Ela, também permitiu garantir as teorias dos clássicos sobre o equilíbrio da economia e a neutralidade da moeda. O conceito de velocidade-renda da moeda foi adotado pela profissão e até hoje é base dos estudos monetários.

Lara Resende, aparentemente não escapou dela, apesar de mostrar já suas dúvidas a respeito *"... e violenta redução da* **velocidade de circulação,** *isto é, a relação produto nominal sobre* *a nova base monetária."* E mais adiante *"A violenta queda na velocidade de circulação da moeda faz com que o estancamento do processo inflacionário ocorra com aumento do passivo monetário do Banco Central e não com redução".*

Ficou evidente que Lara Resende ainda se refere velocidade-renda da moeda como a velocidade de circulação medida pelo total dos pagamentos efetuados (cheques compensados) sobre o estoque de moeda, tanto manual que é parte do passivo do Banco Central, como moeda escritural (depósitos à vista) como conceituou Irving Fisher colocando duas velocidades na equação de trocas, da moeda manual e da moeda escritural. A nosso ver essa dicotomia sobre as teoria de Marshall e Fisher está na base da incapacidade da profissão de entender o que é e como funciona o processo inflacionário, levando aos desastres provocados pela ortodoxia monetária praticada em todo o mundo. Lara Resende ainda titubeia em condenar a teoria vigente apesar de já ter alertada para grande parte da insubsistência dela. Minha esperança é que ele chegue lá e acabe de abalar seus alicerces.

O fato é que o Brasil não tem que pagar tão caro por tal controvérsia e mesmo porque brilhantes formulações acadêmicas, além de em geral não atenderem as efetivas necessidades da economia brasileira, como os resultados práticos estão a demonstrar, estão distanciadas do substrato político que deve numa democracia representar os interesses do povo brasileiro.

O governo Fernando Henrique Cardoso assentando toda política econômica e de estabilização sobre essa falsa premissa, conhecida como âncora cambial, levou o país à uma das mais graves situações financeiras que este jamais viveu que tiveram não somente consequências dramáticas do ponto de vista social, como a corrente que amarrou a economia brasileira e que perdura até hoje.

Apesar da evidente polêmica que estas afirmações vão ensejar me parece que os próprios resultados comprovam que a tese era incorreta, a não ser que alguém acredite que o que ocorreu estava certo! Entendo a dificuldade que eles tenham em reconhecer, mas isso não parece ter qualquer importância agora, pois sua grande importância foi ter dado base científica para o que ocorreu nestes 25 anos. No entanto, pasmem! Até hoje no Brasil o Plano Real é tratado com o grande salvador da pátria. Me sinto como se estivesse dizendo que o Hino Nacional tem que ser mudado!

Em setembro de 1997 alguns países da Ásia como, Tailândia, Indonésia, Coreia do Sul, Malásia e Filipinas, sofreram uma crise monetária que começou na Tailândia, oriundo dos tradicionais conceitos ortodoxos que levaram ao atrelamento do Tai Baht ao dólar, e provocou um crescimento muito grande da dívida externa pelo câmbio valorizado.

Ao romper o atrelamento aconteceu um ataque contra a moeda e uma grande desvalorização da moeda, com redução drástica das divisas e a falência do Estado. A crise se espalhou pelos outros países atingindo também o Japão com uma queda muito acentuada dos mercados de capitais em todos esses países, cujos ativos financeiros sofreram grande desvalorização e drástica redução do crédito, com queda do PIB.

Apesar do socorro do FMI, primeiro à Tailândia e depois aos outros países afetados, a crise contaminou outros mercados no mundo. No Brasil o Governo subiu drasticamente os juros, que segundo (Bahry, 2000) fez o Banco Central adotar um sistema de banda de desvalorização cambial que permitia uma desvalorização entre 6 e 7% ao ano[36], claramente insuficientes como se pode ver na tabela, mantendo o déficit nas Transações Correntes que somente se tornou positivo em 2001, porém ainda em valor insuficiente, o que acabou levando à crise cambial de 2002.

Em janeiro de 1999, no começo do segundo mandato de FHC ficou evidente que a câmbio supervalorizado não se sustentaria, mesmo com altas taxas de juros, pois o déficit das Transações Correntes que estava em US$6,62 bilhões e maior dificuldade de entrada de capitais externos levou a uma desvalorização do Real e a confusão com a troca de 3 presidentes do Banco Central.

A desvalorização, entretanto, em razão da elevada taxa de juros foi limitada e o dólar atingiu R$1,25/US$ no final de

---

[36] Veja-se Bahry, Thaisa Regina, Os Reflexos da Crise Financeira de 1997 na Economia Brasileira - Economia, Curitiba, n. 24, p. 115-132, 2000. Editora da UFPR.

janeiro. O novo Presidente do Banco Central Armínio Fraga conseguiu através da imposição das metas de inflação estancar parcialmente a crise até 2002. Entretanto, custou ao País um aumento na dívida pública que atingiu R$ 905,921 bilhões somente de juros agregados.

O que não se comentou na época foram as trapalhadas do novo Presidente do BC muito bem descritas por Nassif (2012)[37] que provocaram a crise com a grande desvalorização da moeda. A imprensa culpava a possibilidade de eleição do Lula como causa, mas apesar de haver algum receio do mercado de que ele fosse eleito, a principal razão foram as mudanças atabalhoadas implantadas pelo novo Presidente do BC em face da vulnerabilidade externa do País.

---

[37] Veja-se Nassif, Luiz., Como Armínio Fraga explodiu a economia em 2002, Coluna da Folha de São Paulo, *"·Para que se perca a ideia de Armínio Fraga como o super economista, capaz de mudar o mundo com sua sabedoria"* *Intencionalmente ou não (de minha parte julgo que foi não-intencional) as medidas desastrosas adotadas na época foram o principal combustível para o terrorismo que se instalou no mercado.* **Primeiro ato: o SPB:** *Sabendo ter pela frente um ano nervoso, por conta das eleições, em abril Armínio instituiu o SBP (Sistema de Pagamentos Brasileiros) que trouxe enormes dificuldades de implementação. Além disso mudou o sistema de acompanhamento das operações. Todas as liquidações financeiras - troca de reservas, mudanças de fundos etc. - passaram a ser feitas em tempo real.* **Segundo ato: mudou o sistema de marcação da renda fixa:** *Os títulos de renda fixa têm um prazo de vigência e uma curva de preços. Imagine um título pós-fixado. O investidor compra por R$ 100,00. Se no primeiro mês a correção for de 1%, passados 30 dias o valor do título estará em 100 x 1,01 = 101,00. No segundo mês, em 101,00 x 1,01 = 102,1 e assim por diante... Aí Armínio decidiu implantar o chamado sistema de marcação a mercado. Por esse sistema, o valor diário do papel dependerá do preço final (100), descontada a taxa de juros em vigor no mercado naquele momento.*

Os reflexos das crises de 1997, 1998 e 2002 foram a necessidade de aumentar muito a taxa de juros para conter a corrida contra a moeda e as implicações na acumulação de juros da dívida mobiliária federal impactando fortemente o saldo dessa dívida.

| ANOS | BALANÇA COMERCIAL | | | BALANÇA DE SERVIÇOS | | | | | | | | TRANS-FERÊN-CIAS | BALANÇA DE TRANSAÇÕES CORRENTES |
| | | | | | | | RENDA DE CAPITAIS | | | | | | |
| | EXPOR. | IMPOR. | SALDO | VIAGENS | TRANS-PORTES | SEGU-ROS | LUCROS E DIVID. | JUROS LIQUIDOS | GOVER-NOS | DIVER-SOS | SALDO | | |
|---|---|---|---|---|---|---|---|---|---|---|---|---|---|
| 1990 | 31.414 | 20.661 | 10.753 | -121 | -1.643 | -69 | -1.865 | -9.748 | -328 | -1.595 | -15.369 | 834 | -3.782 |
| 1991 | 31.620 | 21.041 | 10.579 | 211 | -1.656 | -133 | -665 | -8.621 | -370 | -1.521 | -12.755 | 1.556 | -620 |
| 1992 | 35.793 | 20.554 | 15.239 | -319 | -1.359 | -58 | -749 | -7.253 | -166 | -1.435 | -11.339 | 2.243 | 6.143 |
| 1993 | 38.563 | 25.256 | 13.307 | -799 | -2.090 | -46 | -1.931 | -8.280 | -345 | -2.094 | -15.585 | 1.686 | -592 |
| 1994 | 43.545 | 33.079 | 10.466 | -1.181 | -2.441 | -132 | -2.566 | -6.338 | -327 | -1.758 | -14.743 | 2.588 | -1.689 |
| 1995 | 46.506 | 49.858 | -3.351 | -2.419 | -3.011 | -122 | -2.974 | -8.158 | -339 | -1.572 | -18.595 | 3.974 | -17.972 |
| 1996 | 47.747 | 53.286 | -5.539 | -3.593 | -3.480 | -62 | -2.820 | -9.840 | -275 | -1.637 | -21.707 | 2.899 | -24.347 |
| 1997 | 52.994 | 59.837 | -6.843 | -4.376 | -4.123 | 73 | -5.597 | -10.388 | -350 | 1.983 | -22.778 | 2.216 | -27.406 |
| 1998 | 51.140 | 57.734 | -6.594 | -4.146 | -3.259 | 81 | -7.181 | -11.947 | -385 | -1.837 | -28.674 | 1.778 | -33.489 |
| 1999 | 48.011 | 49.210 | -1.199 | - 1 457 | - 3 071 | -128 | - 4 115 | - 14 876 | -498 | -1.584 | -25.729 | 1.689 | -25.238 |
| 2000 | 55.086 | 55.783 | -697 | - 2 084 | - 2 896 | - 4 | - 3 316 | - 14 649 | - 549 | -1.566 | -25.064 | 1.521 | -24.240 |
| 2001 | 58.223 | 55.572 | 2.651 | - 1 468 | - 2 966 | - 275 | - 4 961 | - 14 877 | - 652 | -2.135 | -27.334 | 1.638 | -23.045 |
| 2002 | 60.362 | 47.240 | 13.122 | - 398 | - 1 959 | - 420 | - 5 162 | - 13 130 | - 252 | -1.722 | -23.043 | 2.390 | -7.532 |

FONTE: BANCO CENTRAL DO BRASIL

CONTAS EXTERNAS - BALANÇO DE PAGAMENTOS  - CONTAS DE CAPITAL em US$ milhões

| ANOS | TRANSAÇÕES CORRENTES | INVESTIMENTO LÍQUIDO ESTRANGEIRO | | | FINANCIA-MENTOS | EMPRÉSTI-MOS | AMORTI-ZAÇÃO | SALDO | DÉFICIT OU SUPERAVIT | ERROS/ OMISSÕES | DÉFICIT OU SUPERAVIT |
| | | DIRETO | PORTFÓLIO | TOTAL | | | | | | | |
|---|---|---|---|---|---|---|---|---|---|---|---|
| 1990 | -3.782 | 273 | 579 | 852 | 3.424 | -297 | -14.594 | -10.615 | -14.397 | -328 | -14.725 |
| 1991 | -620 | 535 | 3.808 | 4 343 | 2.026 | 3.997 | -8.826 | 1.540 | 920 | 876 | 1.796 |
| 1992 | 6.143 | 3.143 | 14.466 | 17 609 | 13.258 | 14.975 | -7.827 | 38.015 | 44.158 | -1.386 | 42.772 |
| 1993 | -592 | 6.270 | 12.929 | 19 199 | 2.380 | 10.790 | -8.572 | 23.797 | 23.205 | -1.119 | 22.086 |
| 1994 | -1.689 | 8.214 | 54.047 | 62 261 | 1.939 | 10.517 | -9.978 | 64.739 | 63.050 | 334 | 63.384 |
| 1995 | -17.972 | 5.047 | -9.217 | -4 170 | 8.118 | 14.736 | -6.314 | 12.370 | -5.602 | 2.207 | -3.395 |
| 1996 | -24.347 | 16.005 | -21.619 | -5 614 | 12.337 | -3.982 | -9.503 | -6.762 | -31.109 | -1.800 | -32.909 |
| 1997 | -27.406 | 20.813 | -12.616 | 8 197 | 1.045 | -2.341 | -9.423 | -2.520 | -29.926 | -3.244 | -33.170 |
| 1998 | -33.489 | 20.622 | -18.125 | 2 497 | 2.740 | -6.528 | -17.565 | -18.856 | -52.345 | -4.207 | -56.552 |
| 1999 | -25.238 | 30.034 | -3.802 | 26 232 | -7.284 | 801 | -19.508 | 242 | -24.997 | 283 | -24.713 |
| 2000 | -24.240 | 32.995 | -6.955 | 26 040 | -6.409 | -431 | -13.190 | 6.010 | -18.230 | 2.671 | -15.559 |
| 2001 | -23.045 | 23.226 | -77 | 23 149 | 4.233 | 8.651 | -13.331 | 22.702 | -343 | -565 | -909 |
| 2002 | -7.532 | 16.587 | 5.119 | 21 705 | 1.741 | -5.101 | -16.436 | 1.909 | -5.622 | -140 | -5.763 |

FONTE: BANCO CENTRAL DO BRASIL

85

A análise dessas tabelas mostra claramente os resultados da âncora cambial do Plano Real na economia durante o governo FHC, com um déficit no Balanço de Pagamentos de US$ 5,763 bilhões em 2002, apesar da entra de US$ 21,706 bilhões de capitais externos diretos de "*porfólio*", devido a uma extrema vulnerabilidade externa e a dependência de capitais estrangeiros, num rápido processo de promoção da dependência do País de capitais internacionais.

De 1995 em diante aparecem elevados saldos negativos nas Transações Correntes que com grande incentivo a entrada de capitais estrangeiros, tanto através das privatizações, como devido ao enfraquecimento das empresas nacionais por falta de crédito e valorização do Real, que preferiram vender suas empresas aos investidores estrangeiros a quebrar, investimentos esses que crescem rapidamente, assim como os lucro e dividendos desses investimentos. Ainda assim, foram claramente insuficientes para cobrir elevados déficits em conta corrente do balanço de pagamentos que foram as causas dos ataques à moeda em 1995,1997 e 1998.

Esse processo rápido de desnacionalização da indústria brasileira estava na base das concepções sociológicas de FHC, que não acreditava na capacidade do empresário industrial brasileiro desenvolver o País. A desconfiança das possibilidades de crescimento do País e os juros excessivos espantaram o capital que estava na Bolsa atraído pelo Plano Real em 1994, que saiu de 1995 à 1998 em grande volume como se pode ver nas estatísticas de *"portfólio"*. Tal afirmação poderia ser acusada de xenofobia, mas trata-se apenas de aritmética simples. Acho que Nelson Rodrigues deve ter se baseado em FHC quando cunhou sua notável observação do caráter da elite brasileira que esta teria *"complexo de vira-lata"*.

Quando um país não tem a moeda de reserva ele depende de suas exportações para pagar suas obrigações internacionais, como importações, fretes e seguros comprados do exterior que necessariamente vêm agregados às exportações que são sempre FOB, em face de nossas condições deficitárias em transporte marítimo e seguro, viagens internacionais, além de lucros e dividendos dos capitais estrangeiros investidos no País.

No Brasil é comum se ouvir reclamações contra a remessa de lucros como se fosse uma espoliação dos recursos do País pelos estrangeiros. Ora, se não é para pagar os lucros e dividendos do capital que eles vieram investir no País, não deixem eles virem!

**DIVIDA EXTERNA - US$ MILHÕES**

| ANO | SALDO | SERVIÇO DA DÍVIDA |
|------|------------|-------------------|
| 1994 | 148.295,20 | 50 411 |
| 1995 | 159.256,20 | 11 023 |
| 1996 | 179.934,40 | 14 419 |
| 1997 | 199.997,30 | 28 714 |
| 1998 | 241.643,63 | 31 381 |
| 1999 | 241.468,84 | 31 977 |
| 2001 | 209.934,26 | 35 151 |
| 2002 | 210.711,32 | 31 084 |

FONTE: BANCO CENTRAL DO BRASIL

Essa discussão tornou-se político-ideológica quando a razão perde lugar para inflamadas paixões. O que ocorre objetivamente é que existem limites de absorção de capitais estrangeiros, exclusivamente em razão da evolução das exportações e da capacidade do País deter moeda conversível para pagar suas obrigações. Se essa rubrica se expande mais rapidamente do que a capacidade do País obter moeda conversível, ele é obrigado a renunciar a outros itens essenciais obtidos no mercado internacional.

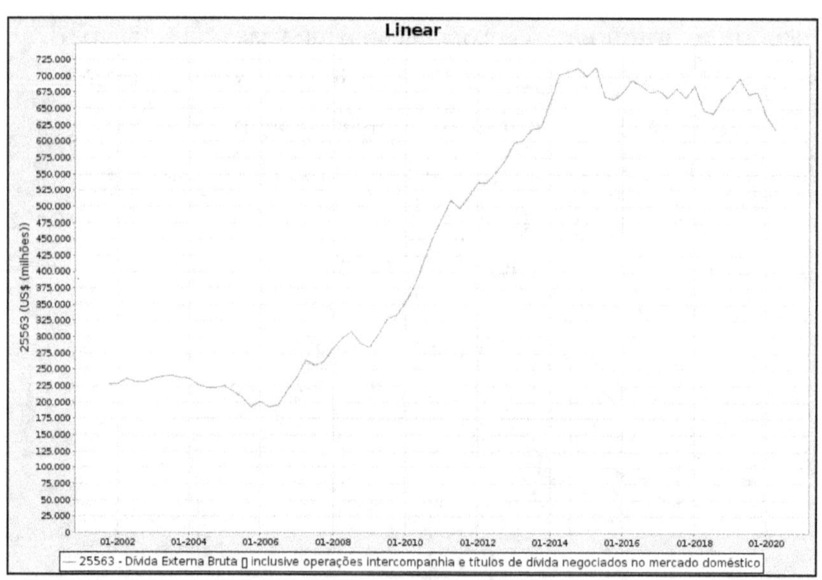

## DIVIDA EXTERNA - US$ MILHÕES

| ANO | SALDO | SERVIÇO DA DÍVIDA |
|---|---|---|
| 2003 | 237.943 | 27.115 |
| 2004 | 222.737 | 43.231 |
| 2005 | 192.694 | 62.145 |
| 2006 | 217.618 | 68.502 |
| 2007 | 261.672 | 94.418 |
| 2008 | 289.573 | 95.081 |
| 2009 | 333.607 | 89.234 |
| 2010 | 452.780 | 108.076 |
| 2011 | 515.876 | 107.414 |
| 2012 | 570.137 | 110.120 |
| 2013 | 621.488 | 121.184 |
| 2014 | 712.679 | 173.716 |
| 2015 | 664.398 | 166.342 |
| 2016 | 675.841 | 169.935 |
| 2017 | 667.103 | 185.650 |
| 2018 | 665.777 | 198.088 |
| 2019 | 675.789 | 175.160 |
| 2020 (*) | 619.416 | 90.062 |

FONTE: BANCO CENTRAL DO BRASIL

Nota 1: (inclui investimento direto: operações intercompan

e títulos de renda fixa negociados no mercado doméstico

detidos por não residentes)

Nota 2: (*) até setembro;

Se os investimentos estrangeiros diretos no País forem de produtos ou serviços *"non-tradeables"* isto é, não exportáveis, a remessa de seus lucros e dividendos vai necessariamente depender das exportações de bens e serviços produzidos por brasileiros em detrimento de outras importações necessárias ao País. É uma aritmética simples e o desprezo por ela por parte dos economistas ortodoxos que não aceitam a proposta de Keynes de que a poupança é decorrente dos investimentos e não o contrário, os levam a exigir condições de aporte de investimentos estrangeiros para complementar uma insuficiente poupança que seria a responsável pelo baixo crescimento do País.

Segundo Kucinski (2009),[38] *"Quanto mais investimento estrangeiro, melhor", é o discurso da imprensa, da maioria dos*

---

[38] Kucinski, Bernardo – A face oculta do investimento estrangeiro, Carta Capital. Número 33, Março 2009, publicado 04/04/2013 12h25, *A mesma imagem vale para os investimentos diretos na instalação ou compra de indústrias ou empresas de serviços. Graças aos lucros que obtém no Brasil, muito acima da média mundial, em seis ou sete anos a empresa recupera todo o seu capital inicial. A partir daí, suas operações vão gerando lucros crescentes, na forma exponencial. Mesmo reservando parte desses lucros para ampliar instalações ou negócios no Brasil, ainda sobra muito. A lei do capital estrangeiro permite que as empresas remetam até 8% de lucro sobre o capital registrado, sem pagar sobretaxas, podendo ser compensados ganhos menores de um ano com ganhos maiores de outro ano. A parte dos lucros investida no Brasil é somada ao capital registrado como se fosse novo capital vindo de fora, ampliando a base sobre a qual é calculado o limite de 8%.Como esse processo não gera moeda forte na mesma proporção dos lucros, porque nem todas essas empresas produzem para exportação, de tempos em tempos surge uma crise cambial, faltam dólares para abastecer os pedidos de remessas das empresas e ao mesmo tempo pagar pelas importações – o que está pintando este ano, levando o governo a pensar num controle para limitar certas importações.*

*economistas e do próprio governo. E não está errado, em tese. De fato, investimentos em construções, fábricas, máquinas, moradias, estradas geram mais empregos, não importa se feito por empresas brasileiras ou de fora, se é capital privado ou estatal. Além disso, o investimento das multinacionais, em especial, vem acompanhado por novas tecnologias, já que é característica dessas empresas estarem sempre na vanguarda da inovação. A cada nova fábrica desse tipo, surgem outras menores, de fornecedores de peças e serviços. E aumentam as exportações, criam-se empregos. O problema está na taxa excessiva de lucro, na permissão para remessas, também excessivas, e as consequências negativas disso, em especial no balanço de pagamentos, na precipitação de crises cambiais a cada oito ou dez anos, que nossas exportações de matérias-primas e bens industriais não conseguem cobrir".*

**US$ MILHÕES**

| ANOS | RESERVAS INTERNACIONAIS | CAPITAIS EXTRANGEIROS |
|---|---|---|
| 1994 | 36.471 | 143.864 |
| 1995 | 50.449 | 166.238 |
| 1996 | 59.039 | 200.207 |
| 1997 | 51.359 | 231.772 |
| 1998 | 43.617 | 70.634 |
| 1999 | 35.554 | 70.634 |
| 2000 | 32.949 | 154.349 |
| 2001 | 35.844 | 175.170 |
| 2002 | 35 592 | 196.586 |

**Fonte: Banco Central**

Os governos depois de 1994 comemoram as entradas de capital estrangeiro, sobretudo nos leilões de concessões de serviços públicos, mas a participação somente de empresas estrangeiras nesses leilões é danosa para o País. Investimento estrangeiro exige pagamento para as sedes no exterior dos lucros e dividendos. Nada mais justo, mas quando essa empresa não exporta, vai obrigar que tenhamos que exportar outro produto ou serviço para compensar seus lucros a serem remetidos em dólares.

Em princípio nada demais, pode até criar mais empregos nessas exportações. Como o público em geral desconhece o que são Contas Nacionais é importante esclarecer que o que é exportado reduz o Produto Interno (Renda Interna) que pode ser compensado pelas importações que aumentam o Produto Interno. Os lucros que vão para exterior sem compensação com a entrada de dólares reduzem a Renda Interna, pois não permitem aumentar as importações nesse mesmo valor. Simples não?

Em 1994 o total de lucros remetidos para o exterior foi de US$2,760,000,000.00 e em 2014 atingiu US$ 44,667,000,000.00. Esses lucros cresceram de 1994 até 2004, 16,18 vezes enquanto nossas exportações passaram de US$ 43,546,000,000.00 para US$ 224,098,000,000,00 ou seja, um aumento de 5,15 vezes. Assim passaram de 6,34 % das exportações para 19,93% em 2014. Evidentemente, sobram cada vez menos dólares para importações de bens e serviços que aumentam a renda interna.

Assim importar capital estrangeiro sem atentar para esse problema é estar comprometendo o crescimento da renda interna e o crescimento do País e não o aumentar como querem os que acham que temos falta de poupança para manter o crescimento.

Ora, a proposta de importar capitais para complementar a poupança interna é totalmente inconsistente quando se tem inúmeros fatores que travam os investimentos de nacionais, inclusive investimentos do Estado, como impostos elevados, falta de financiamento de longo prazo e principalmente a política monetária ortodoxa praticada há muito tempo, mas principalmente nestes últimos 25 anos com objetivo de combate à inflação. A manutenção de juros elevados de curto prazo impede qualquer forma de financiamento de longo prazo.

A participação do mercado de capitais, por outro lado, na formação de capitais das empresas fica prejudicada pelo desinteresse do sistema financeiro de bancar *"Ipos"*, quando tem a maior parte de seus recursos retidos pelo Banco Central como depósitos compulsórios e onde obtém elevadas remunerações com risco soberano com seus saldos de aplicação corrente.

Muitos economistas e professores eminentes de economia defendem a manutenção da operação do Banco Central no mercado secundário para manter as metas da Selic. No Brasil as operações compromissadas levaram o Banco Central a acumular R$1,869.727 trilhão com remuneração pela Selic e vencimento em curtíssimo prazo. Além, dos economistas ressaltarem que não esse passivo não é parte da Dívida Pública Mobiliária Federal Interna, que não consigo imaginar por que não, trata-se de algo conhecido em qualquer país do mundo que utilize a taxa básica de juros para determinar o controle da inflação, porém jamais nesses montantes.

Pressupostamente esse volume foi para retirar a liquidez do mercado e manter o valor da meta da Selic. Dada a evidente barbeiragem do Banco Central que manteve a meta da Selic tão alta durante tantos anos e levou o País a acumular essa dívida que já passa do PIB e compromete a liquidez do Estado brasileiro é, no entanto ignorada e defendida pelo Congresso quando aprova a independência do Banco Central. Então, ele fez o que tinha de fazer? Não importam as consequências? Falta um galo no galinheiro?

Ao contrário do que afirmam muitos de que se deixarmos os próprios bancos decidirem a taxa de juros no mercado interbancário seria determinante de muita instabilidade, certamente impediria essa aberração de controle do Banco Central para defender seus interesses. O controle do crédito através da alavancagem é que pode efetivamente controlar a inflação? Na verdade, ele se tornaria efetivamente um mercado secundário acessível às empresas para colocação de suas debentures e obter capital de giro sem depender de operações financeiras.

Por outro lado, eles nunca conseguiriam manter uma alta taxa de juros, pois a hipótese que pudessem desviar os recursos para compra de dólar ou ações somente existe porque permitiram a formação dos conglomerados com a falsa justificativa de economia de escala, num ambiente extremamente sujeito a automação digital.

Se separarmos os bancos de depósitos dos conglomerados, várias aberrações como o "CDB-Flex" e outras manobras não existiriam impedindo uma efetiva operação de controle da liquidez através da redução da alavancagem pelo Banco Central. Esse pressuposto que alguns burocratas iluminados tenham condição de determinar a taxa de juros contraria fundamentalmente as características de nossa moeda que não é conversível. Mais uma vez predomina o vício do "*complexo de vira-lata*" copiando os países de moeda de reserva.

**Mas, talvez a maior importância de liberar o mercado interbancário para definir a taxa de juros seja eliminar a possibilidade do sistema financeiro tomar conta do Estado brasileiro e submetê-lo a seus interesses colocando seus apaniguados no Banco Central e dominando uma pretensa política monetária de controle da inflação que transferiu uma parcela muito alta do no PIB durante 25 para seus cofres através de metas da Selic muito altas.**

Isso em detrimento de todo o povo, sob as vistas complacentes dos políticos que recebiam suas benesses para se elegerem, que na verdade era apenas uma forma de comprarem seu silêncio. Acreditar que não sabiam das consequências seria chamá-los de simples tolos, que por suas performances nunca permitiriam tal qualificação. **Eles até hoje respondem à mesma solução e culpar o povo por não saber votar, este sim mantido na ignorância pelos interesses vinculados ao sistema financeiro de todas as empresas de mídia, esconde as razões e os verdadeiros responsáveis pela atual situação do País e do desastre que se aproxima.**

Essa política trava o investimento e o País não tem condições de investir e aumentar assim sua poupança, lembrando que a poupança é formada pelo investimento. A negação da teoria de Keynes sobre poupança e investimento é a base para a importação de capitais estrangeiros, no entanto as maiores taxas de investimento e poupança no Brasil na década de 1970 foram obtidas sem volume significativo de capital estrangeiro. Como explicar?

A realidade confirma Keynes e nega a tese que somente beneficia interesses estrangeiros. Estranho não? Se o investimento vem produzir bens ou serviços exportáveis garante sua remessa de lucro para sua matriz sem problema para o Balanço de Pagamentos. Caso contrário vem reduzir a o PIB e a Renda Interna do país, o que não é uma coisa positiva.

Os economistas ortodoxos tratam o Brasil com um país de economia aberta como se tivesse a moeda de reserva e acham que isso não é nem nunca será um problema para o país. O histórico dessa evolução mostra uma tendência extremamente preocupante e nega peremptoriamente a tese deles.

O estoque de investimento estrangeiro no País passou de 1,64% do **PIB** em 1995 para 16,85% do **PIB** em 2017. Essa inversão total da realidade tem, no entanto, uma razão para sua manutenção. Ela interessa as classes sociais que poupam e obtém boa remuneração com os juros altos, o sistema financeiro consegue lucros muito altos com baixo risco, quando muitos economistas se ligam as consultorias do sistema financeiro e participam do *"banquete"*. Mudar por quê?

Resta na discussão a questão que é na verdade o ponto crucial onde ela descamba para uma interminável controvérsia, o problema da inflação e seu controle. A captação do Banco Central pelo sistema financeiro não é somente aqui no Brasil, segundo Manolis Kalaitzake[39], o problema na União Europeia, também é motivo de preocupação com o **BCE** – Banco Central Europeu. Nos EUA já há vários estudos que apontam, como o estudo de Martin Ford[40]  a absorção do Estado pelo sistema financeiro. Democracia? Somente para poucos e *"para inglês ver"*.

Infelizmente, aqui temos que concordar com a absoluta necessidade de romper com verdadeiros *"dogmas"* doutrinários implantados na profissão de economista, que poucos, muito poucos ousam desafiar como Joan Robinson, André Lara

---

[39] Veja-se Kalaitzake, M. em "Central Banking and Financial Political Power: An investigation into the European Central Bank", Competition & Change - University College Dublin, Ireland, SAGE, 2018.
[40] Ford. Martin, "Os Robôs e o Futuro do Emprego", Editora Best Business Ltda, Rio de Janeiro, 2019.

Resende, J. Earle, C. Moran, Z. Ward-Perkins, e outros como no Brasil, Paulo Kliass, Paulo Nogueira Batista Jr., Valdir Ramalho, Luiz Gonzaga Beluzzo e outros. Vamos tratar dessa questão em outro capitulo.

**PASSIVO EXTERNO LÍQUIDO AMPLIADO - (PELA) - em US$ milhões**

| ANOS | INVESTIMENTO DIR. LÍQ. ACUM. (1) | PORTFÓLIO LÍQUIDO (2) | INVESTIMENTO TOTAL ACUMULADO (3)=(1) +(2) | DÍVIDA EXTERNA LÍQUIDA (4) | PELA (3) + (4) |
|---|---|---|---|---|---|
| 1990 | 37.143 | 579 | 37.722 | 113.466 | 151.188 |
| 1991 | 37.678 | 3.808 | 41.486 | 114.504 | 155.990 |
| 1992 | 41.723 | 14.466 | 56.189 | 112.195 | 168.384 |
| 1993 | 43.251 | 12.929 | 56.180 | 113.449 | 169.629 |
| 1994 | 45.736 | 54.047 | 99.783 | 109.489 | 209.272 |
| 1995 | 44.985 | -9.217 | 35.768 | 107.416 | 143.184 |
| 1996 | 61.303 | -21.619 | 39.684 | 116.153 | 155.837 |
| 1997 | 76.000 | -12.616 | 63.384 | 124.557 | 187.941 |
| 1998 | 91.256 | -18.125 | 73.131 | 189.708 | 262.839 |
| 1999 | 121.290 | -3.802 | 117.488 | 197.591 | 315.080 |
| 2000 | 154.285 | -6.955 | 147.330 | 138.070 | 285.400 |
| 2001 | 174.075 | -77 | 173.998 | 126.838 | 300.836 |
| 2002 | 192.151 | 5.119 | 197.270 | 127.016 | 324.285 |
| 2003 | 199.795 | -5.308 | 194.488 | 109.082 | 303.570 |
| 2004 | 217.941 | 4.750 | 222.691 | 169.802 | 392.494 |
| 2005 | 233.007 | -4.885 | 228.123 | 138.895 | 367.018 |
| 2006 | 251.789 | -9.081 | 242.708 | 131.780 | 374.488 |
| 2007 | 286.374 | -48.695 | 237.679 | 81.338 | 319.017 |
| 2008 | 331.432 | -2.953 | 328.479 | 95.790 | 424.269 |
| 2009 | 362.913 | -52.140 | 310.774 | 95.087 | 405.861 |
| 2010 | 451.365 | -66.913 | 384.452 | 164.206 | 548.658 |
| 2011 | 552.523 | -41.248 | 511.275 | 163.864 | 675.140 |
| 2012 | 639.130 | -15.826 | 623.304 | 196.989 | 820.293 |
| 2013 | 708.816 | -32.282 | 676.534 | 262.680 | 939.214 |
| 2014 | 805.995 | -38.425 | 767.570 | 349.128 | 1.116.698 |
| 2015 | 880.713 | -22.246 | 858.468 | 307.934 | 1.166.401 |
| 2016 | 958.508 | 18.762 | 977.270 | 310.825 | 1.288.095 |
| 2017 | 1.029.193 | 13.445 | 1.042.638 | 293.131 | 1.335.769 |
| 2018 | 1.107.356 | 458 | 1.107.814 | 291.062 | 1.398.876 |
| 2019 | 1.176.530 | 8.995 | 1.185.525 | 318.905 | 1.504.430 |

FONTE: BANCO CENTRAL DO BRASIL

O PELA – Passivo Externo Líquido Ampliado como calculado pelo Banco Central até uns anos atrás teve seu cálculo rediscutido no trabalho de Van Noije & De Conti da **UNICAMP** publicado em 2016[41] porque eles calculam o PEL1 e PEL2 com as variações de valor que sofrem os ativos e passivos com a Posição Internacional de Investimentos. Comparando o ano de 2010 o PELA é US$ 548,7 bilhões e a Posição Internacional de Investimentos (PEL1 – PEL2) é US$ 350 bilhões. E consideramos apenas os Ativos no cálculo do PEL1 o valor é de US$ 616,2 bilhões, sendo a diferença provavelmente as variações que não são consideradas no PELA.

**Posição Internacional de Investimentos do Brasil, (US$ bilhões)**

| ANOS | Investimento direto brasileiro no exterior | Investimentos em carteira | Deriva-tivos | Outros investimentos | Ativos de reservas | Total Ativo A |
|---|---|---|---|---|---|---|
| | Ativo (A) | | | | | |
| 2001 | 49,7 | 6,4 | 0,0 | 15,1 | 35,9 | 107,1 |
| 2002 | 54,4 | 5,8 | 0,1 | 14,7 | 37,8 | 112,8 |
| 2003 | 54,9 | 7,0 | 0,1 | 23,0 | 49,3 | 134,3 |
| 2004 | 69,2 | 9,4 | 0,1 | 16,9 | 52,9 | 148,5 |
| 2005 | 79,3 | 10,8 | 0,1 | 24,2 | 53,8 | 168,2 |
| 2006 | 113,9 | 14,4 | 0,1 | 24,6 | 85,8 | 238,8 |
| 2007 | 139,9 | 19,5 | 0,1 | 39,9 | 180,3 | 379,7 |
| 2008 | 155,7 | 14,9 | 0,6 | 43,2 | 193,8 | 408,2 |
| 2009 | 164,5 | 16,5 | 0,4 | 59,1 | 238,5 | 479,0 |
| 2010 | 189,2 | 37,6 | 0,8 | 100,0 | 288,6 | 616,2 |

Fonte:  Van Noije, Paulo e De Conti, Bruno , op. cit.

---

[41] Veja-se Van Noije, Paulo e De Conti, Bruno – A Vulnerabilidade Externa decorrente da Posição Internacional de Investimentos e do Fluxo de Rendas da Economia Brasileira no período 2001-2010 – Revista Nova Economia, vol. 26, nº1,2016, p. 207-239, da UFMG – Universidade Federal de Minas Gerais, Belo Horizonte, Brasil.

Posição Internacional de Investimentos do Brasil, (US$ bilhões)

| ANOS | Passivo (B) | | | | | Total PII (A-B) |
| --- | --- | --- | --- | --- | --- | --- |
| | Investimento direto brasileiro no exterior | Investimentos em carteira | Deriva-tivos | Outros investimentos | Total Passivo B | |
| 2001 | 121,9 | 151,7 | 0,0 | 98,3 | 371,9 | -265,0 |
| 2002 | 100,9 | 137,4 | 0,2 | 105,0 | 343,5 | -230,5 |
| 2003 | 132,8 | 166,1 | 0,1 | 107,7 | 406,7 | -272,5 |
| 2004 | 161,3 | 184,8 | 0,3 | 99,8 | 446,2 | -297,6 |
| 2005 | 181,3 | 232,4 | 0,2 | 70,9 | 484,8 | -316,6 |
| 2006 | 220,6 | 303,6 | 0,4 | 83,1 | 607,7 | -368,9 |
| 2007 | 309,7 | 509,6 | 1,8 | 99,2 | 920,3 | -540,5 |
| 2008 | 287,7 | 287,5 | 2,5 | 113,9 | 691,6 | -283,4 |
| 2009 | 400,8 | 561,8 | 3,4 | 113,8 | 1.079,9 | -600,8 |
| 2010 | 472,6 | 656,3 | 3,8 | 161,0 | 1.293,6 | -677,4 |

Fonte:   Van Noije, Paulo e De Conti, Bruno , op. cit.

## A crise de 2002 e as eleições majoritárias

A crise de 2002 se instalou durante a campanha eleitoral para as eleições majoritárias e proporcionais numa situação em que os reflexos da política monetária implantada com o Plano Real se traduziam em baixo crescimento, desemprego elevado, juros muito elevados, taxa de câmbio valorizada, pequenos saldos recentes das Transações Correntes e dependência das exigências do FMI, que deterioram a aprovação do Governo e do Presidente FHC.

As condições das contas externas que haviam requerido a participação do FMI começavam a melhorar lentamente com os pequenos ajustes da taxa de câmbio. Como a âncora cambial do Plano Real tinha levado o País a recorrer ao FMI quando da crise da Rússia em 1998 isso obrigou a alguma mudança nessa política que iria de alguma forma acabar sendo realizada, ou pelo Governo ou pelo mercado. Em 2001 as contas externas saiam de um *"déficit"* na balança comercial de **US\$731,743,273.00 milhões** para um pequeno saldo de US\$2,684,834,605.00 bilhões e para um saldo mais robusto de R\$13.195.998.836,00 bilhões, entretanto, as Transações Correntes eram deficitárias desde 1994 e o Balanço de Pagamentos apresentou *"déficit"* em conta corrente de 1997 até 2000.

CONTAS EXTERNAS DO BRASIL - 1994/2002 EM US$MILHÕES

| ANOS | BALANÇA COMERCIAL | TRANSAÇÕES CORRENTES | INVESTIMENTOS ESTRANGEIROS DIRETOS | INVESTIMENTOS ESTRANGEIROS EM CARTEIRA |
|---|---|---|---|---|
| 1994 | 10.466 | -1.811 | 2.150 | 54.047 |
| 1995 | -3.466 | -18.384 | 4.405 | 10.372 |
| 1996 | -5.599 | -23.502 | 10.792 | 22.022 |
| 1997 | -6.753 | -30.452 | 18.993 | 10.908 |
| 1998 | -6.575 | -33.416 | 28.856 | 18.582 |
| 1999 | -1.199 | -25.335 | 28.578 | 18.582 |
| 2000 | -698 | -24.225 | 32.779 | 8.651 |
| 2001 | 2.650 | -23.215 | 22.457 | 872 |
| 2002 | 13.121 | -7.637 | 16.590 | -4.797 |

Fonte: Banco Central do Brasil

Apesar dos esforços para atração de capitais estrangeiros para cobrir os *"déficits"* em conta corrente do Balanço de Pagamentos para cobrir os buracos ocasionados pela sobrevalorização do Real, os resultados ficaram muito aquém do esperado, malgrado um acelerado processo de desnacionalização da indústria brasileira na esteira de um processo recessivo de corte radical dos créditos, cuja fragilização resultou na tentativa desesperada de entrega da propriedade das empresas a qualquer preço. Vários episódios como o da Metal Leve são emblemáticos do processo de desnacionalização que cito somente para comentar os resultados de uma política baseada num erro acadêmico.

Em razão do que ocorreu nos anos desde 1994 até 2002 é difícil se imaginar que tenha sido exclusivamente um erro decorrente da âncora cambial, pois tal situação perdurou com variações, mas com intensificação até os dias de hoje na completa alienação da capacidade industrial brasileira para o capital estrangeiro e uma dependência cada vez maior da necessidade de remunerar esses capitais através de saldos na balança comercial.

Segundo Nassif, 2014[42] *"Sabendo ter pela frente um ano nervoso, por conta das eleições, em abril Armínio instituiu o SBP (Sistema de Pagamentos Brasileiros) que trouxe enormes dificuldades de implementação. Além disso, mudou o sistema de acompanhamento das operações. Todas as liquidações financeiras - troca de reservas, mudanças de fundos etc. - passaram a ser feitas em tempo real... Aí Armínio decidiu implantar o chamado sistema de marcação a mercado. Por esse sistema, o valor diário do papel dependerá do preço final (100) descontada a taxa de juros em vigor no mercado naquele*

---

[42] Veja-se Nassif, Luís - Como Armínio Fraga explodiu a economia em 2002, DCM, 11/10/2014, *"Armínio completou sua obra com uma outra operação que se constituiu em um dos grandes desastres financeiros da história do Banco Central. O mercado estava ávido por títulos cambiais, corrigidos pelo dólar. Armínio montou uma operação casada. Quem quisesse adquirir títulos cambiais, teria que adquirir no mesmo pacote títulos pré-fixados. O que o mercado fez foi adquirir o pacote, ficar com os títulos cambiais e despejar os pré-fixados no mercado. A inundação de títulos pré-fixados fez os preços caírem. A quantidade negociada era pequena, frente ao estoque de pré-fixados no mercado. Mas, na marcação a mercado, vale o que for negociado no dia. Com a operação, caíram os preços dos títulos pré-fixados afetando todos os fundos e investidores que tinham títulos em carteira.*

*momento.* Aparentemente o novo Presidente do Banco Central na perspectiva de mudança de governo decidiu implantar atabalhoadamente suas ideias num momento claramente inadequado. Vale ressaltar ainda que o novo Presidente do Banco Central foi o introdutor do sistema de metas de inflação.

Muitos observadores entenderam que a alta da taxa de câmbio resultou da perspectiva de vitória do Lula, que tinha propostas *"socialistas"* e que pressupostamente ameaçava o *"establishement"* com a fuga dos capitais de *"portfolio"*. Assim, a taxa de câmbio de R$2,323/US$ em março atingiu seu ponto máximo de R$3,636/US$ em novembro de 2002. Pode ter havido algum efeito das eleições, porém as condições de vulnerabilidade da moeda à ataques especulativos estavam claramente presentes.

Segundo Münch, 1998 [43] *O tipo de risco ao qual nos referimos em relação ao Brasil - risco que importa ao investidor estrangeiro e que será levado em consideração quando este decidir ingressar divisas no país - é a soma do risco soberano com o risco de conversibilidade ou "risco Brasil".*

Com as Transações Correntes deficitárias em US$ 7,637 bilhões havia claras razões para a saída de US$ 4,737 bilhões de capital de *"portfólio"*, claramente capitais especulativos que procuravam a arbitragem com a taxa de juros em 4,63% em

---

[43] Veja-se Münch, Isabela Perla- Bandas de Câmbio e Expectativas de Desvalorização: um Teste de Credibilidade Aplicado a Brasil, México, Rússia, Venezuela, Tailândia e Hong Kong, RBE Rio de Janeiro 52(4):637-673 out./dez. 1998.

média no ano, mas que vinha de 10,30% em 1999, 7,10% em 2000, 5,77% em 2001 com claros atrativos ao *"Hot Money"*.

A vulnerabilidade pode ser claramente vista na tabela abaixo. Com a taxa de câmbio em R$2,323/US$ claramente muito valorizada e uma taxa de juros de 4,63% ao ano e uma taxa de inflação de 10,88% de março a dezembro de 2002, mostrando uma taxa real de juros muito baixa, já provavelmente sinalizando para os capitais especulativos que teriam grave prejuízo com uma possível alta da taxa de câmbio em razão da vulnerabilidade.

Considerando que a taxa média de juros do dólar (Libor) era de 1,88% e do (Prime Rate) era de 4,67% pode-se aquilatar o incentivo que havia para saída de capitais aplicados em *"portfólio"* com a possibilidade de desvalorização do Real.

**VULNERABILIDADE CAMBIAL - US$ MILHÕES**

| Ano | Transações Correntes | Balanço de Pagamento |
|---|---|---|
| 1999 | -25.238 | -24.713 |
| 2000 | -24.240 | -15.559 |
| 2001 | -23.045 | -909 |
| 2002 | -7.532 | -5.763 |

Fonte: Banco Central

O resultado foi que já no novo Governo o Banco Central fez um aumento muito grande da taxa de juros para 10,0% em média no ano, elevando muito os custos da dívida pública mobiliária interna. Claro que era mais fácil colocar a culpa nas expectativas da eleição do Lula do que na política monetária ortodoxa, responsável por uma elevação absurda da DPMFi, e que determinava uma vulnerabilidade muito grande do País a variabilidade de fluxos de capitais internacionais.

Capitais estes que se tornaram extremamente necessários para cobrir os déficits das Transações Correntes, num círculo vicioso que prejudicava enormemente a indústria brasileira, como acabou por ocorrer com um processo agudo de desindustrialização do País e baixas taxas de crescimento, até a situação crítica de 2014 com baixo crescimento e inflação alta.

As origens da grande recessão atual têm suas digitais no processo começado no Plano Real e na política monetária implantada no governo FHC e mantida até hoje. O que era previsto é que a manutenção dessa política levaria fatalmente ao "default" da dívida, o que parece estar acontecendo. Lara Resende mostra com clareza em seu livro os equívocos de tal política e sua prática universal.

**EVOLUÇÃO DO ESTOQUE DE CAPITAL ESTRANGEIRO E DO CUSTO MÉDIO ANUAL - US$ MILHÕES**

| Anos | Estoque do Investimento Estrangeiro | Lucros e Dividendos | Anos | Estoque do Investimento Estrangeiro | Lucros e Dividendos |
|---|---|---|---|---|---|
| 1990 | 37.693 | 11.613 | 2004 | 222.462 | 20.702 |
| 1991 | 36.254 | 9.286 | 2005 | 232.644 | 26.182 |
| 1992 | 37.118 | 8.002 | 2006 | 242.344 | 27.666 |
| 1993 | 38.312 | 10.211 | 2007 | 228.234 | 35.790 |
| 1994 | 42.387 | 8.904 | 2008 | 270.339 | 49.545 |
| 1995 | 65.512 | 11.132 | 2009 | 249.680 | 32.888 |
| 1996 | 79.106 | 12.660 | 2010 | 271.219 | 39.654 |
| 1997 | 79.841 | 15.985 | 2011 | 331.129 | 48.169 |
| 1998 | 91.256 | 19.218 | 2012 | 401.910 | 38.164 |
| 1999 | 121.290 | 18.991 | 2013 | 439.314 | 41.972 |
| 2000 | 150.849 | 17.965 | 2014 | 498.069 | 44.170 |
| 2001 | 175.564 | 19.838 | 2015 | 550.541 | 43.192 |
| 2002 | 189.672 | 18.292 | 2016 | 647.098 | 36.576 |
| 2003 | 199.566 | 18.660 | 2017 | 731.228 | 43.022 |

FONTE: BANCO CENTRAL

A dependência da entrada de capitais estrangeiros torna o país extremamente vulnerável a crises externas e a questão do excesso de capitais no sistema financeiros internacional onde surgem a crises decorrentes do excesso de endividamento mundial, do elevado volume de ativos financeiros sujeitos as crises fiduciárias com taxas de juros em geral abaixo da inflação.

Na medida em que o País não precisa da poupança externa e que o acúmulo de capital estrangeiro acabará por levar o País à impossibilidade de arcar com a remuneração desses capitais e com risco de alienar sua soberania, é sumamente importante revogar a tese de que a falta de investimento e o baixo crescimento decorre da falta de poupança.

Não somente Keynes mostrou que a poupança decorre do investimento, na medida em que recuperada a teoria da inflação que demonstra com extrema clareza a fatuidade das teorias até agora aceitas como no Capítulo IV, não se sustentam as teorias que tentam justificar a valorização cambial pela necessidade de poupança externa.

A falta de investimentos é decorrência da elevada taxa de juros e nesse sentido todas as teorias desde Wicksell, a Hicks e Keynes mostram que os investimentos somente se realizam quando a taxa de juros é inferior a *"eficácia marginal do capital"* (Keynes) ou à taxa de juros natural, (Wicksell, Ricardo, Hicks) compreendendo-se a taxa de juros natural como a taxa de retorno do capital, ou taxa de lucro.

A política monetária praticada nesses 25 anos, na verdade agiu como um boicote ao crescimento do País não somente levando a DPMFi a níveis próximos da capacidade de manter o pagamento dos juros devidos, como reduzindo as disponibilidades orçamentarias para as necessidades mínimas da população na área da saúde, educação e segurança pública, mesmo com uma alta carga tributária.

É importante o reconhecimento de que o caos atual na saúde pública, na educação e a extrema gravidade da situação da segurança pública decorre principalmente da escassez de recursos em razão da elevada DPMFi e dos juros elevados da política monetária, aliadas à sanha fiscalista da Lei do Teto dos Gastos decorrente de uma PEC de interesse de algum banqueiro paleozoico metido a economista.

A redução dos juros elevados que contamina o custo dessa dívida é a única forma de se sair dessa situação e o País recuperar sua capacidade de investimento público. Se for reconhecido que decorre exclusivamente da equivocada teoria de combate à inflação aceita pela maior parte dos economistas brasileiros, então nossa contribuição com a revisão teórica que apresentamos neste livro tem toda razão de ser e justifica a sua elaboração.

# CAPÍTULO II
## A teoria das metas de inflação

A teoria das metas de inflação é uma das bases das teorias ortodoxas atuais que santificam a atuação dos Bancos Centrais para atuarem no controle da inflação através da taxa de juros, por isso a necessidade de conhecermos suas características e mostrarmos sua fatuidade e inconsistência teórica, aliás reconhecida pelo próprio autor.

A teoria das metas de inflação se baseia nos estudos de Robert Lucas Jr, 1976 sobre a reação antecipada dos agentes econômicos aos eventos econômicos, numa forma de expectativa racional do que pode vir acontecer. Lucas era um dos discípulos de Milton Friedman na Universidade de Chicago e foi seu sucessor no Departamento de Economia. Lucas não estava sequer cogitando ou pensando na teoria dos neoclássicos, mas na verdade está implícito em sua teoria um conceito de que esses agentes, no pressuposto de que todos têm as mesmas informações e agem coincidentemente, tenderiam a antecipar suas ações fazendo uma espécie de *"predição criadora"*,[44] o que

---

[44] Nota: Há cerca de 58 anos atrás na França surgiu uma especulação em estudos epistemológicos da possibilidade de na sociedade haver um fenômeno denominado "predição criadora", quando um conjunto suficientemente grande de pessoas que acreditavam quem um acontecimento iria se suceder, ele acabava por ocorrer, especificamente referente a um evento econômico. Não encontramos mais referências sobre o assunto, mas, assim mesmo resolvemos utilizá-los neste caso específico devido à verossimilhança com a tese de Luca Jr.

faria que os fatos econômicos ocorressem no sentido das expectativas.[45]

Ora, seria fácil fazer política monetária e econômica se isso tivesse a menor possibilidade de ocorrer, bastaria as autoridades monetárias sinalizar que vão agir de certa forma para todos obedecerem. Basta avisar aos empresários para não aumentarem preços que acabaria coma inflação. Sofisma? Certamente, mas bem merecido! Assim, se pudéssemos criar antecipadamente alguns elementos de orientação de política monetária fazendo crer que se formos manter a evolução dentro de certos parâmetros poderemos anular movimentos de antecipação e fazermos os agentes econômicos acreditarem que os eventos econômicos irão se comportar da forma determinada pelas autoridades monetárias seria fácil, mas não aconteceu dessa forma, por mais que eles queiram demonstrar. Bingo!

Idílica visão dos economistas ortodoxos que adoram as teorias dos neokeynesianos que promovem uma economia normativa. Certamente alguma coisa que ver com o enorme poderio econômico e militar dos EUA, que levam seus economistas a acreditaram nisso, também, na "ciência" econômica dos *modelitos*. Estão aí as crises para demostrar na realidade a fatuidade dessas pretensões e a mais ridícula delas ocorreu na crise de 2008, com a desmoralização de numerosos e *"precisos e infalíveis modelitos"* econométricos.

---

[45] Veja-se a tese de Pereira, Júlio Cesar Rodrigues - A fórmula do mundo segundo Karl Popper, PUC RGS.

Achamos que tem alguma coisa que ver com o *"efeito manada"* que poderia indicar um comportamento comum dos agentes econômicos perante um evento determinado. Entretanto, isso somente ocorre em situações críticas e nunca como um fato corrente da vida econômica da sociedade.

Nossas observações pouco acadêmicas, também encontram outros brilhantes críticos de cunho acadêmico como Mario Henrique Simonsen[46] que mostra claramente a inconsistência das teorias neoclássicas sobre expectativas racionais. Mas a adoção dessa política de metas de inflação por Armínio Fraga interessava ao governo e ao mercado para manutenção de suas falidas teses monetaristas ortodoxas. Tratou-se de uma brilhante manobra de diversão do foco nos erros e resgate da política monetária ortodoxa, onde os altos juros interessavam muita gente no País.

Tenho uma teoria (que segundo Friedman como teoria não precisa ser demonstrada) que a doença do *"econometrismo"* surgiu quando a Senador McCarthy na Comissão de Atividades Antiamericanas em 1951 começou a perseguir os professores de economia das Universidades, porque como ciência de base filosófica tinha, também quer conhecer as teorias de Marx, tornando-se suspeitos de comunismo. Da matemática e das estatísticas já utilizadas na pesquisa em ciência econômica foi um passo, muito auxiliado com o aparecimento das máquinas digitais

---

[46] Veja-se Simonsen, M.H. em Keynes e a expectativas racionais – Pesquisa e Planejamento Econômico, (16)2, p.251-262, Rio de Janeiro, 1986.

para que a doença do *"econometrismo"* se tronasse uma saída honrosa para a perseguição.

Um poderoso instrumento de pesquisa se tornou um antro para a fuga das discussões filosóficas. Deixou-se de pensar! Os *"modelitos"* com base nas mais absurdas hipóteses passaram a virar ciência. O que os testes demonstravam consistência ao nível de *5%* passaram a ser considerados verdades absolutas e a predominância do EUA no cenário mundial somente reafirmava e avalizava essas pretensas *"verdades"*. Muitos prêmios Nobel não somente garantiam o selo de qualidade como davam a essas *"descobertas"* aval para orientar o mundo. Pensadores, filósofos, sociólogos e cientistas políticos em todo o mundo que não se amoldaram ao modelo foram simplesmente *"escanteados"*.

A bíblia dos condutores da humanidade virou o currículo em todas as escolas de economia das Universidades em todo mundo. De Bolle (2020) e Lara Resende (2018), também comungam dessa visão sobre o *"econometrismo"*. De Bolle diz *"Tudo isso opera transformando pessoas em estatísticas, sistema complexos em equações lineares, subjetividade em gráficos, sem espaço para imaginação. A imaginação não é ciência, entende a disciplina – e não é mesmo. Mas a disciplina esquece que a ciência não existiria sem o pensamento e a imaginação."*

Mas, o mundo continuou evoluindo sem tomar conhecimento dos econometristas e aí a coisa ficou cada vez mais complicada. Um pensador extraordinário que conseguiu entender o funcionamento da evolução econômica dos países como Jean Fourastié, identificado como marxista ou simpatizante, foi ignorado, mas sua mais importante obra publicada em 1950 *"Le Grande Espoir du XXème Siécle"* que previu com extrema agudeza o que a produtividade do trabalho faria ao longo do tempo com a economia e a sociedade, foi chamado pelo *"The Economist"* como uma mera hipótese.

Mostramos aqui o que ocorre com essas crises fiduciárias, e suas origens absolutamente desapercebidas pela totalidade dos economistas e pensadores atuais, que creem que se trata de problemas de desregulação dos mercados financeiros.

Não enxergam a evolução das estruturas econômicas e seus reflexos no emprego, na renda e na acumulação de capital na forma financeira pela impossibilidade de se transformarem em capital real, que é o único que se reproduz, criando um mercado financeiro mundial na forma de *"Pirâmide"* ou *"Esquema Ponzi"* como ficou conhecido nos EUA.

Essas crises recorrentes, longe de significarem ciclos dos negócios são parte intrínseca do processo capitalista de acumulação do capital num mundo onde essa própria acumulação de capital transformada em capital real levou a produtividade do trabalho humano a níveis jamais imaginados pelos clássicos, e se tornou responsável pelo que ocorre atualmente para o bem e para o mal.

A automação, reduzindo os custos dos bens a serem acessíveis a cada vez maior número de pessoas provoca uma situação de mercados saturados que dependem da criação de novos produtos para que o processo de produção capitalista prossiga, cada vez com mais acumulação.

As novas tecnologias criadas pela revolução na eletrônica e o aparecimento da rede mundial – Internet – criaram um processo de aceleração nos ganhos de produtividade do trabalho e do capital num ciclo que poderia caracterizar como similar a um *Vortex,* onde o final poderá parecer como um tornado pela destruição que provocará. A IA – Inteligência Artificial poderá levar o trabalho humano a ser eliminado numa quantidade tão grande de atividades, que temos que nos perguntar o que o ser humano vai fazer para obter renda de seu trabalho sem se tornar um "Master" ou um "PhD" em ciência da automação para poder consumir os produtos resultantes.

Antes da Internet o setor terciário, principalmente os serviços eram pouco suscetíveis ao aumento da produtividade do trabalho e utilizavam pouco capital. A mudança principalmente na administração das empresas e na comunicação aumentou radicalmente a produtividade do trabalho e dispensou um número enorme de postos de trabalho e aumentou a eficiência e a precisão do trabalho administrativo. Mas, em todas as áreas de produção de serviços, até nos serviços pessoais teve um papel importante no aumento da produtividade, eficiência e precisão.

A eletrônica da era do carbono abundante - o Brasil é onde estão as maiores reservas de grafite - já sabemos que em substituição ao silício, caro e raro, tonará a era digital uma realidade da vida cotidiana nos próximos anos, e a indústria 4.0?

Uma realidade presente na produção de bens e serviços modificando totalmente a vida econômica como conhecida agora, da renda do trabalho e do capital, para a renda somente do capital? Quem irá consumir e com que "valor" irá adquirir esses bens e direitos? Como vai obter esse "valor", pois, já não me refiro à moeda.

São questões não de futurologia, mas de uma situação já conhecida e cuja disseminação parece se realizar numa velocidade muito além da capacidade humana de adaptar suas instituições sociais e econômicas a essas novas situações. O ser humano não tem condições de converter essas instituições para essas novas tecnologias que serão implantadas tão mais rapidamente, quanto mais a acumulação de capital e a saturação dos mercados exigirem para a sobrevivência do sistema capitalista. Antes foram necessárias gerações e agora poucas dezenas de anos, amanhã, meses?

Mas, rondando esse ciclo está o processo de acumulação do tipo *"Sistema Ponzi"* ou *"Pirâmide"* de acumulação do capital sob a forma de capital financeiro, com seu clímax sempre anunciado e cada vez com crises sistêmicas de superação cada vez mais difícil, tanto pelo questionamento social de utilização de recursos públicos para salvar as instituições financeiras como pela amplitude que elas atingem na depreciação da *"riqueza"* fiduciária.

Juros negativos? Procura desesperada das instituições financeiras para aplicação de seus ativos a riscos cada vez maiores? Estagnação com inflação salvadora? Falar de ortodoxia monetarista como aplicada nestes 25 anos no Brasil parece uma visita à era "*paleozoica*".

## As teorias de inflação e a velocidade de circulação da moeda

Depois da II guerra mundial, as teorias sobre inflação se fundamentavam essencialmente na ideia de que a alta dos preços que caracterizava a inflação resultava do aumento da quantidade de moeda ou de ouro, (*bullionistas e anti-bullionistas*) resultando num poder de compra maior do que a quantidade de bens e serviços disponíveis. Portanto um desequilíbrio entre a oferta e a demanda. Porém, até o após guerra a inflação era considerada um fenômeno essencialmente monetário restrito a quantidade de moeda que era neutra, porque a velocidade de circulação da moeda era considerada constante e conceituada como velocidade-renda da moeda.

Vale a pena recordar as teorias sobre a inflação para podermos entender o alcance de minha descoberta. Segundo Adam Smith, David Ricardo, John Stuart Mill e outros clássicos, a inflação no século XVI já era conhecida e interpretada pelos filósofos da época, como John Paul Locke e David Hume. Outros observadores já se preocupavam com a alta dos preços: a teoria quantitativa da moeda para explicação da inflação, teria começado com Jean Bodin por volta de 1568, e Richard Cantillon 1755, seriam os primeiros que teriam chamado atenção para a velocidade de circulação da moeda, assim como David Hume em 1752, no ensaio *"Of Money"*.

Locke, que em 1692 desenvolveu o conceito da importância da velocidade da moeda onde *"o valor da moeda não dependia somente da presença ou ausência adequada de moeda em relação às demais mercadorias disponíveis, mas também da velocidade de sua circulação"*.

Pode-se verificar que a teoria quantitativa da moeda em sua concepção mais simples já era claramente compreendida no final do século XVI. Keynes, apesar de ter revolucionado a teoria econômica com suas críticas à teoria econômica clássica, supunha que sua principal contribuição se referia ao desenvolvimento de uma economia *monetária*, em contraposição a economia de *bens reais* da escola clássica.

Os clássicos como Adam Smith e especialmente David Ricardo (1811), já explicavam os aumentos dos preços do ouro pela emissão excessiva de notas de banco inconversíveis. Quando Alfred Marshall formulou a equação de trocas e posteriormente Irving Fisher (1911) a reformulou dando-lhe um conceito mais operacional, estavam de fato completando importantes conceitos teóricos, desenvolvidos sobretudo por Leon Walras e Knut Wicksell.

Segundo Schumpeter, o Professor Marshall se baseou sobretudo em J.S. Mills e desenvolveu sua teoria na década de 1870, enquanto Wicksell publicou sua teoria em 1893 e depois em 1920 e Walras em 1886 e depois em 1900, baseando-se no período 1878-1899. Marshall veiculava seus conceitos em suas aulas na Universidade de Cambridge e somente veio a publicá-los em livros na década de 20, pouco antes de sua morte em 1924.

Fisher considerava a relação da velocidade de circulação da moeda manual e da velocidade de circulação da moeda escritural constantes, e não que elas fossem constantes, diferentemente de Marshall que em sua fórmula colocou a velocidade de circulação como o inverso de K que foi chama de *"Constante Marshalliana"*.

Marshall propôs que a procura M de moeda, igualada a oferta M de moeda era igual ao produto Y vezes o nível geral de preços P vezes uma constante M = KYP, que veio a ser conhecida como "Equação de Cambridge", onde K é apelidado de "Constante Marshalliana". A velocidade-renda da moeda é o inverso da Constante Marshalliana: V=1/K.

A *"Constante Marshalliana"* se originou da ideia predominante na época de Leon Walras, da *"encaisse desirée"*, ou seja, de uma reserva monetária igual a uma fração K de sua renda, que todo indivíduo procura manter para suas necessidades. Por isso, K é o inverso da velocidade de circulação, pois quando ela é elevada, reduz-se à velocidade de circulação da moeda.

O interessante é notar que a ideia de aumento do encaixe reduz a velocidade porque obviamente reduz a quantidade de meios de pagamento disponíveis para consumo ou investimento que não elevariam a demanda. Onde está a *"constância"* se a quantidade de moeda vezes a velocidade de circulação caracteriza a disponibilidade de *"meios de pagamento"*? Na verdade, implicitamente admitia a sua variação como Fisher onde não há a mesma concordância com a neutralidade da moeda como nos clássicos. São questionamentos incômodos para os neoclássicos como Milton Friedman cuja teoria de equilíbrio precisa da neutralidade da moeda e da constância da velocidade-renda da circulação da moeda para sustentar seu conceito de equilíbrio.

Enquanto Marshall numa análise da oferta e procura da moeda emprega a noção de produto Y, Fisher utiliza a noção de valor das transações T: ao invés de velocidade da moeda como inverso da Constante Marshalliana, emprega o conceito de velocidade de circulação da moeda diferenciando moeda manual e moeda escritural.

Keynes veio inicialmente desenvolver os conceitos da equação da quantidade dos saldos de caixa de Marshall, apresentando no *"Treatise on money"* com a decomposição do estoque de moeda no caso dos depósitos bancários, em depósitos de renda, depósitos de poupanças e depósitos comerciais e as velocidades de circulação, abandonando-as depois devido às dificuldades práticas de mensuração.

Note-se que mais uma vez a adoção da velocidade-renda não era por motivo conceitual e sim por dificuldades de mensuração, algo um tanto esotérico considerando-se os possíveis impactos nas políticas econômicas e monetárias aplicadas às sociedades.

Fisher chamou de "Velocidade Virtual" o que Wicksell interpretava como o recurso para aumentar a velocidade do dinheiro, ou seja, as reservas bancárias e os depósitos bancários, pois considerava M apenas o dinheiro metálico.

Fisher entendia uma velocidade diversa para a moeda manual e para a moeda escritural admitindo um equilíbrio entre elas, considerou que não eram as velocidades das duas moedas e sim a relação entre elas que permanecia constante.

Como Fisher tinha realizado trabalhos na área estatística sobre índices de preços e teve importante participação nos esforços pioneiros de mensuração estatística da velocidade de circulação da moeda, não era admissível que concordasse com a conceituação dela como velocidade-renda, na verdade um artifício conceitual para as dificuldades de mensuração da velocidade da moeda.

Vale a pena esclarecer este ponto. Raymond Barre conceitua a velocidade-renda, como *"o número de vezes que uma unidade de moeda é gasta em decorrência dos elementos que constituem a renda nacional"*. Ela se exprime pela seguinte fórmula:

$$Vy = \frac{\text{Renda Nacional}}{\text{Notas + Depósitos}}$$

Pode-se verificar, que num dado período só se pode saber a velocidade-renda medindo-se a renda nacional que é um agregado das Contas Nacionais, em geral de periodicidade anual.

Segundo Schumpeter, além de J.S. Mills somente depois com A.C. Pigou que se distinguiu os vários tipos de velocidade do dinheiro e que o mais importante deles, o conceito atual de *"Velocidade-Renda impôs-se à profissão em geral"*. Entretanto, para Wicksell, para A. Aftalion, Des Essars, Kinley, Kemmerer, e Fisher, a conceituação de velocidade da moeda é da velocidade de circulação-transações e não a da velocidade-renda de Marshall.

O que cabe ressaltar é que a velocidade finalmente adotada por todos os economistas até hoje é o conceito de velocidade-renda. Knut Wicksell viria a apresentar importantes complementos à teoria geral da moeda em seu modelo do *"Processo Cumulativo"*, onde a parte mais importante é o fato de que **a oferta de moeda não mais determinaria o nível de preços,** pois se os consumidores resolvessem manter seu nível de demanda real, os meios de pagamento cresceriam mesmo com a oferta de moeda constante **pelo aumento da velocidade de circulação.**

**Essa proposta de Wicksell se confirmada explica o caráter de multiplicador da moeda que identificamos em nossos estudos na velocidade de circulação da moeda.** De certa forma, Wicksell ultrapassava a ideia de uma teoria sobre o valor do dinheiro, explicando já uma função de consumo e sua influência no processo inflacionário. Sua teoria explicava que mantida uma taxa de juros dos empréstimos bancários abaixo da taxa real, a produção e os investimentos cresceriam; e que se permanecessem as diferenças entre as taxas de juros dos empréstimos bancários e as reais, cresceriam os preços.

Esse aspecto da teoria dele que sensibilizou André Lara Resende em seu primeiro artigo levantando a questão dos juros altos no Brasil como possíveis responsáveis pela inflação, o que lhe valeu a acusação de *"Neofisherismo"*, pois essas taxas de juros estariam acima da taxa de juros real e então não poderiam provocar a inflação, que persistiu em todo período.

Entretanto, Lara Resende refuta a TQM, pois acredita que a quantidade de moeda não é renda e que se não tem a renda aumentada como o aumento da moeda explicaria o aumento da demanda. Infelizmente, a justificativa não procede por duas razões: desde Marshall eles não conseguem perceber que pelas Contas Nacionais que calculam renda esta é a soma dos bens e serviços calculada pelo valor adicionado.

Mas o consumidor quando compra um bem o valor que ele paga não é o valor adicionado, mas o preço final, onde estão somados todos os valores dos produtos intermediários e não o valor adicionado que serve apenas para cálculo de impostos, assim a quantidade de moeda é muitíssimo superior ao valor da renda calculada pelas contas nacionais; na verdade, mesmo que a renda não aumente a demanda pode aumentar pelo aumento do crédito que decorre do aumento da quantidade de moeda, mesmo que dentro de certos limites.

Então a quantidade de moeda pode influenciar os preços? De per si não, mas considerando que ela pode aumentar a quantidade de crédito e dependendo do seu "giro" (velocidade de circulação) a população terá mais moeda em mãos sem que sua renda apareça nas contas nacionais. Nesse caso se a quantidade de bens pelo valor adicionado ou renda não aumentou, como ela não consegue comprar pelo mesmo preço?

Na visão da velocidade constante de Marshall como a quantidade de bens pelo valor adicionado ou renda não aumentou, os preços sobem. A visão monetária é diferente da visão puramente econômica, o que impediu os economistas de enxergarem o problema utilizando a velocidade-renda da moeda. É necessário se compreender, entretanto, o mecanismo de transmissão do aumento de moeda na alta de preços.

Em razão da velocidade de circulação da moeda variar segundo Fisher, mesmo quando a quantidade de moeda aumenta muito, se a velocidade cai não há aumento dos preços. Isto tem acontecido muitas vezes sem que os economistas encontrem uma explicação, porque consideram a velocidade da moeda constante.

Mas, como a moeda chega às mãos dos consumidores? O aumento de moeda se dá quando o Banco Central recompra dos bancos títulos do tesouro ou títulos privados e aumenta assim a base monetária, portanto suas reservas bancárias que eles transformam em crédito conforme a taxa de alavancagem e em depósitos a vista (moeda escritural). Os bancos podem ou entesourar esse encaixe - quando não ganham nada – o que somente fazem em situações críticas, ou comprar moeda estrangeira e especular ou ainda comprar títulos privados, e aí estão colocando mais moeda nas mãos das empresas ou aumentar o crédito de giro para as empresas e crédito para pessoas físicas. Estas ainda podem aumentar seu encaixe em poupança ou aplicações ou consumir em bens e serviços. Neste caso aumentam a demanda e assim pressionam os preços.

As empresas com mais crédito podem ou reduzir seus custos comprando seus insumos à vista, ou aumentar suas vendas se estiverem com limitações de venda por falta de crédito comercial, aumentando seus lucros quando, se houver participação dos empregados nos lucros eles aumentam suas rendas e assim aumentam a demanda. Vê-se, portanto que é sempre através do crédito, pois a base monetária é por definição o caixa dos bancos mais as reservas bancárias que se transforma em depósitos à vista.

O aumento da velocidade de circulação da moeda se dá quando há uma redução dos depósitos a vista (moeda escritural), quando o Banco Central eleva muito os depósitos compulsórios e reduz a quantidade de moeda que vai para as reservas bancárias, pois os bancos recebem o encaixe maior, mas tem que recolher a maior parte ao BC. Isso é o que acontece no Brasil. Se aumenta a base monetária, o aumento da moeda escritural tenderá a reduzir a velocidade de circulação da moeda e evitar um aumento da massa monetária (moeda x velocidade), pois o giro da moeda cresce pouco, mas se tem que recolher ao BC, a velocidade permanece muito alta e o pouco de moeda que entra na economia aumenta muito a massa monetária.

A demanda de bens e serviços cresce com o crédito e a oferta demora mais para crescer, resultando num aumento dos preços. Se o aumento do crédito pudesse aumentar mais os depósitos a vista com menor alavancagem, o giro mantendo-se aproximadamente o mesmo a velocidade da moeda iria cair muito e manter a massa monetária e não aumentaria os preços.

Wicksell já explicava assim, o fenômeno observado no Brasil de 1982 até agora, de um menor crescimento da base monetária e M1 em relação ao IGP, que teria dado fundamento às críticas de Francisco Lopes, Lara Resende e Pérsio Arida, quanto a falência da teoria quantitativa da moeda que foi o ponto de partida para a implantação do Plano Cruzado, com a adoção do conceito de inércia inflacionária e moeda indexada.

Essa explicação que é até hoje adotada por todos os economistas está longe de atender à necessidade de compreensão da realidade do sistema bancário moderno, onde a moeda escritural adquiriu função monetária, dependente até certo ponto, do volume de crédito se considerarmos a proposta de Wicksell de uma economia de puro crédito.

Lara Resende ressalva claramente essa questão com relação a moeda eletrônica e suas novas funções. A tecnologia digital rompeu com conceitos de uma época em que era inimaginável o que ocorre na era atual quando ressalta o caráter da moeda como uma criação institucional das sociedades em cada época. A razão filosófica dessa observação lhe dá uma dimensão muito além de sua profissão.

A colocação de Marshall e depois de Keynes, da moeda como um bem com sua oferta e procura seguindo as leis do mercado utilizada generalizadamente pelos economistas modernos, se de um lado como o caso de Keynes, permite explicar a preferência pela liquidez e diversos outros comportamentos dos agentes econômicos, por outro lado dificulta grandemente a compreensão do efetivo papel da moeda apenas como um meio de troca e seu papel na geração da inflação.

A desmaterialização da moeda ocorrida com a generalização da moeda escritural e atualmente com o sistema de cartões de compra, e débito direto na conta em sistemas *"on-line"* que tende a se generalizar - tanto no sistema banco 24 horas, como nas grandes lojas - vêm de uma certa forma desmentir as teorias da oferta e procura de moeda, ou melhor dizendo torná-las obsoletas.

Friedman, também sustenta que mudanças na oferta de moeda tem efeitos sobre a renda real e sobre os preços e prefere assim utilizar a renda nominal. A visão de que somente o aumento da renda pode aumentar a demanda por bens e serviços, esquece o lado monetário de que o crédito, também pode. Outro aspecto de suas explicações é que aumento dos preços devido aos custos ou aumento da demanda não produzem inflação se não houver um aumento da oferta de moeda.

Tive ocasião de discutir esse aspecto e concordar com Friedman que a inflação é um fenomeno estritamente monetário, em meu livro "Inflação - O Mal do Século", mas discordo frontalmente que seja por um aumento da quantidade de moeda se adotada a tese da velocidade-renda da moeda e sua constância, pois apesar da redução da quantidade de moeda pode haver um aumento grande da inflação como ocorreu no Brasil e na hiperinflação alemã de 1923, onde a quantidade nominal de moeda se reduz com um aumento grande dos preços.

A quantidade nominal de moeda cresce muito menos do que o índice de preços. Friedman admite que isso pode acontecer porque uma parte vai para o aumento do produto e encaixe, mas achamos que isso nunca poderia ocorrer nas diferenças encontrada nos fatos ocorridos e que o encaixe desaparece com a inflação. Nos parece que as teorias de Friedman não se sustentam por duas razões: a utilização da velocidade-renda da moeda e a constância dessa velocidade que determina sua neutralidade e seu caráter endógeno.

Retomava assim a ideia de equilíbrio dos clássicos e a ideia de Leon Walras sobre o encaixe *(encaisse desirée)* e a ideia de que a demanda de moeda é estável quando pressupõe a neutralidade da moeda. A inflação decorreria do aumento da oferta. Por que aumentar a oferta se a demanda era constante? Diriam que os governos sempre querem gastar mais do que têm, o que ocorre na realidade, mas a quantidade de moeda somente pode ser aumentada através do crédito que é um mecanismo dependente da procura de crédito decorrente do aumento das reservas bancárias.

A procura de crédito é infinita? Uma correta supervisão do sistema bancário impede a alavancagem. Se ela existe não é o excesso de crédito uma aberração do sistema bancário que normalmente leva ao desastre. A hipótese de aumentar através do aumento do papel moeda poderia ocorrer no passado, nunca agora onde este não é mais utilizado como forma de pagamento a não ser marginalmente.

Para Friedman o equilíbrio seria autônomo decorrente apenas da interação dos mercados, como Hicks. Com isso sancionavam na época as afirmações dos maiores líderes capitalistas e conservadores de afastar qualquer regulação ou intervenção do Estado na economia como propugnava Hayek.

Tornou-se o ícone do liberalismo em todo o mundo e sua teoria passou a dominar a política monetária na maior parte dos países capitalistas em todo mundo. Sua importância como Professor do Departamento de Economia da Universidade de Chicago disseminou sua teoria pelo ensino de economia em todas as universidades americanas e até mesmo o FED usou sua teoria certo tempo.

Gurley e Shaw também sustentaram que o passivo dos intermediários financeiros não bancários, se constituía um bom substituto da moeda, e seu crescimento ao longo do tempo poderia frustrar os esforços das autoridades monetárias no controle da oferta monetária, sustentado de certa forma a ideia das quase-moedas com responsáveis pela inflação.

No início de 1990, tal enfoque era generalizado entre os economistas brasileiros que fundamentaram o Plano Collor. Vale ressaltar que mesmo os economistas dos partidos que fizeram oposição como o PSDB e PT estavam plenamente de acordo com a tese que aliás vigora até agora, quando o Banco Central exige depósitos compulsórios sobre os depósitos a prazo e caderneta de poupança, ou seria a utilização da decisão judicial como norma *"Em caso de dúvida pro-réu"*.

A teoria quantitativa da moeda pode ser considerada, como a razão principal da controvérsia sobre a inflação no Brasil. Sua negação resultou na adoção pelos economistas brasileiros de uma série de teorias sobre a inflação, que negavam essencialmente a causa da inflação como de origem monetária.

M. H. Simonsen e Ignácio Rangel reputavam ao monetarismo um desvio teórico na medida em que ele considera a inflação um fenômeno puramente monetário. Francisco Lopes, após considerações diversas sobre a teoria quantitativa da moeda afirma *"é importante, entretanto, enfatizar que não existe uma ligação direta entre variação do estoque de moeda e taxa de inflação como pretendia a Teoria Quantitativa da Moeda".* (o grifo é do próprio autor).

M.H. Simonsen, apesar de ter anteriormente uma visão monetária do problema da inflação, passou a acreditar que existem outros fatores no Brasil que determinam o comportamento inflacionário; suas dúvidas decorreram dos insucessos no combate à inflação como Ministro da Fazenda do Governo Geisel, pois já em 1969 escrevia sobre a realimentação da inflação pela indexação e dizia que a indexação produz um processo de realimentação através do modelo de inflação de custos (inflação setorial).

A seu ver, a política clássica de estabilização não produziria qualquer resultado (SIC). Os resultados dessa política, que apesar disso aplicou, não fazem justiça à sua primorosa performance como Ministro da Fazenda de 1974 à 1979, quando mantêm um perfeito equilíbrio das contas públicas, **a meu ver numa demonstração prática das frustações dos fiscalistas em manter o equilíbrio fiscal como a base do combate à inflação.**

Simonsen praticou essa política, pois o desequilíbrio fiscal seria no conceito clássico a fonte da inflação, quando os gastos excessivos do governo aumentavam a demanda agregada acima da oferta de bens e serviços provocando uma alta dos preços.

Apesar disso a inflação cresceu sempre na ordem de 50% ao ano durante sua gestão. Vale ressaltar ironicamente, que essa é a situação típica da teoria quantitativa da moeda quando ignorada a fórmula de Irving Fisher. Toda vez que ouço essa arenga própria dos economistas formados na América com tendências para economia normativa, me recordo da anedota dos ratinhos e do gatão, de quem punha o sino no pescoço do gato, que bem ilustra a pretensão desses economistas de formação escolástica: "Eis a questão!

Todos esses trabalhos datam da época do Plano Cruzado, quando muitos economistas ainda acreditavam que a inflação era somente inercial e o choque heterodoxo iria liquidá-la definitivamente. O estrondoso fracasso do Plano Cruzado, apesar de terem tentado explicá-lo como fruto da traição política do Dr. Ulisses Guimarães que não permitiu ao Presidente Sarney que ajustasse o plano, ficou para a história como a aplicação prática de uma teoria, que não deu certo.

Vale ressaltar que essa teoria já tinha sido aplicada com graves consequências em 1980 com Delfim Neto, quando com seu conhecido pragmatismo abraçou a teoria inercialista e travou a taxa de câmbio em 50% levando o país ao FMI em 1981 e deflagrando uma inflação que atingiu mais de 200% ao ano em sua gestão. Vejam que a âncora cambial já tinha levado o País a uma situação crítica muito antes do Plano Real

A meu ver, essa incapacidade dos economistas de terem a humildade de reconhecer seus erros está certamente na base dessa trajetória dramática dos governos acreditarem neles. Luiz Carlos Bresser Pereira e Yoshiaki Nakano entendiam que a inflação é inercial, e que os métodos ortodoxos levaram à sucessivos fracassos, sobretudo as políticas aplicadas de 1980 até 1985.

Outros como André Lara Resende, Pérsio Arida e Francisco Lopes, também, entenderam o processo inflacionário como essencialmente inercial a partir da observação do fracasso das políticas anti-inflacionárias dos anos 80 e da explicação do término abrupto das hiperinflações na década de 20, na Alemanha, Áustria, Polônia e Hungria.

Valdir Ramalho faz uma crítica severa a esses autores e às suas observações, mostrando que as bases do raciocínio inercialista deles, ou seja, os esforços de combate inflação nos anos 80, na verdade eram simples declarações de intenção jamais cumpridas e que durante todo o período houve uma política sistemática de excedente monetário devido a velocidade de circulação da moeda. **Devo ressaltar que Ramalho foi o único economista brasileiro** que utilizava a velocidade transações da moeda na fórmula de Fisher. Foi simplesmente *"escanteado"*. Vim apenas complementar seus conceitos explicitados na época.

Quanto a flexibilidade dos preços nos dois sentidos, tanto o exemplo das hiperinflações na década de 20, como na grande depressão (*pois a recessão de 1929 trouxe importante queda nos preços, sem que se reduzissem os meios de pagamento*) foram os argumentos-chaves, para os primeiros abalos na teoria quantitativa. Vale ressaltar a explicação de Simonsen para a teoria quantitativa neoclássica em contraposição à sua teoria da realimentação. É evidente que a teoria quantitativa com a velocidade-renda não é operacional, daí a procura de uma explicação.

O professor Alfred Cecil Pigou (1927), examinou profundamente a questão da velocidade da moeda, porém de forma inconclusiva, deduzindo que o conceito de velocidade-renda era o único que poderia ser medido cientificamente na prática, propondo em consequência o abandono da velocidade de circulação da moeda, que entendia que era possível mensurar.

**O curioso é que a razão de Pigou abandonar o conceito de velocidade de circulação da moeda não tem fundamentação teórica e sim de ordem prática de vido a dificuldade de sua mensuração. Eu chamaria isso das *"armadilhas que a História prega nos humanos"*.**

Existem diversas outras teorias não monetárias sobre a inflação, como a que utiliza a Curva de Phillips, no trabalho empírico de A. W. Phillips (1958), que segundo alguns autores leva à conclusão de que a alta de salários é a responsável pela inflação, dando substância à corrente que sustenta a tese da inflação de custos.

Os manuais de economia passaram a ensinar com base na inferência da relação constante entre a distribuição de renda entre o trabalho e o capital, que existe uma relação entre preços e salários de tal forma que a Curva de Phillips poderia ser formulada, tanto em termos de salários como de preços. Uma análise detalhada do desenvolvimento teórico dessa tese, pois levou à fundamentação da teoria da inflação de custos, mostra que por definição se transforma sempre em inflação de demanda caindo no caso geral de nossa teoria se houver disponibilidade de moeda para isso como afirmava Friedman.

A aceitação generalizada entre os economistas em todo o mundo, se contrapõe a ineficácia das políticas de renda para controle da inflação, mostrando sua inadequação teórica. No

Brasil, nestes dois anos, uma redução do salário real de 27% em 90, e de 40% em 91, não levaram a uma redução da taxa de inflação mostrando os resultados negativos das ditas políticas de rendas. Um grande laboratório para experiências econômicas com seres humanos, de uma ciência que perdeu o rumo quando abandou sua origem filosófica.

Todos economistas e assemelhados de certa forma com nuances diversas concluem de forma similar aos autores citados até aqui analisados, tanto no sentido monetário ortodoxo, como no sentido da autonomia do processo inflacionário. Aparentemente os autores que chegaram a conceituar a velocidade de circulação do dinheiro não ligada ao conceito de velocidade-renda, tampouco precisaram uma forma operacional de medi-la, somente Fisher conseguiu uma fórmula pratica de medi-la.

O conceito de velocidade-renda, relativamente fácil de ser calculado é um conceito passivo que apenas constata que um dado estoque de moeda girou várias vezes para igualar o valor monetário da renda, medida pelas Contas Nacionais anualmente. A ideia subjacente de medir o incremento da renda nominal resultante do incremento no estoque de moeda, é que permitiu a generalização desse conceito.

Nos autores brasileiros, esse aspecto do conceito de velocidade-renda não operacional criou um descaso pelo conceito de velocidade do dinheiro como um possível multiplicador da moeda e determinou a adoção da teoria da inflação de custos e das teorias de autonomia da inflação.

Isso trouxe graves implicações para as políticas de controle da inflação e uma longa e desgastante controvérsia na profissão. A resultante são 70 anos de inflação no país com mazelas econômicas e sociais da maior importância histórica, sendo uma das mais importantes a falência virtual e operacional do Estado brasileiro.

Quando nos referimos a péssimos resultados não quereremos significar que a inflação não foi reduzida e sim que enorme sofrimento humano e destruição de trabalho acumulado foi necessário para reduzir alguns poucos pontos percentuais na taxa de inflação. Nos Estados Unidos o presidente Bush perdeu as próximas eleições em razão de dois anos de recessão e desemprego que atingiu 7,6% da população ativa, falência generalizada e fechamento de muitos negócios, para reduzir a inflação de 5,3% para 2,8%.

M. H. Simonsen, L. C. Bresser Pereira e quase todos os outros economistas brasileiros que escreveram sobre a inflação, consideram a velocidade da equação de trocas (V) como a *"Constante Marshalliana"* e como a velocidade-renda da moeda.

Os estudos efetuados pelo Banco dos Ajustes Internacionais *(BIS - Bank of International Settlements)* desde 1950, demonstram que a relação entre a moeda e a renda nacional, tendia a recuperar seu nível de antes da II Guerra Mundial, pressuposta a manutenção de uma proporção relativamente fixa entre elas. Veja-se, que todos os elementos relativos ao problema são compostos para tornar a teoria quantitativa da moeda pela velocidade-renda inoperante e incapaz de explicar os fenômenos monetários.

**TAXAS DE VARIAÇAO EM 12 MESES - %**

| ANOS | IGP-DI | BASE MONETÁRIA | M1 | M2 | M3 | M4 | M1 Real - Índice Relativo |
|------|--------|----------------|------|--------|--------|--------|-----------|
| 1978 | 38,7 | 44,9 | 42,2 | 49,3 | 53,0 | 53,5 | 109,8 |
| 1979 | 53,9 | 84,4 | 73,6 | 75,5 | 77,2 | 63,5 | 136,5 |
| 1980 | 100,2 | 56,9 | 70,6 | 65,7 | 72,3 | 68,7 | 70,5 |
| 1981 | 109,9 | 69,2 | 87,2 | 104,7 | 120,1 | 140,5 | 79,3 |
| 1982 | 95,4 | 63,6 | 81,7 | 83,8 | 100,9 | 110,7 | 85,6 |
| 1983 | 154,5 | 79,8 | 97,4 | 135,6 | 170,2 | 150,5 | 63,1 |
| 1984 | 220,6 | 264,1 | 201,9 | 255,7 | 250,1 | 292,7 | 91,5 |
| 1985 | 235,0 | 257,3 | 204,3 | 290,0 | 269,8 | 303,9 | 90,8 |
| 1986 | 65,0 | 293,4 | 306,7 | 186,0 | 124,9 | 94,8 | 246,5 |
| 1987 | 315,8 | 181,5 | 127,5 | 167,3 | 276,9 | 352,6 | 40,4 |
| 1988 | 1037,6 | 622,3 | 571,7 | 1056,4 | 1045,7 | 1015,2 | 55,1 |

FONTE: Conj. Econômica - vol. IBRE/FGV - 1988

Mostramos aqui, a razão principal dos problemas enfrentados pelo Brasil desde a 2ª Guerra Mundial e porque até agora os economistas não encontraram uma solução para inflação sem a necessidade de *"terra arrasada"* e que apesar disso ainda mantém índices vergonhoso de inflação.

A importância deste capítulo é que nele reside a explicação do que aconteceu e levou o País a esta situação crítica que pode desaguar numa crise sem precedentes. Tenho certeza de que é muito indigesto para muitos leitores não iniciados, mas não há como não mostrar porque chegamos nesta situação e mostrar que pode existir uma saída mesmo que difícil e árdua na negação e não aceitação de tudo que está aí.

## Teorias dos juros e as políticas monetárias no Brasil

Como as bases das críticas deste livro estão na questão da adoção de uma política monetária de juros muito elevados da taxa básica de economia, a Selic, temos obrigação de discutir as teorias sobre juros para mostrar a inconsistência da política adotada.

As teorias sobre juros somente adquiriram importância quando as teorias sobre a moeda e a oferta e demanda dela para determinação dos preços começaram a fazer parte da discussão. Antes era vista apenas como preço pelo aluguel do dinheiro.

Nessa época predominavam a monarquia absolutista e os dogmas fixos da Igreja Católica Romana, que via os juros como um pecado.[47] Certamente por essa razão é que eram os judeus - apesar de perseguidos e isolados em guetos é que faziam o papel de "banqueiros" da época - razão porque viria a lhes custar o

---

[47] *"Êxodo 22,25 - Se emprestares dinheiro ao meu povo, ao pobre que está contigo, não agirá com ele como credor que impõe juros.*
*Levítico 25,35-37 - Se teu irmão empobrecer, e as suas forças decaírem, então, sustentá-lo-ás. Como estrangeiro e peregrino ele viverá contigo. 36 Não receberás dele juros nem usuras; teme, porém, ao teu Deus, para que teu irmão viva contigo. 37 Não lhe darás teu dinheiro com juros, nem lhe darás alimento para receber usura.*
*Lucas 6,34 - E, se emprestais àqueles de quem esperais receber, qual é a vossa recompensa? Também os pecadores emprestam aos pecadores, para receberem outro tanto. 35 Amai, porém, os vossos :inimigos, fazei o bem e emprestai, sem esperar nenhuma paga; será grande o vosso galardão, e sereis filhos do Altíssimo. Pois ele é benigno até para com os ingratos e maus."*
Wikipédia, p. Web

surgimrnto da Inquisição na Espanha com o principal intuito de confiscar-lhes seus fundos de dinheiro para bancar a guerra contra os mouros, como fizeram a Rainha Isabel e Rei Fernando da Espanha e posteriomente o Marquês de Pombal em Portugal e sua generalização no mundo comhecido na época.

Para se compreender a evolução das teorias sobre juros é importante comentar a época da revolução científica desde 1620 até o Iluminismo e a revolução francesa em 1789, pois é quando surgem os pensadores como John Locke na Inglaterra, considerado o "pai do iluminismo" e o criador do empirismo, David Hume e Adam Smith importantes filósofos que se dedicavam aos problemas da economia. Adam Smith, também apesar deste já fazer parte dos *"fisiocratas"*[48].

*"As idéias do Iluminismo minaram a autoridade da monarquia e da Igreja e prepararam o caminho para as revoluções políticas dos séculos XVIII e XIX. Uma variedade de movimentos do século XIX, incluindo o liberalismo e o neo-classicismo, rastreiam a sua herança intelectual ao Iluminismo."*[49]

As teorias sobre juros iriam aparecer com os clássicos como David Ricardo, já como fruto do trabalho dos Iluministas e a liberação da dependência dos dogmas da igreja católica e sua

---

[48] Nota: Fisiocracia é uma teoria econômica desenvolvida por um grupo de economistas franceses do século XVIII, que acreditavam que a riqueza das nações era derivada unicamente do valor de "terras agrícolas" ou do "desenvolvimento da terra" e que produtos agrícolas deveriam ter preços elevados. Wikipédia, Webpages.

[49] Veja-se o tema Iluminismo na Wikipédia, Webpages.

vinculação com as monarquias absolutistas. Segundo Ricardo os juros eram definidos como prêmio pelo pagamento de capital que proporciona lucro. Ao contrário de Adam Smith que considerava as rendas como a diferença entre o rendimento e os salários mais os lucros, o lucro para ele era resultado do rendimento menos salários e menos rendas.

Vale ressaltar uma coisa curiosa na Inglaterra, que os agricultores pagavam rendas aos Lordes que eram os únicos proprietários das terras e o sistema ainda perdura até hoje, com características um pouco diferentes inclusive pelo valor das rendas apesar de já haver muitos proprietários, ao contrário da Alemanha que fez uma reforma agraria radical depois da 1ª Guerra, ou a França depois da Revolução Francesa.

A teoria monetária clássica consistia basicamente em duas correntes de pensamento que mantinham em essência a mesma ideia: o *"o mecanismo direto"* de Cantillon e Hume, onde o aumento da quantidade de moeda afeta os preços diretamente através do seu efeito sobre a demanda: o aumento das receitas monetárias gera um aumento das despesas realizadas pelas pessoas, pois estas já estão satisfeitas com seu nível de reservas monetárias, ou seja, seu encaixe. **O mecanismo direto não inclui a taxa de juros.**

Segundo Ricardo o *"mecanismo indireto"* formulado inicialmente por Thornton pressupõe que o equilíbrio monetário numa economia de bens reais, se forma apenas quando **a taxa de juros dos empréstimos iguala a taxa de lucro.** Seria a ideia da taxa de juro natural e do mercado, descoberta um século mais tarde por Wicksell. Enquanto **a taxa de juro de empréstimo ficar abaixo da taxa de juro natural,** a procura de empréstimos é insaciável, e o sistema bancário criaria moeda, que resultaria no mecanismo direto.

Essas teorias evidentemente se baseiam na TQM onde a quantidade de moeda é que determina a alta dos preços, pois aumenta a demanda agregada de bens e serviços em relação à oferta disponível. A teoria dos neoclássicos entende que os juros é um prêmio pela renúncia ao consumo e não considera a taxa de juros natural de Wicksell ou taxa de lucros, que vai ser encontrada em Keynes com a sua eficácia marginal do capital que seria a taxa de lucros ou a taxa de retorno do capital. Os neoclássicos sustentam que essa renúncia equivale à poupança, pois seria uma renúncia aos investimentos e a taxa de juros decorreria do equilíbrio entre a poupança e o investimento.

Keynes, também considera os juros como uma renúncia a liquidez que é utilizada com motivo para especulação ou investimento. Mas a predominância entre os clássicos é que a taxa de juros é formada pelo investimento em relação a poupança. Assim, se os juros estão abaixo da taxa natural, há grande incentivo para investir e o aumento do investimento acima da poupança eleva a taxa de juros acima da taxa de juros natural, passando a reduzir os investimentos.

A taxa de juros seria decorrente da relação entre investimento e poupança. Já Keynes[50] *"Que é a teoria clássica da taxa de juros? ... É bastante claro, entretanto, que essa tradição consideou a taxa de juros como o fator que equilibra a demanda de investimentos com a oferta da poupança. O investimento representa a demanda por recursos para investir, a poupança representa a oferta e a taxa de juros é o "preço" dos recursos investíveis que torna essas duas quantidades iguais".*

Como Keynes entende que os juros são recompensa pelo não entesouramento ou pela liquidez, e a ideia de que é uma recompensa pela espera para consumir no futuro ele considera um erro, pois seria na verdade uma recompensa pelo risco do empréstimo ou investimento. **Ele critica a teoria clássica dizendo que o investimento e a poupança são variáveis determinadas e não determinantes do sistema.**

Marshall não desenvolveu uma teoria especifica dos juros, mas considerava como o pagamento do empréstimo do capital. A teoria de juros de Friedman que representa a Escola Monetarista de Chicago é que *"o preço do dinheiro é a quantidade de bens e serviços que uma unidade monetária pode adquirir.* ***Logo, o preço do dinheiro varia inversamente com o nível de preços. Já o preço do crédito é a taxa de juros.*** *A taxa de juros relaciona estoques a fluxos".* [51] Friedman como *"monetarista"* acompanha

---

[50] Veja-se Keynes, John Maynard – A Teoria Geral do Emprego, do Juro e da Moeda – Editora Atlas S.A. 1988, p. 143.
[51] Veja-se Kremer, Rodrigo L. e Corazza, Gentil – Friedman e o Monetarismo--a velha teoria quantitativa da moeda e a moderna escola monetarista, UFRGS, web pages.

em grande parte a teoria de Marshall e a velocidade constante da moeda.

Lara Resende mostra claramente o que é a prática corrente dos Bancos Centrais, *"Quanto à inflação, sempre houve controvérsia. Diferentes versões dos modelos macroeconômicos tinham diferentes interpretações sobre as causas e a melhor forma para controlar a inflação. O debate entre monetaristas e keynesianos, da segunda metade do século XX, deu lugar a um consenso pós-keynesiano. Com o reconhecimento de que instrumento usado pelos bancos centrais não são os agregados monetários, mas sim a taxa de juros, e a adoção das metas para a inflação, chegou-se ao atual relativo consenso sobre a condução da política monetária".*

Essa é a essência dos fundamentos da política monetária aplicada no País nestes 25 anos. Considerando que anteriormente havia uma quantidade de tentativas de controle de uma inflação muito alta, é difícil distinguir alguma base teórica nas políticas monetárias afora a tentativa de controlar os agregados M1 a M4, infrutífera, diga-se de passagem.

Entretanto, a escola monetarista que sancionaria essa decisão dos Bancos Centrais estaria ligada a ***"Logo, o preço do dinheiro varia inversamente com o nível de preços. Já o preço do crédito é a taxa de juros."?*** A lógica seguida é aumentar o preço do dinheiro para baixar os preços? E o preço do crédito alto por uma taxa de juros alta reduziria o crédito? Mas, impactaria a alta dos preços? Parece que aqui no Brasil não acreditam muito na teoria, porque aumentaram muito os depósitos compulsórios, tanto dos depósitos a vista como dos depósitos a prazo e da caderneta de poupança, estes últimos seriam as quase-moedas, ou seja, a aplicação conjunta de 3 teorias diferentes. Mas a inflação ainda aumentou nestes 25 anos 381,26 %, níveis escandalosos para os critérios usados nos USA que eles tanto tomam como exemplo.

Além disso, o BC vendia títulos do Tesouro para os bancos no mercado interbancário para retirar diariamente os saldos não aplicados, ou seja, retirar toda possibilidade de aumentar o crédito. Armamento pesado contra a possibilidade de ampliar o crédito que supostamente era o responsável pela inflação através do mecanismo errado.

Acho que o COPOM segue um ditado espanhol, *"No creo em brujas, pero que las hay las hay"*. Segundo Silva, Napoleão e Zilberman, Eduardo, *"No período 2001-2011 tivemos um forte aumento do crédito privado no Brasil, que passou de 27,2% para 51,6% do produto interno bruto (PIB). Além disso, o crédito privado com recursos livres (com taxas de juros livremente negociadas no mercado, sem subsídios e sem direcionamento) passou de 15% para 30% do PIB."*[52]

Com todo esse armamento o COPOM não conseguiu travar o crédito e como as taxas de juros eram muito altas os

---

[52] Veja-se Silva, Napoleão e Zilberman, Eduardo – "Impactos Macroeconômicos da Expansão do Crédito no Brasil: o período 2001-2011, 27 de setembro de 2017, Moeda e Crédito, IPEA.

conglomerados financeiros se esbaldaram de ganhar dinheiro e a inadimplência do povo atingiu níveis muito elevados. E a inflação? **Nesses 25 anos a *"inflação"* cresceu 38,13 vezes, ou 381,264%. O que não funcionou?**

Segundo Volpon, Tony *"O Brasil vive um momento de travessia no deserto; entre o fim da hiperinflação e o ainda não atingido crescimento econômico, explica o economista-chefe do Banco UBS, Tony Volpon. Ao comparar a década de 1990, antes e depois do Plano Real, e os dias de hoje, ele afirma que há muitos méritos no processo de estabilização da moeda, mas não o suficiente para alavancar o avanço do Produto Interno Bruto (PIB), historicamente baixo. A fase de leve abertura econômica, responsabilidade fiscal e privatizações que se seguiu à implementação da nova moeda **não conseguiu levar o país a uma taxa de crescimento média acima dos 2% ao ano observados nas últimas duas décadas;** nas palavras dele, um percentual muito, muito medíocre. As reformas que foram feitas durante os últimos 25 anos, infelizmente, não foram suficientes, lamenta."* Ele diz isso mas propugna por mais liberalismo, mais faciliaddes para o sistema finaceiro com novas reformas à la Guedes. São como aprendizes de feiticeiro, *"de tanto ir a fonte, ela está secando".*

O que está errado? Em qualquer administração no mundo, um fracasso destes levaria os responsáveis à demissão por justa causa, mas aqui vale medalha, por que? Afinal quem são os deuses do Olimpo? Isto tudo foi feito com aplausos vibrantes da mídia e de todos os governos neste período. Quando o Professor Fábio Erber,[53] disse que o sistema financeiro, na forma de uma coalizão como o Banco Central e o Ministério da Fazenda tinha captado o Estado brasileiro, a maior parte dos economistas fez numerosos estudos com "modelitos" econometricos e concluiram que não havia evidência desse fato. Bingo!

---

[53] Nota: ERBER, F. (2008) "Development projects and growth under finance domination – the case of Brazil during the Lula years (2003-2007)". Revue Tiers Monde, 194.

# CAPÍTULO III
## As consequências dos superávits primários

O resultado da aplicação da teoria monetária baseada em parte nos monetaristas da Escola de Chicago, principalmente Milton Friedman, com as modificações introduzidas pelos neoclássicos como Allan Meltzer, Phillip Cagan e Karl Brunner, foram motivo de grande sofrimento das populações atingidas inclusive no Brasil. Enquanto Friedman dizia que todas as variáveis se verificavam em longo prazo, na verdade alguns anos, os neoclássicos seus discípulos entendiam que ocorriam no curto prazo. Com as ideias dos neoclássicos seus discípulos e o surgimento da teoria das expectativas racionais de Robert E. Luca Jr. que substituiu Friedman no Departamento de economia na Universidade de Chicago, as ideias monetaristas de Friedman perderam parte de sua influência.

Assim, o controle da quantidade de moeda que era a função primordial das políticas monetárias passou a ser substituída pela atuação dos Bancos Centrais na taxa de juros. Essa passou a ser a base da política monetária praticada no Brasil pelo Banco Central, a partir de 1995. **Pode-se ver claramente que persiste a ideia de que a "quantidade de moeda" *exclusivamente* é que provoca a inflação e a mudança é somente na maneira de controlar essa quantidade. O aumento dos juros se baseia na ideia de que os juros são o preço do crédito! Aumentou os juros**

**reduz o crédito!** Não funcionou, mas os bancos e a elite ganharam rios de dinheiros!

Mas, com a fixação da âncora cambial como base do Plano Real essa política passou a sofrer uma influência dos problemas criados pelos desequilíbrios das contas externas provocados pela valorização cambial com a criação de uma grande vulnerabilidade às crises externas, o que ocorreu em 1995 devido à crise do México, em 1997 na crise das economias asiáticas, em 1998 com a crise na Rússia e em 2002, com as trapalhadas do Banco Central em consequência da mudança de governo. E tome de FMI!

Essa política tinha alguns componentes adicionais, como a ideia de que o controle da inflação através de altas taxas de juros era para criar uma expectativa para os agentes econômicos de que havia um controle severo do BC sobre tentativas de aumento dos preços. É importante ressaltar que essa política funciona razoavelmente bem nos EUA que detém a moeda de reserva e qualquer alteração na taxa de juros básicas altera a remuneração dos títulos do Tesouro que estão em quantidade fabulosas nas mãos do outros Estados Nacionais como Japão, China, países europeus e muitos outros. Esses títulos são considerados com as aplicações com risco soberano mais seguras em todo o mundo.

Sua aplicação por outros Bancos Centrais apresenta resultados catastróficos como se vê no Brasil. Com o aumento dos juros os empresários deveriam encontrar dificuldades de obter recursos de capital de giro, senão a custos muito elevados o que os desestimularia as empresas a aumentar preços.

Os oligopólios das multinacionais, majoritárias na indústria brasileira, (como queria FHC) não se sensibilizaram pela ameaça, com acesso garantido ao recurso de vultosos empréstimos a juros muito baixos no exterior, ironicamente estimulados pelo próprio Banco Central a fim de trazer mais dólares para o País. Hipocrisia ou manipulação?

Adicionalmente a manutenção de uma taxa de câmbio apreciada facilitava a entrada de bens e serviços mais baratos em moeda nacional para competir com os produtos nacionais e evitar que aumentassem seus preços. Entre as grandes empresas como explicava Galbraith, a concorrência se dá não por preço, mas por "*marketing*", pois para seu planejamento e investimentos em inovação precisam ter estabilidade de preços.

O que está errado? A teoria ou a realidade como preferem os economistas com seus "*modelitos*" econométricos? De Bolle (2020), uma notável economista disse com razão "*Para mim, um defeito da economia atualmente, como ciência e como profissão, refere-se ao fato de ela ter nascido interdisciplinar e humanista. Veio da filosofia e, como o passar do tempo, restringiu-se rigidamente a um determinado modo de atuar, esquecendo-se do ato de pensar*".[54]

---

[54] Veja-se De Bolle, Monica Baumgarten, "A Pilha de Areia-Ruptura", Editora Intrínseca Ltda, Rio de Janeiro, Rj, 2020, p. 24/25.

Os resultados foram extremamente desfavoráveis para o Brasil, baixas taxas de crescimento, elevação muito grande da dívida mobiliária, endividamento da população e das empresas, sobretudo as médias e pequenas que não tinham acesso ao crédito externo a juros muito baixos, e com possibilidade de obterem ganhos adicionais da *"arbitragem"* em razão dos juros muito elevados do crédito interno.

Sob todos os aspectos a continuidade dessa política levaria fatalmente o país à bancarrota, pois devido a dívida mobiliária muito alta, uma taxa de juros como a necessária para manter a política monetária atual não permite a obtenção de um superávit primário capaz de pagar os juros da dívida obrigando a emissão de títulos da dívida pública para pagar a diferença, levando a economia a um colapso financeiro. A possibilidade da obtenção de recursos adicionais elevando carga tributária já muito alta para o nível médio de renda e sua estrutura extremamente regressiva é praticamente nula.

Isso sem considerar o sacrifício para as necessidades vitais da população, de saúde, educação e segurança pública, além de obrigar a recorrer ao capital privado estrangeiro para os investimentos em infraestrutura, necessariamente de prazo de retorno muito menor do que os recursos públicos onerando ainda mais a população.

Além do mais, deve-se considerar a ineficácia da redução das taxas de inflação que comparadas aos países na fase pós-industrial são absurdamente altas. Não estamos sequer discutindo aqui a adoção de nossa revisão teórica de combate à inflação que possibilitaria taxas muito inferiores, similares aos países europeus.

A obviedade dessa constatação parece, no entanto, não fazer parte das propostas do próximo governo. Ignorância ou despreocupação com as consequências?

No entanto, uma questão se impõe. E se não for ignorância ou despreocupação? Algo evidentemente que não se espera de altas autoridades do País? Ainda que isso possa ocorrer como vemos atualmente no País, num período de 25 anos seria claramente improvável.

Vários economistas estudaram a questão e chegaram às hipóteses mais disparatadas sem qualquer conclusão. Apenas F. Erber (2008) estudou uma hipótese que me pareceu a única com possibilidade de abranger toda dimensão do problema e dar uma explicação satisfatória. *"Such a coalition of private interests holds powerful instruments to convey its messages. The most explicit lay in the hands of the financial system, as exemplified by the crisis of the second semester of 2002 which so effectively tamed the incoming government. But there are other instruments, not so explicit, such as the financing of political campaigns [44] and the connections to Congress members. The waning of the prestige of the Executive since the debacle of the developmental State in the eighties certainly helps. 126 The Central Bank is a necessary member of this coalition – it is the institution which conceives and implements monetary policy, and the financial sector is its agent. Notwithstanding the growth of government bonds held by foreign investors, their local currency denomination tends to strengthen the links between the Finance Ministry, the Central Bank and the local financial system ".* (Tradução Livre) "

Tal coalisão de interesses privados detém poderosos instrumentos para conduzir suas mensagens. A mais explicita está nas mãos do sistema financeiro, como exemplificado pela crise do segundo semestre de 2002 que tão efetivamente submeteu o governo entrante. Mas, existem outros instrumentos não tão explícitos, como o financiamento de campanhas políticas e a conexão com membros do Congresso.

A diminuição do prestígio do Executivo desde a debacle do Estado desenvolvimentista nos anos oitenta certamente ajuda. O Banco Central é necessariamente um membro da coalisão, é a instituição que concebe e implementa a política monetária e o setor financeiro é seu agente. A despeito do crescimento dos títulos de governo detidos pelos investidores estrangeiros, a denominação deles em moeda local tende a reforçar a ligação entre o Ministro da Fazenda, o Banco Central e o sistema financeiro local.

A explicação da manutenção de juros muito altos, por outro lado, se conforma com o que ocorreu com os lucros do sistema financeiro no período de 1994 a 2004 segundo a AFUBESP, *"Parte do ganho dos bancos se deve ao aumento da receita com a prestação de serviços. Em 1994, os bancos que em 2003 formavam o grupo dos dez maiores obtiveram em conjunto R$ 4,198 bilhões com a cobrança de tarifas. No ano passado, o* *faturamento com taxas sobre a prestação de serviços bancários foi de R$ 27,697 bilhões – variação de 559,7%."* e *"No ano em que o Plano Real foi lançado (julho de 1994), as instituições que hoje formam o grupo dos dez maiores bancos no país lucraram R$ 1,279 bilhão. No ano passado, o ganho conjunto dos dez maiores foi de R$ 14,573 bilhões – crescimento de 1.039%, de acordo com levantamento feito pela ABM Consulting".* De 2004 a 2005 aumentaram 48,89%. Os 3 maiores bancos privados, Bradesco, Itaú e Unibanco, tiveram seus lucros aumentado em média dos três de 1995 a 2004 em 405,8% em valor real descontado o IPCA.[55]

F. Erber (2008) ainda mostra que *"Private financial investors get rates similar to Selic from the banks, but the latter charge borrowers a multiple of this rate – according to the Central Bank, at the end of 2007 the average interest rates charged to private enterprises were twice the value of Selic, and about four times higher for private individuals (Banco Central, 2007). Given such spread, it is not surprising that banks are the most profitable business in Brazil".* (Tradução livre) "Investidores financeiros privados conseguem taxas de remuneração dos bancos próximas da Selic, mas estes cobram de tomadores um múltiplo dessa taxa – de acordo com o Banco Central, no final de 2007 a taxa média de juros cobrada das empresas privadas eram duas vezes o valor da Selic, e aproximadamente quatro vezes mais alta para pessoas

---

[55] Veja-se Thomaz, P.C em "Estudo da Evolução dos Grandes Bancos Privados Nacionais após O Plano Real", Florianópolis, 2006, p.32.

físicas (Banco Central, 2007). Dado esse *"spread"*, não é surpreendente que bancos são os negócios mais rentáveis no Brasil".

Como resumo, F. Erber (2008) escreve *"L'article démontre que les deux phénomènes – croissance molle et irrégulière, et absence de projet de développement – ont une origine commune: la domination de la politique économique par une coalition d'intérêts structurés par des taux d'intérêt élevés. Cette domination financière s'exprime dans les politiques monétaires, fiscales et de taux de change menées par la Banque centrale et le ministère des Finances, politiques qui sont justifiées du point de vue de la stabilité des prix, laquelle figure comme une condition préalable à tout projet de développement.* (Tradução livre). O artigo demonstra que os dois fenômenos – crescimento fraco e irregular, e ausência de projeto de desenvolvimento – têm uma origem comum: a dominação da política econômica por uma coalisão de interesses estruturados pelas taxas elevadas de juros. Esta dominação financeira se expressa nas políticas monetárias, fiscal e de taxa de câmbio manipuladas pelo Banco Central e pelo Ministério da Fazenda, políticas que são justificadas do ponto de vista da estabilidade dos preços, a qual figura como condição necessária a qualquer projeto de desenvolvimento.

Por outro lado, Camargo (2009)[56], *"A relação crédito privado/PIB, por exemplo, continua muito abaixo da média*

---

[56] Veja-se Camargo, PO. A evolução recente do setor bancário no Brasil

*internacional. Há uma percepção generalizada de que as instituições financeiras do país são incapazes de alocar eficientemente recursos para investimentos produtivos, direcionando-os, preferencialmente, para títulos públicos e para operações interfinanceiras. Ademais, as linhas de crédito direcionadas para consumidores e investidores privados são extremamente caras e escassas, principalmente as de longo prazo".*

A questão dos juros elevados de curto prazo através de uma Selic que remunerava os títulos públicos, LFT de curto prazo não somente desestimulava os bancos a aplicarem recurso em crédito de longo prazo, mas, também o crédito em geral que era dirigido preferencialmente para compra de títulos públicos de risco muito baixo, "risco soberano" e alta remuneração a custos baixíssimos.

---

[online]. São Paulo: Editora UNESP; São Paulo: Cultura Acadêmica, 2009, p.22.

## O diagnóstico equivocado e o desastre anunciado

A discussão que provocou as atitudes políticas dos partidos conservadores que haviam perdido as eleições em 2014 e levaram a pavimentar o golpe parlamentar, se baseava no diagnóstico de um descalabro administrativo que teria aumentado muito os gastos do governo e gerado o *"déficit"* de 2015.

Colaborou para isso o silenciamento dos partidos que apoiaram a Presidente Dilma nas eleições, que inclusive mudaram de lado como o PSB absolutamente desiludidos com a ação da Presidente negando todas suas promessas de campanha, logo terminada essa.

A escolha do Presidente do Bradesco para Ministro da Fazenda que não aceitou e indicou um de seus diretores, o Economista Joaquim Levy que quando assumiu o Ministério da Fazenda logo colocou em pratica o receituário ortodoxo, o mesmo que teria sido empregado pelo candidato vencido nas eleições.

Esse fato detonou o apoio da esquerda à Presidente, que recebeu muitas críticas de seu próprio Partido, o PT. A medida de absoluta incompetência política foi a responsável pela situação em que se encontra o País até hoje. O desastre provocou um antipetismo que nem mesmo as acusações de grandes desvios de recursos ad Petrobrás, descobertos pela chamada "Lava-jato", a força tarefa judiciária que investigava corrupção no governo, poderia ter levado a tal revolta da população contra o Partido dos Trabalhadores.

Não fosse os claros abusos dos procuradores e do Juiz responsável pelos julgamentos passando por cima das regras jurídicas e textos constitucionais, claramente percebidos por muitos juristas, teria o partido possivelmente sofrido uma derrota ainda mais intensa nas eleições seguintes. Os abusos contra o ex-presidente praticados indignaram muitos em todo o mundo e auxiliaram a reduzir o impacto político contra o partido.

Como durante todo o governo da presidente a quantidade de políticas equivocadas foi muito grande. Desfez-se todo clima mágico do final do Governo Lula com aprovação popular da ordem de mais 80%, algo antes nunca visto na Nação. Até aqui não dissemos nada diferente do que foi veiculado pela imprensa, como interpretação dos fatos políticos da época. A diferença, entretanto, está no diagnóstico que pavimentou os fatos que ocorreram inclusive as acusações de *"pedaladas fiscais"* e financiamento do governo pelo Banco do Brasil, o que é proibido pela Lei da Responsabilidade Fiscal supostamente cometendo crime de responsabilidade.

De fato, nem um nem outro ocorreu de molde a justificar o processo de impeachment, que muitos supõem teria sido sancionado pelo STF na figura de seu Presidente que segundo a Constituição deveria presidir no senado a aprovação de abertura do processo de cassação realizado na Câmara Federal. Mas apesar de presidir o julgamento pelo Senado, não cabia ao

Presidente do STF o julgamento do mérito das alegações que fundamentavam o processo, mas apenas a regularidade e legalidade do rito. Por que alegamos isso?

As *"pedaladas"* eram a alocação de recursos extraordinários não previstos no Orçamento Geral da União sem autorização do Congresso. Porém, como era de praxe e todos os governos anteriores recorreram ao mesmo procedimento, que tendo enviado ao Congresso o Projeto de Lei autorizando a abertura do crédito especial, a demora em sua aprovação, característica dos processos de andamento no Congresso desses projetos de lei levava os governos a já destinaram esses créditos fazendo seu "empenho" sem, contudo, fazerem a liberação que somente ocorreria depois da aprovação e conversão em lei, um rito administrativo corrente. A discussão algo esotérica, se a "pedalada" ocorria quando do empenho ou quando da liberação, não tinha qualquer precedente ou fundamento na legislação, nem de um lado nem do outro.

Quanto ao financiamento do Tesouro pelo Banco do Brasil referia-se principalmente ao crédito rural com juros subsidiados que pode ultrapassar a casa do R$ 200 bilhões. Como o Banco do Brasil responde pela quase totalidade do volume desses financiamentos que ocorrem durante vários meses, tanto para o cultivo como para a colheita e investimentos em várias regiões do País, os juros abaixo do mercado fazem com que o volume de credito rural aplicado seja um adiantamento ao Tesouro Nacional durante esse períodos, até que este possa obter os valores para devolver ao BB a diferença das taxas de juros, o que varia durante o período de aplicação conforme a variação da taxa de juros no mercado.

Consolidar esses valores durante a execução desses contratos mensalmente para atender a Lei de Responsabilidade Fiscal literalmente é na prática claramente inviável. Sua consolidação semestralmente ou ao final do ano é a norma quando o Banco do Brasil envia ao Tesouro sua comprovação e este lhe transfere o valor dos subsídios.

Como a decisão de afastá-la era política e claramente fácil de ser executada em face da incompetência política dela de não conseguir ter uma maioria no Congresso capaz de barrar o processo de impeachment, este ocorreu sem problemas, pois para isso qualquer explicação servia.

Mas, os graves erros cometidos pela Presidente ao longo de seu primeiro mandato, ainda que alguns fossem da verve dos ortodoxos como a extrema valorização cambial da moeda brasileira e outros como os enormes prejuízos ao setor alcooleiro segurando os preços dos combustíveis automotivos, que também contrariaram os ecologistas pois promovia o uso dos derivados de petróleo em detrimento de um combustível *ecológico* como o etanol, ajudaram a consolidar a ideia que ela deveria ser removida do cargo.

Entretanto, a gota d'água foram as medidas fiscais e monetárias adotada por Joaquim Levy que levaram a economia a entrar em grave recessão o que criou, na verdade um clima de unanimidade na população para seu afastamento.

Em 2015, as pesquisas mostravam uma queda tão acentuada de sua popularidade, que tendo atingido um nível tão baixo, como que avalizava o apoio da população ao que veio a ocorrer. Alguns lúcidos comentaristas na época levantaram a questão de que se toda vez que um presidente cometesse um erro, deveria ser afastado? Mandaram a democracias as favas!

Mas parece que esse tipo de erro é mais do que um equívoco aceitável. Nada disso, entretanto, interessa sob o ponto de vista econômico e sim se os fundamentos alegados que se tornaram o diagnostico político adotado pela média e veiculado largamente no País e adotado por muitos economistas tinha fundamento.

Na verdade, há que distinguir certos aspectos que não sancionam o diagnóstico de um déficit fiscal produzido por excesso de gastos e descalabro administrativo. Na realidade se procurarmos a origem dos déficits fiscais vamos encontrar uma política digna dos mais ferrenhos ortodoxos defensores de Friedman e seus seguidores "*fiscalistas*".

Foi sem dúvida a excessiva valorização do Real com a redução da atividade industrial que provocou a redução das receitas fiscais, agravadas pela aplicação de uma mudança na cobrança das contribuições previdenciárias requeridas pelas lideranças empresariais já há muito tempo. Tais medidas claramente de cunho conservador dificilmente poderiam ser caracterizadas como populistas.

A lógica dessa mudança é irretorquível, pois elimina a diferença nos encargos das empresas intensivas em trabalho e as que usam pouco trabalho, fazendo tais contribuições incidir sobre o faturamento e não sobre a folha de pagamento. Trata-se, entretanto de uma inovação tipo "*jabuticaba*", e havia que a testar em pequena escala e não a ampliar como foi feito. A taxa sobre o faturamento deveria ser de tal monta, que deveria resultar em valores correspondentes a arrecadação anterior e não significar uma redução fiscal para algumas categorias como parece que ocorreu.

A generalização para vários setores com características diferentes que não precisavam dessa modificação, acabou por gerar uma redução na arrecadação fiscal que dificultava a geração dos superávits primários necessários para pagar a enormidade dos juros da dívida pública. Aparentemente pretendia-se compensar uma redução nos lucros das empresas já percebida de algum tempo.

A gritaria do empresariado e da mídia conservadora sobre o Custo Brasil, não provocava qualquer atitude das autoridades monetárias, que se negavam a tocar no "sagrado" Real valorizado, que a ortodoxia monetária considerava o "coração" do combate à inflação, pois subsidiava a entrada de produtos importados para aumentar a competição com as empresas locais e impedi-las de amentar preços. [57]

A redução da atividade industrial substituída por importações não somente levou a um déficit crescente das Transações Correntes como a perda de competitividade da produção industrial brasileira no mercado internacional, o que provocava uma redução das receitas governamentais e afetava não apenas o Governo Central, mas as receitas dos Estados e Municípios com a redução de seus investimentos, mas obrigadas a manter os gastos obrigatórios.

Fizemos apenas a moldura do quadro que mostra que de 1998 até 2013, o Brasil apresentou superávits primários que chegaram até 4% do **PIB**. Somente em 2014 aparece um pequeno déficit primário de R$20,472 bilhões ou 0,36 do **PIB**, que com o pagamento dos juros de R$ 251,702 bilhões gerou um déficit nominal de R$ 271,541bilhões, porém já indicando uma desaceleração da economia como fruto de vários fatores e alguns já citados aqui. Dentre esses fatores colocamos como mais importantes a redução dos lucros das empresas devido à valorização do Real e invasão de importações "*subsidiadas*" pela diferença da taxa cambial.

Somam a isso as tentativas de correção desses equívocos com isenções fiscais desarrazoadas, que além de reduzirem a arrecadação estavam longe de compensar os estragos da valorização cambial. Uma seca em 2013 acabou por obrigar uma

---

[57] Consideramos uma política tipo "dá ou desce" muito mais típica de uma "Gestapo" para justificar insuficiências teóricas do que uma política monetária que foi aplicada sistematicamente no Brasil desde Getúlio Vargas, o que levou o país muitas vezes a inadimplência internacional e ao "colo" do FMI.

elevação dos custos de energia elétrica, onerando as empresas já combalidas por muitos anos de juros estratosféricos mantidos pela ortodoxia monetarista e pela competição desarrazoada das importações, principalmente da China que mantinha sua moeda muito desvalorizada.

Estavam armadas as condições para não somente uma redução do superávit primário, como o aparecimento do primeiro déficit primário em 2014 e redução das receitas previdenciárias claramente correlacionadas ao crescimento do PIB. Essa situação está longe, porém de se identificar um déficit fiscal estrutural criado pelos gastos administrativos excessivos e pelos custos crescentes da previdência social.

Descalabro administrativo? Para afastar a Presidente qualquer desculpa valia. Claramente as opções econômicas típicas da aplicação de teses ortodoxas das teorias clássicas adotadas que produziam recessão nem precisavam dessa desculpa. Um pouco parecido com o ditado popular *"quem não sabe para onde vai qualquer caminho serve"*.

Diagnóstico errado leva a soluções equivocadas, como aliás, ocorreu. Tais como a Lei do Teto dos Gastos, a Reforma da Previdência, a Reforma Trabalhista para compensar as empresas e melhorar sua lucratividade. Nada disso corresponde ao que estava ocorrendo de fato na economia. Acho que acreditaram nas mentiras políticas. *"Goebbels deve se revirar no tumulo com tanta concorrência"*. A taxa cambial, devido a sucessivas e onerosas intervenções do Banco Central em operações com *"swaps"* ainda mantinha o câmbio desfavorável às exportações e dava melhores condições competitivas aos produtos importados e desestimulava a produção interna.

A queda da arrecadação em níveis jamais imaginados, pois de 2014 a 2016 a receita total do Governo Central em preços constantes caiu 10,11% e a receita liquida depois das transferências constitucionais caiu 11,4%, e a despesa total aumentou 1,0% depois de ter aumentado 1,7% em 2015. Em valor corrente a despesa aumentou 19,4% e a receita apenas 6,4%. Que magica besta do Levy e do Meirelles!

Esses equívocos de diagnóstico, que *"gentilmente"* chamamos de equívocos, quando são na verdade atos fundamentados em teorias neoclássicas de cunho *"paleozoico"*, base de todo estudo acadêmico de economia e num claro processo de *"captura do Estado pelo sistema financeiro"*.

Três autores categorizados já falaram isso, André Lara Resende no seu livro *"Juros, Moeda e Ortodoxia"*, John Cassidy em *"Como os mercados quebram"* e o Professor Fábio Erber em *"Development projects and growth under finance domination – the case of Brazil during the Lula years (2003-2007)"*. A Professora Joan Robinson já se referia a isso em 1935.

Quando revisitamos todas as teorias sobre a inflação e criticamos as políticas monetárias adotadas no Brasil desde 1994, as bases e fundamentos do Plano Real parece que acreditamos realmente que a culpa dessa situação é dos economistas e de suas dificuldades com aplicação prática de sua *"ciência"*. Ledo engano!

Certamente eles servem de *"biombo"* e veículo para interesses muito maiores que acabam por comandar a vigência dessas políticas monetárias. Seria de uma extrema ingenuidade achar que o poder da *"ciência"* comandaria essa situação, assim como temos certeza de que Friedman e seus seguidores não eram ideologicamente independentes.

Seria extrema coincidência que suas teorias, *"por acaso"* atendessem os reclamos dos maiores capitais e negócios da economia americana, e que sua disseminação pelo mundo capitalista fosse uma conquista da ciência econômica

**RECEITA TOTAL E LIQUIDA DO GOVERNO FEDERAL**

R$ Milhões - Valores de set/20 - IPCA

| ANO | RECEITA TOTAL | TRANSFE-RENCIAS | RECEITA LIQUIDA | DESPESA TOTAL | SUPERAVIT ou DEFICIT PRIMÁRIO | JUROS | SUPERAVIT ou DEFICIT NOMINAL |
|---|---|---|---|---|---|---|---|
| 2011 | 1.603.884,59 | 264.636,67 | 1.339.247,92 | 1.189.471,49 | 151.584,99 | -293.095,19 | -141.510,20 |
| 2012 | 1.631.985,03 | 263.975,99 | 1.368.009,04 | 1.255.718,58 | 132.562,39 | -227.204,99 | -94.642,60 |
| 2013 | 1.708.513,86 | 263.792,83 | 1.444.721,03 | 1.340.482,07 | 108.772,52 | -269.434,46 | -160.661,94 |
| 2014 | 1.666.183,71 | 270.811,73 | 1.395.371,99 | 1.426.392,22 | -26.924,40 | -340.912,53 | -367.836,93 |
| 2015 | 1.562.093,85 | 256.448,68 | 1.305.645,17 | 1.452.427,94 | -140.925,69 | -497.300,25 | -638.225,94 |
| 2016 | 1.513.164,28 | 260.612,66 | 1.252.551,62 | 1.436.177,88 | -181.308,54 | -365.638,66 | -546.947,19 |
| 2017 | 1.537.522,71 | 253.911,13 | 1.283.611,58 | 1.421.599,49 | -131.403,57 | -379.176,65 | -510.580,22 |
| 2018 | 1.592.484,99 | 275.465,38 | 1.317.019,61 | 1.449.323,87 | -123.555,06 | -320.707,68 | -411.815,41 |
| 2019 | 1.689.323,62 | 297.929,91 | 1.391.393,70 | 1.488.990,80 | -91.107,73 | -333.219,61 | -456.774,67 |
| 2020* | 1.021.866,90 | 188.812,63 | 833.054,27 | 1.517.157,69 | -683.670,83 | -289.944,43 | -999.761,36 |

FONTE: STN - Secretaria do Tesouro Nacional - * até setembro

. Porque de todos eles somente Irving Fisher era, em razão do casamento e posteriormente pelo fato de ter ganhado muito dinheiro capaz de contrariar todas as teorias majoritariamente aceitas pela profissão na época e ter sua teoria relegada? Coincidências?

**RECEITA TOTAL E LIQUIDA DO GOVERNO FEDERAL**
R$ Milhões - Valores correntes

| ANO | RECEITA TOTAL | TRANSFE-RENCIAS | RECEITA LIQUIDA | DESPESA TOTAL | SUPERAVIT ou DEFICIT PRIMÁRIO | JUROS | SUPERAVIT ou DEFICIT NOMINAL |
|---|---|---|---|---|---|---|---|
| 2011 | 988.270,08 | 163.035,67 | 825.234,41 | 733.343,38 | 93.035,50 | -87.517,57 | -340.907,00 |
| 2012 | 1.059.889,42 | 171.394,44 | 888.494,98 | 815.907,02 | 86.085,97 | -61.181,66 | -318.362,14 |
| 2013 | 1.178.983,24 | 181.894,96 | 997.088,28 | 924.929,13 | 75.290,70 | -110.554,95 | -397.240,42 |
| 2014 | 1.221.474,13 | 198.461,50 | 1.023.012,63 | 1.046.495,04 | -20.471,70 | -271.541,92 | -251.070,22 |
| 2015 | 1.247.789,34 | 204.684,26 | 1.043.105,09 | 1.164.462,31 | -116.655,58 | -513.896,00 | -185.845,65 |
| 2016 | 1.314.952,88 | 226.835,31 | 1.088.117,56 | 1.249.393,19 | -159.473,36 | -477.835,50 | -147.267,63 |
| 2017 | 1.383.081,62 | 228.335,34 | 1.154.746,28 | 1.279.007,76 | -118.442,21 | -459.350,00 | -180.553,07 |
| 2018 | 1.484.238,13 | 256.723,67 | 1.227.514,46 | 1.351.756,72 | -116.167,37 | -310.307,13 | -426.474,50 |
| 2019 | 1.635.110,99 | 288.330,76 | 1.346.780,23 | 1.441.844,97 | -88.898,90 | -310.115,06 | -399.013,97 |
| 2020* | 1.012.941,91 | 187.064,48 | 825.877,43 | 1.503.313,50 | -677.000,93 | -217.532,62 | -894.533,55 |

FONTE: STN - Secretaria do Tesouro Nacional - * até setembro

Pelas tabelas acima pode-se ver que de 2011 a 2014 a despesa nominal aumentou 42,70% a receita nominal aumentou apenas 23,96%. A despesa em valor real cresceu 19,92% no período, menos do no período antes da crise, pois de 2007 a 2010 a despesa cresceu em valor real 23,90%. A receita em valor real, entretanto, cresceu entre 2011 e 2014 apenas 0,045% em valor real mostrando a razão da tendência de redução do superávit primário e surgimento do déficit primário em 2014.

Não há, portanto, de se falar em descalabro administrativo, apesar dos evidentes erros de política econômica na manutenção dos incentivos anticíclicos do governo anterior da valorização excessiva da taxa de câmbio em todos os governos anteriores.

Assim, ao caracterizar como *"golpe parlamentar"* não cometemos nenhum ato de conotação política apesar de se confundir com as alegações políticas dos partidos que foram alijados do poder. Trata-se de um fato que qualquer outra denominação pretende apenas justificar tal ato que atenta para a democracia.

A despesa em valor real aumenta, também de 2014 a 2016 no mesmo valor dos anos anteriores de 2015 a 2017, porém, as receitas do Tesouro e da Previdência que já vinham denotando tendência de baixa desde 2008 em razão da crise e das concessões tributárias para superação da crise aplicadas em 2009 que persistiram no governo da Presidente, sofreram uma redução drástica pela política de contenção da inflação aplicada em janeiro de 2015. A receita do Governo Central se reduziu em 10,11 % em valor real e a despesa cresceu 1,4%.

A política do novo governo de cunho largamente ortodoxo radical, que pretendia um reajuste fiscal através de uma redução drástica das despesas, conseguiu apenas reduzir o ritmo de crescimento provocando vultosos déficits primários que somados ao pagamento dos juros ampliaram consideravelmente a dívida pública mobiliária.

As tendências a um aumento da inflação, também ocorreram em decorrência da grande ampliação do crédito de consumo que cresceu 49,30% em valor real, também como política anticíclica do governo anterior, que provavelmente teria que ser reduzida já em 2011 e não foi, pois cresceu 26,33% em valor real de 2011 a 2014.

Vale ressaltar que essa política foi amplamente aprovada pela população em geral, com o Presidente deixando o governo com um índice de aprovação de 87%, certamente influenciado pelo crescimento do PIB em 2010, que foi de 7,5%[58], crescimento destacado em todo mundo pela imprensa.

Tanto que a prestigiosa revista britânica *"The Economist"* já havia em 2009, colocado na capa o Brasil com o Cristo Redentor subindo como um foguete, enquanto a Europa e os EUA patinavam numa estagnação decorrente da crise dos *"subprime"* que atingiu o auge em 2008 com a quebra do banco *"Lehman Brothers"*.

Os resultados da política monetária e fiscal aplicadas de 2015 a 2020 levaram a economia a uma situação econômica e social dramática, com 13,2 milhões de desempregados, 67,2 milhões de pessoas inadimplentes representando cerca de 48% da população adulta do País, e um número muito elevado de falências e insolvências, sobretudo de micro e pequenas

---

[58] **Nota:** A economia brasileira experimentou um crescimento de 7,5% em 2010, informou o IBGE (Instituto Brasileiro de Geografia e Estatística). Em valores, o PIB brasileiro totalizou R$ 3,675 trilhões. Foi o maior avanço desde 1986, quando o país vivia o Plano Cruzado e cresceu 7,5%.

empresas, as que mais empregam no país, com inadimplência de 5,6 milhões de empresas.

Na área social a redução das despesas com saúde, educação e segurança que já careciam de maiores investimentos tornaram a situação caótica. Os Estados e Municípios viram suas receitas minguarem e reduziram ao mínimo seus investimentos e despesas e muitos não conseguiam nem mais pagar seus funcionários. Todas as mazelas de muitos anos como excesso de funcionários, graves corrupção dos agentes públicos, gastos perdulários e toda sorte de absurdos desde há muito cometidos na República afloraram numa crise econômica, social e política jamais vista no País com o advento da pandemia em 2020.

Detonada por políticas fundamentalistas baseadas em teorias que há muito são contestadas e que sua prática demostrou há muito tempo em todo mundo, sua inadequação com a realidade dos países que não detém moedas de reserva pelas graves sequelas que provoca, ainda continuaram a fazer parte do receituário de muitos candidatos que pretendiam comandarem o País nas eleições de 2018, assim como do vencedor.

Na verdade, a situação do sistema político, antes com a possibilidade de as empresas contribuírem com dinheiro para os candidatos e partidos, que criou um balcão de negociatas de toda ordem finalmente considerada inconstitucional pelo STF ainda persistiu com os partidos ao serem em geral comandados por empresários sem nenhuma efetiva democracia interna, em nada alterando a ordem anterior.

Novas gerações que poderiam alterar a situação somente são eleitas com a benção dos *"caciques"* e, portanto, com o mesmo perfil ideológico. Nas eleições proporcionais a quantidade de candidatos é tão grande que somente os nomes *"autorizados"* aparecem nas veiculações gratuitas obrigatórias e beneficiados com as verbas dos partidos.

Os caciques para não arriscarem a participação do Partido no Congresso usam sempre os nomes já conhecidos numa continuidade perversa. Como são eleitos os mesmos, o Congresso jamais vai modificar a situação, fazendo mudanças cosméticas na legislação apenas para continuar a mesma coisa. Solução? Não tenho e não conheço quem tenha para quem vai mudar isso!

A eleição da nova mesa da Câmara e do Senado vai sempre colocar um presidente aliado do Planalto e de qualquer maneira, aliado ou não vão fazer as *"reformas"* que vão ajudar o País a entrar numa situação incontornável, Guedes vai privatizar todas as estatais que puder para conseguir dinheiro para pagar os juros (parte) e aumentar menos a dívida pública.

Como a renda já muito concentrada vai concentrar mais ainda, e as classes média e baixa com a renda muito afetada pela pandemia vão ser um mercado de consumo muito limitado e o PIB vai continuar contraído sem crescimento significativo. Atrair investimento estrangeiro, qual? De portfólio?

Sem mercado investimento não vai para frente e a pressão inflacionária vai levar fatalmente o BC a aumentar a Selic e criar dificuldades adicionais para crescimento do PIB. O crescimento da DPMFI além dos limites razoáveis vai criar um ambiente muito pouco propício aos investimentos e a recessão vai continuar.

E as Transações Correntes, o déficit em conta corrente do Balanço de Pagamentos e a redução das reservas internacionais? São pendências cuja evolução parece mais fundamentar uma crise de proporções tais que a estrutura política atual dificilmente conseguirá se sustentar sem grave crise política.

O clima internacional onde as economias mais ricas estão em níveis de endividamento nunca vistos, enfrentar a idealização de soluções para resolver o problema não permite otimismo quanto ao crescimento dessas economias capaz de ampliar as trocas comerciais de forma significativa que pudesse auxiliar a situação das contas externas. Pessimismo? Não creio, os números são assustadores! O copo está meio cheio ou meio vazio? A situação mundial é tão peculiar que, se basear no passado para estimar o futuro se tornou uma operação inócua.

Os países mais pobres vão estar num colapso econômico e financeiro tal que precisarão da ajuda dos países mais ricos, que por sua vez estarão as voltas com seus problemas muito sérios para resolver. Desastre humanitário? Provavelmente vai se ver até mesmo no episódio das vacinas contra o COVID 19.

A eleição municipal de 2020 mostrou um crescimento dos partidos de direita que apoiam fortemente a agenda neoliberal sem atentar que estão embarcando numa canoa que já está fazendo água. Outros partidos de centro-esquerda se inclinam fazer acordos com os partidos vencedores para as eleições de 2022, achando que estão se apoiando nos que tiveram a preferência dos eleitores e que vai se repetir em 2022.

A peculiaridade da situação repito não permite se basear no passado. Exatamente o tamanho da crise é que pode virar a canoa. Todo sistema financeiro se baseia na "*fidúcia*" (confiança); não precisa acontecer, basta parecer que vai acontecer. É onde a predição criadora funciona realmente. E todos os dados da economia estão levando a parecer que isso vai acontecer. A probabilidade de uso das teorias utilizadas pelo BC impede que ele venha a adotar medidas totalmente contrárias. Seria de morrer de rir. Nem admitindo o máximo de pragmatismo autorizaria essa suposição.

A possibilidade de se utilizar emissão de moeda para investir em infraestrutura pelo próprio Estado que poderia alavancar o crescimento é algo que a equipe econômica e o BC consideram o máximo do absurdo. E, no entanto, pagar a dívida com recursos existentes é o mesmo que ocorre com um naufrago que sobrevive das próprias reservas, mas quanto tempo?

Vai emagrecendo até não ter reserva nenhuma e não tem mais forças para remar para encontrar uma praia. Diagnóstico errado, soluções erradas. Lógica irretorquível! Não adianta os alertas do André Lara Resende, da Monica Debolle e de vários outros economistas. Importantes professores de economia de USP, da UNICAMP, da UFRJ e de outras influentes universidades tem se pronunciado nesse sentido, mas a equipe econômica é imune a opiniões, eles é que tem o monopólio da verdade. O povo alheio a essas questões manipuladas pela mídia capitalista que apoia essa equipe continua achando que vai dar certo. Claro, não todos, mas não parece ser a minoria.

## A discussão dos juros elevados para combate à inflação

Desde o advento do Plano Real os economistas discutem sobre a elevada taxa de juros no Brasil, *"A maior do planeta segundo um deles"*, produzindo uma vasta literatura com as mais diversas hipóteses, nenhuma delas confirmada por evidências empíricas. Mas, parece que a hipótese de obstrução dos canais de crédito para transmissão da política monetária é a de maior aceitação por eles. A solução a partir dessa constatação seria de eliminar essa obstrução que permitiria baixar a taxa de juros. Para isso conseguiram que o Governo propusesse um projeto de lei que foi aprovado no Congresso.

Com a lei da TLP – Taxa de Longo Prazo do BNDES, a equipe econômica pretendia exatamente obter esses resultados, a partir de ideia de que a segmentação do mercado de crédito é a responsável pela necessidade da política monetária manter a Selic em níveis elevados, que na maior parte do período de 1999 a 2010 nunca ficou abaixo de 9%, segundo Modenesi & Modenesi (2012), apesar de apresentar uma tendência de queda, pois logo após o Plano Real esteve em 30%. A obstrução dos canais de crédito seria um dos efeitos da política monetária que apesar dos juros elevados não conseguiu reduzir significativamente a inflação depois da estabilização.

Parece-me que a questão está posta de forma incorreta, aliás, Modenesi (2012) chega a classificar como *"A política monetária (PM) brasileira constitui verdadeira anomalia"*. Há uma grande divergência no diagnóstico das possíveis causas da pouca eficácia da política monetária entre os diversos autores, desde equilíbrio múltiplo segundo Bresser & Nakano, até a falta de credibilidade da política monetária. Segundo Aguiar (2012), o impacto das LFT - Letras Financeiras do Tesouro como obstrução a transmissão da política monetária segundo Pires (2016) e Langer (2006), e é a convenção do conservadorismo, segundo Erber, (2008).

A obstrução decorreria principalmente da existência de um mercado de crédito segmentado, onde a parcela de credito livre seria de apenas cerca de 30%, sendo o restante credito direcionado, principalmente o credito de longo prazo do BNDES, o credito rural e o credito para habitação, onde as taxas de juros seriam inferiores a taxa de juros do mercado de credito livre. Porém, outras obstruções identificadas por Barboza, (2015), como a elevada participação das LFT na composição da dívida pública e a participação dos preços administrados no índice de preços ao consumidor, me parecem relevantes para discussão.

O crédito direcionado é herança do período de alta inflação, quando o crédito livre era muito escasso pela impossibilidade de arcar com essas taxas elevadas, tanto no setor rural onde as taxas de retorno são muito baixas, sem o que o crédito de longo prazo seria impossível, como para a habitação e para investimentos na agropecuária.

Assim, a questão que se coloca é o que vem primeiro o ovo ou a galinha? Porque, como o Plano Real e a redução da taxa de inflação não reduziu a taxa de juros? Parece-me que é esta a questão a ser respondida para explicar por que os juros são altos no Brasil.

A participação das LFT na composição da DPMFi que veio se reduzindo desde aquela época de 60% até cerca de 37,5% atualmente, não me parece relevante desde que sua influência sobre a renda e a riqueza no conjunto do País são muito limitadas, pois somente agora cerca de 500 mil pessoas tem os títulos da dívida pública, através principalmente dos fundos de renda fixa e do Tesouro Direto.

A maior parte dos títulos da DPMFi, 76,2% estão nas mãos de instituições financeiras, seguradoras, previdência privada e fundos de renda, e apenas 36,8% eram constituídos de LFT, se considerada a dívida mobiliária bruta e em setembro de 2020 atingiram 37,4% da dívida bruta.

A discussão sobre juros elevados na economia brasileira desde 1994 sempre foi em torno das taxas básicas de juros da economia, incialmente as TB e depois a Selic. Apesar de mostrarmos os trabalhos acadêmicos realizados sobre a questão, os reais prejuízos para economia não decorreram dessas taxas que foram apenas um complemento utilizado pelas autoridades monetárias no arsenal de medidas, que determinaram as taxas de juros que levaram a economia à situação que se encontra e a um atraso considerável no crescimento nesses 25 anos.

Dois instrumentos principais foram utilizados, um para manter a taxa Selic em nível elevado, as operações de enxugamento da liquidez no mercado secundário, ironicamente chamado aqui no Brasil de *"open market"*, que de aberto não tem nada, operações essas que tem sido sistematicamente de colocação de títulos públicos federais chamados de obtenção de financiamento, as operações compromissadas  têm a garantia de recompra e predominam a operações de 1 dia que pagam os juros da Selic.

A segunda é o recolhimento compulsório em moeda ou títulos públicos federais sobre os depósitos à vista, sobre os depósitos a prazo e sobre os depósitos nas cadernetas de poupança como se pode ver na tabela. Na verdade, o Banco Central o que faz é retirar toda a oferta de nova moeda do mercado como forma de combater a inflação retirando do sistema bancário a possibilidade de multiplicar moeda além de um limite muito restrito. Como o fator de alavancagem do crédito é o inverso da taxa de recolhimento compulsório, se este for aos depósitos a vista 55% a possibilidade de alavancagem do valor dos depósitos é 1,8 vezes. A expansão do crédito fica muito reduzida.

Por outro lado, o sistema bancário para fugir do compulsório à vista criou o **CDB Flex** que é uma conta remunerada de depósito a prazo com conversão automática para depósito à vista, o mesmo ocorrendo para caderneta de poupança que remunera somente o saldo e a livre movimentação têm a vantagem de não pagar as tarifas das contas de depósito à vista.

O Banco central faz vista grossa para tais desvios e por isso exige depósito compulsório dos depósitos a prazo e dos depósitos de poupança. Quase-moedas? Nós chamaríamos de *"brincadeirinha monetária de mau gosto"*. Isso somente é necessário porque os bancos de depósito foram integrados em conglomerados financeiros, com autorização e incentivo das autoridades monetárias, sensibilizadas com a justificativa de que poderiam obter economias de escala. E os sistemas digitais? Dá para acreditar?

Segundo a teoria quantitativa da moeda de Irving Fisher na medida em que se reduz os depósitos à vista há um aumento da velocidade de circulação da moeda, que é um quociente dos cheques compensados e outras formas de saque à vista sobre o saldo dos depósitos a vista, porque esta cresce aumentando a massa monetária efetiva a disposição do público.

Com o Plano Collor o Efeito Oliveira – Tanzi aparece com a súbita paralização da alta dos preços, pois segundo o discurso do Presidente no início da nova legislatura, um aumento substancial das disponibilidades do Tesouro teria possibilitado a compra antecipada de títulos federais que iam vencer somente 2 anos depois. Isso aparece claramente em 1991 devido a essa monetização que tem que ser feita com a intervenção realizada pelo Plano.

A partir dessa época começam a aparecer com mais importância os pagamentos com cartões de compra e cartões de crédito que devem ser considerados no computo dos valores que vão no quociente da fórmula da velocidade de circulação da moeda escritural.

Esse mecanismo está a meu ver na origem da incapacidade da política monetária ortodoxa de controlar a inflação, pois na medida em que aumentam o compulsório sobre os depósitos a vista para retirar moeda escritural estão aumentando a velocidade de circulação da moeda mais do que proporcionalmente e colocando um poder de compra nas mãos da população, que se já há um desequilíbrio entre a oferta de bens e serviços este é aumentado fazendo crescer os preços. O crédito reduzido multiplica seu efeito.

Esse fenômeno pode ser estatisticamente verificado no Brasil e nas hiperinflações da Alemanha em 1923. Enquanto prevalecia o conceito de velocidade-renda da moeda e seu caráter *"endógeno"*, as sucessivas frustrações porque os preços subiam muito mais do que o M1 e a Comissão Radcliff na Inglaterra constatavam que outros ativos financeiros se comportavam como quase moeda.

Foi quando Friedman reconheceu a existência das quase-moedas *(near money)*. As teorias sobre expectativas racionais e a elevação da taxa de juros e as metas de inflação, vieram tentar corrigir alguma deficiência do arsenal, pois permanecia a incapacidade de reduzir as taxas de inflação com a simples redução da quantidade de moeda e das quase-moedas.

Assim, ao novo arsenal adicionava-se um ingrediente para derrubar o crescimento e gerar muito desemprego para reduzir a demanda, através de um processo recessivo, com o corte radical do crédito e endividamento das empresas com juros muito altos até sua insolvência ou drástica redução da produção com a demissão de parte dos empregados num esforço para sua sobrevivência.

Na Iatrogenia um ramo da medicina, há estudos avançados sobre o efeito de remédios que fazem mal maior do que própria doença. Infelizmente na economia ainda não atentaram para esse fato e a *"economia normativa"* uma excrecência nas ciências humanas é a regra nas aplicações em política monetária.

A utilização das operações de enxugamento da liquidez em apoio a manutenção da meta da Selic acabou por criar uma situação insustentável para o Banco Central, tendo que manter saldo das operações compromissadas crescentes até atingir um valor muito alto de passivo a curtíssimo prazo. Essa situação é inusitada em participações dos Bancos Centrais em mercados secundários e decorre não propriamente das taxas da Selic elevadas, mas das altas taxas de juros praticadas pelo sistema bancário em razão dos níveis elevados dos recolhimentos compulsórios.

Vale a velha regra *"em mercado de pouca oferta que manda é o vendedor"*, porque tornam-se monopolistas e os *"spreads"* aumentam bastante, mas ainda não explicam os juros extremamente altos praticados pelo sistema bancário nos cartões de crédito e no cheque especial. Isso somente acontece num oligopólio. Nem o CADE tem coragem de mexer com esses poderosos.

Na verdade, quando os depósitos compulsórios são de 12% o multiplicador monetário possibilita diluir os custos por um volume muito mais elevados de disponibilidades de crédito reduzindo os custos das operações e possibilitando cobrar juros muito menores.

Os juros muito elevados, reduzem as aplicações, pois os tomadores tendem a recorrer a soluções que demandem menos capital de giro, além da óbvia redução do crescimento da produção e aumento da inadimplência, que alijam muitos do mercado de crédito, fazem com que acabem sobrando recursos livres que vão para o interbancário procurando aplicação.

Caso o Banco Central não compre esse *"surplus"* a taxa de juros do interbancário vai cair abaixo da Selic impedindo que a meta desta seja cumprida. A única questão é que esse valor se renova diariamente, enquanto os bancos não conseguiram colocar a totalidade de suas já reduzidas disponibilidades.

Brasil – Um Gigante Acorrentado

Operações de mercado aberto

Posição líquida de financiamento com títulos públicos federais

| Dia | R$ milhões | | | | | |
| --- | --- | --- | --- | --- | --- | --- |
| | Demab | | | | | |
| | 2017 | 2018 | | | | |
| | Dez | Jan | Fev | Mar | Abr | Mai |
| 1 | 1.135.207 | - | 1.130.260 | 1.185.736 | - | - |
| 2 | - | 1.187.923 | 1.127.370 | 1.176.006 | 1.196.463 | 1.122.109 |
| 3 | - | 1.205.534 | - | - | 1.211.990 | 1.135.999 |
| 4 | 1.149.544 | 1.193.213 | - | - | 1.210.786 | 1.121.398 |
| 5 | 1.145.366 | 1.191.006 | 1.146.874 | 1.188.691 | 1.209.189 | - |
| 6 | 1.146.460 | - | 1.144.344 | 1.190.036 | 1.194.256 | - |
| 7 | 1.125.340 | - | 1.146.259 | 1.189.852 | - | 1.161.369 |
| 8 | 1.120.358 | 1.188.452 | 1.144.940 | 1.194.595 | - | 1.156.720 |
| 9 | - | 1.197.340 | 1.147.156 | 1.183.640 | 1.209.844 | 1.176.043 |
| 10 | - | 1.200.703 | - | - | 1.216.662 | 1.174.413 |
| 11 | 1.144.741 | 1.204.124 | - | - | 1.218.719 | 1.170.166 |
| 12 | 1.148.681 | 1.181.088 | - | 1.199.961 | 1.221.356 | - |
| 13 | 1.147.635 | - | - | 1.197.355 | 1.197.536 | - |
| 14 | 1.140.901 | - | 1.162.221 | 1.207.345 | - | 1.174.196 |
| 15 | 1.128.632 | 1.201.708 | 1.177.530 | 1.196.438 | - | 1.186.025 |
| 16 | - | 1.196.725 | 1.172.543 | 1.173.771 | 1.192.058 | 1.190.536 |
| 17 | - | 1.203.793 | - | - | 1.194.970 | 1.188.380 |
| 18 | 1.125.602 | 1.206.617 | - | - | 1.188.009 | 1.181.681 |
| 19 | 1.134.261 | 1.178.694 | 1.179.831 | 1.181.398 | 1.194.820 | - |
| 20 | 1.128.796 | - | 1.178.535 | 1.180.300 | 1.174.206 | - |
| 21 | 1.078.533 | - | 1.147.418 | 1.146.409 | - | - |
| 22 | 1.080.824 | 1.162.328 | 1.150.093 | 1.141.073 | - | - |
| 23 | - | 1.159.164 | 1.135.706 | 1.137.344 | 1.161.724 | - |
| 24 | - | 1.155.015 | - | - | 1.162.140 | - |
| 25 | - | 1.141.650 | - | - | 1.160.509 | - |
| 26 | 1.061.967 | 1.127.734 | 1.124.134 | 1.125.201 | 1.128.431 | - |
| 27 | 1.066.307 | - | 1.128.747 | 1.125.903 | 1.123.048 | - |
| 28 | 1.054.721 | - | 1.125.687 | 1.134.333 | - | - |
| 29 | 1.043.403 | 1.148.583 | - | 1.092.565 | - | - |
| 30 | - | 1.146.985 | - | - | 1.120.289 | - |
| 31 | - | 1.135.299 | - | - | - | - |
| Média diária | 1.115.364 | 1.177.894 | 1.148.314 | 1.168.950 | 1.185.095 | 1.164.541 |

Fonte: Banco Central do Brasil - DEMAB

Quando se observa o saldo das operações de financiamento com títulos públicos federais feitas pelo Banco Central em 14/03/2018 no valor de R$1,207.345 trilhões, que correspondente a 23,2% da dívida pública mobiliária federal interna total e comparando com a DPMFi nas mãos do público representa 34,4%, mostra a dificuldade criada para o Banco Central de operar diariamente esse volume de recursos em curtíssimo prazo e o enorme risco de uma redução na taxa Selic.

A necessidade de uma grande emissão de moeda, *"quantitative easing"*, para fazer frente a uma indisponibilidade de sobras das operações de crédito do sistema bancário pode subitamente criar graves problemas nos mercados. Por outro lado, a operação diária de tal volume de recursos, transforma o mercado secundário, pressupostamente um mercado aberto, num mercado estritamente interbancário com absoluta dominância das operações do Banco Central, alijando quaisquer outras operações típicas de mercado monetário de empresas privadas.

# Brasil – Um Gigante Acorrentado

Operações de mercado aberto

Posição líquida de financiamento com títulos públicos federais

| Dia | R$ milhões | | | | | |
| --- | --- | --- | --- | --- | --- | --- |
| | Demab | | | | | |
| | 2019 | | | | | |
| | Abr | Mai | Jun | Jul | Ago | Set |
| 1 | 1.365.816 | - | - | 1.325.439 | 1.248.753 | - |
| 2 | 1.380.952 | 1.311.982 | - | 1.328.440 | 1.252.632 | 1.263.764 |
| 3 | 1.380.199 | 1.305.352 | 1.324.230 | 1.328.335 | - | 1.281.478 |
| 4 | 1.378.528 | - | 1.328.235 | 1.321.257 | - | 1.285.726 |
| 5 | 1.359.048 | - | 1.325.238 | 1.321.486 | 1.282.984 | 1.284.505 |
| 6 | - | 1.307.904 | 1.310.708 | - | 1.284.475 | 1.252.961 |
| 7 | - | 1.309.280 | 1.315.605 | - | 1.289.793 | - |
| 8 | 1.366.859 | 1.308.448 | - | 1.329.526 | 1.303.845 | - |
| 9 | 1.369.489 | 1.324.447 | - | 1.339.186 | 1.286.334 | 1.266.935 |
| 10 | 1.373.082 | 1.301.639 | 1.323.035 | 1.344.373 | - | 1.266.736 |
| 11 | 1.371.577 | - | 1.324.164 | 1.343.511 | - | 1.267.914 |
| 12 | 1.365.175 | - | 1.324.560 | 1.321.503 | 1.293.898 | 1.258.380 |
| 13 | - | 1.326.281 | 1.331.284 | - | 1.297.926 | 1.246.879 |
| 14 | - | 1.327.399 | 1.315.119 | - | 1.296.207 | - |
| 15 | 1.368.500 | 1.419.180 | - | 1.344.527 | 1.316.354 | - |
| 16 | 1.364.330 | 1.426.855 | - | 1.335.943 | 1.303.039 | 1.243.604 |
| 17 | 1.375.117 | 1.412.783 | 1.311.891 | 1.343.895 | - | 1.247.736 |
| 18 | 1.362.558 | - | 1.313.784 | 1.345.360 | - | 1.247.239 |
| 19 | - | - | 1.309.717 | 1.325.110 | 1.308.384 | 1.203.058 |
| 20 | - | 1.416.785 | - | - | 1.306.355 | 1.174.637 |
| 21 | - | 1.375.919 | 1.257.838 | - | 1.282.530 | - |
| 22 | 1.326.807 | 1.376.446 | - | 1.309.714 | 1.275.884 | - |
| 23 | 1.325.984 | 1.369.346 | - | 1.305.294 | 1.254.825 | - |
| 24 | 1.325.050 | 1.363.529 | 1.260.140 | 1.306.800 | - | - |
| 25 | 1.319.133 | - | 1.261.690 | 1.305.457 | - | - |
| 26 | 1.291.796 | - | 1.255.878 | 1.265.343 | 1.251.456 | - |
| 27 | - | 1.345.434 | 1.254.204 | - | 1.250.571 | - |
| 28 | - | 1.347.879 | 1.227.698 | - | 1.248.032 | - |
| 29 | 1.319.384 | 1.355.767 | - | 1.275.122 | 1.245.933 | - |
| 30 | 1.304.570 | 1.351.867 | - | 1.270.911 | 1.234.680 | - |
| 31 | - | 1.292.266 | - | 1.265.480 | - | - |
| Média diária | 1.352.093 | 1.348.945 | 1.298.685 | 1.317.479 | 1.277.949 | 1.252.770 |

Fonte: Banco Central do Brasil - DEMAB

Essas operações atingiram níveis inimagináveis em 2020 da ordem de R$1,906.121 trilhões em carteira no Banco Central sendo aplicações em LFT e LTN no valor de R$ 1,029.930 trilhões e o restante em carteira para aplicações a qualquer instante. Quando o governo se volta em palpos de aranha para resolver a situação precária das contas públicas o BC mantém disponibilidade de R$876,190 bilhões para operações no mercado aberto e com o câmbio em operações de *"swaps"*. Vale ressaltar que esses títulos continuam sendo remunerados mesmo na carteira do BC. Será que isso tem que ser assim mesmo?

# CAPÍTULO IV
## A grave situação das contas públicas e da dívida pública

As eleições de 2014 já prenunciavam de certa forma o que viria a acontecer. Os embates entre os candidatos do PT e do PSDB, iam muito além da disputa das outras eleições e as promessa de campanha da candidata do PT irritaram profundamente os conservadores, que já viam dificuldades com o crescimento da inflação e nas perspectivas de ficaram desalojados do poder muito mais tempo do que pretendiam.

O "*Mercado*" já reclamava da decisão de baixar os juros arbitrariamente, das trapalhadas na questão das renovações das concessões das hidroelétricas, da contenção das tarifas de energia elétrica que em razão da seca de 2013 tinham usado extensivamente as termoelétricas de custo mais alto, e da forma como tinha financiado o débito resultante das concessionárias de energia elétrica no sistema bancário a juros muito altos, por causa das eleições. Não que não fizessem o mesmo se fosse o caso, mas era um argumento forte para a população.

O déficit primário de R$20,472 bilhões nas contas públicas era mais um argumento a reforçar a insatisfação dos conservadores em 2014. Desse jeito não seria possível pagar os juros estratosféricos e aí como ficariam os "*investidores*"? Afinal, nos 3 governos do PT isso nunca tinha sido motivo de discussão e nesses anos todos sempre tiveram elevados superávits primários para ajudar a pagar os juros estratosféricos.

No fundo, as críticas de ter segurado os preços dos combustíveis dando elevados prejuízos à PETROBRAS, prejudicando os acionistas da empresa mais importante na BOVESPA, somente completava o quadro de "mau humor" do *"Mercado"* com a presidente. Mais 4 anos com ela somados a arenga da campanha era dose muito maior do que esperavam. Os pesados recursos investidos na campanha do PSDB não estavam dando o resultado esperado e o *"recall"* do bem avaliado governo anterior do PT parecia pesar na decisão dos eleitores mais do que esperavam os conservadores.

O resultado das eleições detonou a decisão de não aceitar os resultados e o PSDB entrou com processo no STE alegando ilegalidades nos gastos da campanha. A lentidão da paquidérmica justiça eleitoral não dava esperanças de uma solução em curto prazo. O Plano B em ação chegou aos ouvidos da Presidente, que decidiu *"acalmar"* a sanha dos conservadores e convidou para Ministro da Fazenda o presidente da 2ª maior instituição financeira do País. Parecia um filme de suspense. O presidente dessa instituição não aceitou, mas indicou um de seus diretores, renomado economista ortodoxo do gosto do *"Mercado"*.

Assumindo o Ministério da Fazenda imediatamente colocou em ação seu arsenal de *"maldades"* para realizar um vigoroso ajuste fiscal, que em muito pouco tempo jogou a economia numa profunda recessão. Segurou R$30 bilhões do orçamento público, elevou a taxa Selic rapidamente de um nível já elevado de 9,90% para 10,40% e trancou o crédito para pessoas físicas e jurídicas.

Numa economia já em marcha lenta devido a altas taxas de juros, baixos lucros das empresas, taxa de câmbio muito valorizada com déficits nas Transações Correntes, o resultado foi catastrófico. Com tudo isso nem precisava de todo esse arsenal. A mais brutal recessão imposta a uma economia já fragilizada jamais vista no País desde o após-guerra foi implantada e dura até hoje, num ambiente de política econômica que o que fez Levy é, para efeito de referência, *"uma formiguinha ao lado de um elefante"*.

Com este esboço de um quadro sombrio pretendemos apenas dar um introito para mostrar como se estratificou no País uma convicção que a política monetária aplicada era a única solução para controlar a inflação que em 1993 beirava a hiperinflação. A redução das elevadas taxas de inflação pelo Plano Real *"cacifou"* esses partidos para implantarem a mais ortodoxa, conservadora e radical política monetária conhecida.

Quando a Presidente convidou o ícone de seus adversários que tinham perdido as eleições para Ministro da Fazenda, a maior parte dos comentaristas políticos de esquerda formou um consenso de que a Presidente tinha cometido um gravíssimo erro político.

Ignorando o *"moto"* que a levou a isso, declararam que ela havia alienado seus apoiadores que a elegeram e dado as mãos aos adversários fazendo exatamente o que seu oponente propunha. A campanha para o Plano B da oposição começou com os movimentos de direita sendo organizados para marchas nas ruas, panelaços e a mídia conservadora pedindo a cabeça dela.

A grave sequência de erros políticos foi sem dúvida o *"moto"*, começando pela incapacidade de negociar um candidato favorável ao governo na eleição do presidente da Câmara, pela alienação do apoio das bancadas recém-eleitas se negando a negociar o *"toma lá, dá cá"*, característico desta República de fancaria. Tentou correr atrás do prejuízo quando percebeu o erro, entregando esses acordos para o Vice-Presidente para este se encarregar das negociações como o comandante do maior partido da base, pressupostamente aliada.

Acabava de alienar o último recurso para corrigir *"as barbeiragens"* políticas, como se não quisesse *"sujar"* as mãos nas negociatas, suas possibilidades de sobrevivência, entregando para um possível sucessor o mecanismo de sua destituição. Como diz a dito popular *"era um picolé na mão de criança"*, absolutamente irresistível para o Vice Presidente!

Isso ficou muito claro para a maior parte dos partidos da base *"aliada"*. *"Não é assim que se faz política no Brasil. Será que vai ser assim nos 4 anos pela frente"* devem ter pensado uma grande parte dos membros do Congresso. Esta historinha que contamos é fruto de nossas observações e tem claramente base na imaginação. Mas *"se non é vero, é bene trovatto"* como dizem os italianos.

Estavam armadas as condições ideais para a aprovação do *"impeachment"*, com um presidente da Câmara dos Deputados eleito na medida para comandar o *"golpe"* parlamentar. Um ex-ministro da justiça do governo FHC, conhecido por suas convicções de direita, um promotor que virou político, ex-membro fundador do PT deixado pelo caminho e tornado rancoroso adversário, aliados a uma ambiciosa advogada de ocasião montaram um documento que acusava a Presidente por crime de responsabilidade.

Isso, em razão do descumprimento de disposto constitucional por ter efetuado pagamentos extra orçamentários sem autorização do Congresso, chamados de *"pedaladas fiscais"* e recebido adiantamentos do Banco do Brasil nas operações de subsídio à taxa de juros para o crédito rural, que contraria a Lei de Responsabilidade Fiscal.

Tivemos ocasião de analisar em detalhe no Capítulo IV mostrando, que se as acusações poderiam ser entendidas como *"reais"*, numa república de fancaria com leis passíveis de todo tipo de interpretação feitas em geral de improviso, mas que não seriam aceitas se olhadas sob o ponto de vista da realidade objetiva da prática administrativa de governo, inclusive por terem sido utilizadas por todos os governos anteriores.

Tratava-se, entretanto, de *"golpe"* parlamentar onde era urgente a necessidade de remover essa governante *"indigesta"* e evidentemente tais considerações não tinham a menor importância.

Muito criticaram o STF por seu presidente ter conduzido o julgamento no Senado sem questionar tais circunstâncias, mas cabe ressaltar que não cabia a ele verificar o mérito das acusações e sim simplesmente garantir que o rito seguisse a norma Constitucional. Suspeito que ele tendo percebido a nuance das acusações infundadas, mas impossibilitado de qualquer outra ação de caráter jurídico tenha retirado do texto da condenação a pena de perda da elegibilidade da Presidente, digamos como uma compensação para um fato pouco republicano.

Os resultados foram catastróficos, por assim dizer. O novo Ministro da Fazenda percebendo a dimensão do desastre que tinha provocado, assustado com a grita do PT e com as manifestações populares juntando os *"traídos"* e a turma que preparava o ambiente para a oposição, resolveu pedir demissão prontamente aceita e foi substituído por um ex-ministro da gestão anterior da Presidente que declarou a necessidade de prosseguir com o ajuste fiscal, tendo elevado a taxa Selic para 13,15%, agravando as medidas que tinham reduzido drasticamente a atividade econômica e a arrecadação fiscal, tendo o PIB se reduzido de 3,8% em 2015. Uma *"barbeiragem"* atrás da outra, fruto da convicção de que a teoria ortodoxa era a única solução, como, aliás, constava da *"cartilha"*. Discutir o que?

**JUROS E TAXA SELIC**

| ANO | RESULTADO PRIMÁRIO (1) | RESULTADO NOMINAL (2) | JUROS (3) | (3) / (2) | TAXA SELIC (média) |
|---|---|---|---|---|---|
| EM R$ MILHÕES CORRENTES | | | | % | % a.a. |
| 1997 | -2.376 | -21.307 | -18.932 | 88,85 | 27,88 |
| 1998 | 5.042 | -45.100 | -50.142 | 111,18 | 28,88 |
| 1999 | 22.672 | -26.336 | -49.008 | 186,09 | 27,47 |
| 2000 | 20.431 | -25.016 | -45.447 | 181,67 | 17,49 |
| 2001 | 21.980 | -25.273 | -47.253 | 186,97 | 17,65 |
| 2002 | 31.919 | -10.029 | -41.948 | 418,26 | 19,49 |
| 2003 | 38.744 | -62.153 | -100.896 | 162,34 | 22,90 |
| 2004 | 52.385 | -27.033 | -79.419 | 293,78 | 16,31 |
| 2005 | 55.741 | -73.284 | -129.025 | 176,06 | 19,14 |
| 2006 | 51.352 | -74.475 | -125.827 | 168,95 | 15,05 |
| 2007 | 59.439 | -59.607 | -119.046 | 199,72 | 11,87 |
| 2008 | 71.308 | -24.891 | -96.199 | 386,48 | 12,51 |
| 2009 | 42.443 | -107.363 | -149.806 | 139,53 | 9,72 |
| 2010 | 78.723 | -45.785 | -124.509 | 271,94 | 9,94 |
| 2011 | 93.035 | -87.518 | -180.553 | 206,30 | 11,69 |
| 2012 | 86.086 | -61.182 | -147.268 | 240,71 | 8,36 |
| 2013 | 75.291 | -110.555 | -185.846 | 168,10 | 8,27 |
| 2014 | -20.472 | -271.542 | -251.070 | 92,46 | 10,93 |
| 2015 | -116.656 | -513.896 | -397.240 | 77,30 | 13,53 |
| 2016 | -159.473 | -477.835 | -318.362 | 66,63 | 14,06 |
| 2017 | -118.442 | -459.350 | -340.907 | 74,22 | 11,59 |
| 2018 | -116.167 | -426.474 | -310.307 | 72,76 | 6,50 |
| 2019 | -88.899 | -399.014 | -310.115 | 77,72 | 6,35 |
| 2020* | -714.488 | -1.015.636 | -301.148 | 29,65 | 3,60 |

FONTE: STN - Secretaria do Tesouro Nacional * até outubro

De um déficit primário de R$20,472 bilhões em 2014, passou-se para um déficit primário em 2015 de R$116,656 bilhões, depois de um *"rigoroso"* ajuste fiscal e para déficits cada vez maiores até agora em 2020 quando devido à pandemia atinge um déficit nominal de R$1,1015 trilhões.

Afastada a Presidente em 12/05/2015 assume o Vice-Presidente e nomeia seu Ministro da Fazenda o banqueiro Henrique Meirelles que logo anuncia um rigoroso ajuste fiscal e eleva a taxa de juros de 13,15% para 13,85% chegando ao final do ano em 14,15%. O *"Mercado"* agradeceu tanto que disparou a crescer com o discurso do novo ministro, mas o País afundou mais ainda na recessão.

Mas, os resultados de uma política de austeridade com um aumento muito grande do desemprego reduzindo a arrecadação da Previdência Social e aumentando seu déficit que somado a uma queda da arrecadação tributária aumentou o déficit fiscal para R$159,473 bilhões em 2016, R$118,442 bilhões em 2017 e R$116,167 bilhões em 2018, sendo a redução do *"déficit"* em 2017 devida a uma devolução do BNDES no valor de R$30 bilhões para a União e obtenção de aportes de recursos eventuais de concessões de aeroportos e estradas.

Com a alta dos juros e o aumento dos déficits fiscais, a escalada da DPMFi passou de R$2,986.224 trilhões em 2013 para R$5,062.043 trilhões com um aumento de 69,5% em 2017, R$5,495.707 em 2018, R$ 5,946.852 em 2019 e R$ 6,962.488 trilhões em outubro de 2020.

Os juros passaram de R$185,846 bilhões para R$397,240 bilhões em 2015, R$318,362 bilhões em 2016, R$340,907 bilhões em 2017 e R$426,474,50 bilhões em 2018, levando o *"déficit"* nominal até R$1,015.636 trilhões m outubro de 2020.

Imagino a *"felicidade"* dos banqueiros e rentistas. Um ajuste fiscal de R$20,475 bilhões se transformou num impossível ajuste fiscal de mais de R$1 trilhão numa economia com elevada carga tributária. A meu ver alguma coisa estava errada na política de austeridade. A aritmética não fechou. A alegação sofismatica, muito usada pelos economistas de comparar a relação da dívida mobiliária em mãos do mercado com o PIB, extensivamente usada no Governo Lula, que somente não engana o *"mercado"* não adianta mais.

A dívida bruta estourou o teto e os investidores lá fora sabem muito bem o que signfica e não se deixam enganar. Esqueça-se as classificações das empresas de *"rating"*, o que elas fizeram em 2007/8 já mostrou onde *"elas amarram seu jumento"*. A conversa de que o que se deve olhar é a dívida liquida e aquela nas mãos do público e não a dívida bruta é como diz o ditado popular *"conversa para boi dormir"*. *(O Simão teria comentado que podia ser a tchurma do primário mal feito que não sabiam aritmética).*

Vale a pena ver os comentários do Banco Central em final de 2017. *"O endividamento do setor público pode chegar a quase 80% de tudo o que o país produz – Produto Interno Bruto (PIB) em 2018. Projeções divulgadas hoje pelo Banco Central*

*(BC) indicam que a dívida bruta – que inclui o passivo dos governos federal, estaduais e municipais – deve ficar em 78% do PIB, no próximo ano se o Banco Nacional de Desenvolvimento Econômico e Social (BNDES) devolver R$ 130 bilhões ao Tesouro Nacional. Sem essa devolução, que está em negociação, a dívida poderá chegar a 79,8% do PIB. Segundo o chefe adjunto do Departamento de Estatísticas do BC, Renato Baldini, a divulgação das duas projeções foi necessária porque a devolução dos recursos é "uma decisão política", e não há como o Banco Central saber a probabilidade de acontecer".*[59]

Essa perspectiva bem concreta leva a uma situação crítica e se no novo governo insistir na política de ajuste fiscal numa economia com 70 milhões de consumidores inadimplentes sem possibilidade de acesso a crédito, nossas previsões para 2021 vão se confirmar com a DPMFi bruta vai ultrapassar os 115% do PIB.

---

[59] Veja-se Pavini. A - Dívida pública pode chegar a 80% do PIB em 2018, nível "perigoso" para agências de rating, Arena Renda Fixa, 28 de dezembro de 2017, 16:31, webpages.

CONTAS FISCAIS DO TESOURO NACIONAL

| ANO | RESULTADO PRIMÁRIO (1) | RESULTADO NOMINAL (3) = (1) + (2) | JUROS (2) | DPMFi (4) | PIB (5) | (4) / (5) | TAXA MÉDIA DE JUROS |
|---|---|---|---|---|---|---|---|
| | | | EM R$ MILHÕES CORRENTES | | | % | % |
| 1994 | -9.057 | -15.201 | 6.144 | 60.148 | 356.800 | 16,86 | 10,21 |
| 1995 | 17.230 | -13.318 | 30.548 | 85.593 | 720.985 | 11,87 | 35,69 |
| 1996 | 739 | -24.200 | 24.939 | 124.920 | 854.630 | 14,62 | 19,96 |
| 1997 | -2.376 | -21.307 | -40.239 | 290.970 | 952.089 | 30,56 | 13,83 |
| 1998 | 5.042 | -45.100 | -50.142 | 448.529 | 1.002.351 | 44,75 | 11,18 |
| 1999 | 22.672 | -26.336 | -49.008 | 475.772 | 1.087.711 | 43,74 | 10,30 |
| 2000 | 20.431 | -25.016 | -45.447 | 639.827 | 1.199.092 | 53,36 | 7,10 |
| 2001 | 21.980 | -25.273 | -47.253 | 818.475 | 1.315.755 | 62,21 | 5,77 |
| 2002 | 31.919 | -10.029 | -41.948 | 905.921 | 1.488.787 | 60,85 | 4,63 |
| 2003 | 38.744 | -62.153 | -100.896 | 1.008.763 | 1.717.950 | 58,72 | 10,00 |
| 2004 | 52.385 | -27.033 | -79.419 | 1.113.119 | 1.957.751 | 56,86 | 7,13 |
| 2005 | 55.741 | -73.284 | -129.025 | 1.259.325 | 2.170.585 | 58,02 | 10,25 |
| 2006 | 51.352 | -74.475 | -125.827 | 1.387.682 | 2.409.450 | 57,59 | 9,07 |
| 2007 | 59.439 | -59.607 | -119.046 | 1.584.180 | 2.720.263 | 58,24 | 7,51 |
| 2008 | 71.308 | -24.891 | -96.199 | 1.769.454 | 3.109.803 | 56,90 | 5,44 |
| 2009 | 42.443 | -107.363 | -149.806 | 2.036.231 | 3.333.039 | 61,09 | 7,36 |
| 2010 | 78.723 | -45.785 | -124.509 | 2.307.143 | 3.885.847 | 59,37 | 5,40 |
| 2011 | 93.035 | -87.518 | -180.553 | 2.534.898 | 4.376.382 | 57,92 | 7,12 |
| 2012 | 86.086 | -61.182 | -147.268 | 2.823.336 | 4.814.760 | 58,64 | 5,22 |
| 2013 | 75.291 | -110.555 | -185.846 | 2.986.224 | 5.331.619 | 56,01 | 6,22 |
| 2014 | -20.472 | -271.542 | -251.070 | 3.301.051 | 5.778.953 | 57,12 | 7,61 |
| 2015 | -116.656 | -513.896 | -397.240 | 3.936.681 | 5.995.787 | 65,66 | 10,09 |
| 2016 | -159.473 | -477.835 | -318.362 | 4.509.262 | 6.259.228 | 72,04 | 7,06 |
| 2017 | -118.442 | -459.350 | -340.907 | 5.062.043 | 6.559.940 | 77,17 | 6,73 |
| 2018 | -116.167,37 | -426.474,50 | -310.307 | 5.495.707 | 6.889.176 | 79,77 | 5,75 |
| 2019 | -88.898,90 | -399.013,97 | -310.115 | 5.946.852 | 7.256.926 | 81,95 | 5,42 |
| 2020* | -714.488 | -1.015.636 | -301.148 | 6.962.488 | 6.891.176,5 | 101,03 | 2,25 |

FONTE: STN - Secretaria do Tesouro Nacional - * até outubro

O autor ainda ressalta, *"A dívida bruta é um dos principais indicadores internacionais, acompanhados pelas agências de classificação de risco. As notas dadas pelas agências representam uma medida de confiança dos investidores internacionais na economia de determinado país".* E mais adiante *"Nível de 80% dispara alarme de agências, diz BC. Baldini afirmou que as agências de classificação de risco consideram o patamar de dívida bruta em 80% do PIB "referência" para indicar endividamento de países emergentes com crescimento insustentável".*

Mesmo que o governo consiga que a venda de estatais venha a trazer recursos para minorar a expansão da DPMFi, na verdade está apenas postergando uma situação clara de possibilidade de *"default"* na dívida pública, depois de um enorme sacrifício da saúde, educação, segurança pública e meio ambiente, e estagnação da economia, somente com intuito de enganar investidores que claramente não virão investir no País se a economia estiver parada. O que pode acontecer neste caso? É difícil prever, mas algumas possibilidades devem ser consideradas:

☐ a possibilidade de uma venda maciça de títulos por estrangeiros que detém cerca de 9,7% da dívida mobiliária em mão do público que está em R\$4,412 trilhões ou um valor de R\$404,16 bilhões em setembro e R\$429,35 bilhões em outubro, mas era de R\$450 bilhões em dezembro de 2017; como os papeis tem correção monetária e juros em valor real na verdade significa R$ 384,75 bilhões, mostrando que houve uma saída de investidores desde que o Banco Central fez aqueles comentários;

☐ na suposição de que os investidores nacionais estando *"no mesmo barco"* tenderiam a não *"entrar em pânico"*, pois haveria um grave problema fiduciário, o governo ainda conseguiria recomprar os títulos e manter os preços atuais, mas a desconfiança dos investidores nos fundos de investimento que detém 26,9% da dívida mobiliária ou R$1,009.853 trilhões, o problema é mais complicado e o recente episódio de quererem juros mais altos para comprar esses títulos, mostrando a redução dos preços deles é motivo de preocupação;

☐ como os bancos que administram os fundos que têm esses valores em seus depósitos aplicados em títulos federais, isso poderia decretar o famoso risco sistêmico, pois teriam que vender para pagar os quotistas desvalorizando ainda mais esses títulos; uma queda acentuada no valor dos títulos elevaria rapidamente a taxa de juros e somente seria evitada com maciça emissão de moeda e grande impacto inflacionário, para que uma alta desenfreada dos juros não viesse a provocar uma quebradeira generalizada de empresas e bancos.

Essa é a situação decorrente de uma política monetária, que não se sabe bem fundamentada em que teoria, pois o *"papa"* da ortodoxia como Friedman claramente não advogava tal política e sua teoria de juros, tampouco sancionava o que se praticou no Brasil.

Longe de mim anunciar uma visão catastrófica da situação da DPFMi e das contas públicas, mas como o governo atual defende um *"ajuste fiscal"* simplesmente como forma de recuperar o crescimento econômico, acho importante alertar que a economia está numa crise onde a retomada da economia tem apenas dois fatores possíveis para retomar o crescimento do PIB que pode baixar a relação dívida/PIB: consumo interno e exportações que poderiam *"puxar"* um crescimento que recuperaria a arrecadação tributária e reduziria o *"déficit"* da Previdência, possibilitando um aumento dos investimentos públicos.

Não vejo politicamente a possibilidade de obter da sociedade a cobertura desse *"déficit"* através de impostos ou outra forma de retirar dinheiro da sociedade direta ou indiretamente, seja dos ricos, seja da sociedade como um todo.

Com a capacidade ociosa na economia os investimentos privados vão demorar e confiar no aporte de investimentos estrangeiros para essa recuperação, na verdade faz parte dos *"sonhos de uma noite de verão"* do governo. Nunca representarão um montante significativo do total necessário para alavancar o crescimento.

Com 70 milhões de consumidores inadimplentes e o desastre da pandemia empobrecendo mais ainda uma parte da população e a mesma situação na maioria dos países onde a retomada do crescimento é ainda uma incógnita a possibilidade de retomada do consumo será insuficiente, tanto para determinar a taxa de crescimento capaz de produzir um aumento do PIB que reduza a participação da DPFMi a níveis inferiores aos limites críticos, como contar com a atração de investimentos estrangeiros. Achar que é somente uma questão de confiança somente serve para os comentaristas da *"rede"* se refestelarem com a sempre obediente condução da orientação superior.

Os saldos da balança comercial têm ocorrido principalmente devido a uma queda grande das importações e devido à recessão que derruba as importações. A conturbação nos mercados internacionais devido as *"trapalhadas"* do governo americano, e um baixo crescimento da economia no mundo já previsto antes da pandemia, e com a ocorrência desta a situação resultante criando muitas dificuldades, não permite prever a possibilidade dessa alavancar as exportações industriais de molde a uma retomada do emprego de forma vigorosa para absorver 14,2 milhões de desempregados.

Os serviços dependem basicamente de uma recuperação da renda que jamais ocorrerá com ajustes fiscais que retirem mais renda da população seja através de impostos, seja através da redução de benefícios sociais ou reformas na Previdência, aliados aos efeitos da pandemia ainda desconhecidos. Existe uma alta correlação entre arrecadação da Previdência e PIB.

A reforma atual não dá uma dimensão efetiva do déficit na previdência e a obtenção da redução das despesas conforme previsto pelo governo que fundamentou sua aprovação pelo Congresso. O que sabe nos primeiros números é que houve um aumento importante, ao contraria do que alegavam os que fizeram a reforma. Esse déficit é fruto principalmente do *"truque"* do FHC para obter equilíbrio das contas públicas, jogando as obrigações previdenciárias do governo federal para o INSS. Principalmente porque os resultados levarão anos para produzir qualquer redução significativa desse déficit, se isso vier realmente a ocorrer, o que ainda tenho sérias dúvidas.

A participação dos preços administrados no IPCA eleva a taxa de inflação obrigando a política monetária a manter a Selic mais elevada, o que é de fato, *"o cachorro correndo atrás do rabo"*.

Além disso, os preços agrícolas que flutuam por fatores alheios a qualquer política monetária, têm uma participação elevada na composição do IPCA, computados sem qualquer ajuste, criando inflação artificial. O IBGE desde 1998 ajusta sazonalmente os preços dos calçados e vestuário acreditando que está eliminando esses problemas, mas o importante são as variações não sazonais decorrentes de efeitos *(choques)* ligados ao clima ou a outros fatores.

A utilização de modelos estrangeiros de ajuste de sazonalidade, (Canadá, EUA, UE), não é suficiente, pois, não mostra as variações decorrentes de *"choques"* de oferta onde a constância e frequência desses fenômenos é muito maior nos trópicos, além das grandes diferenças de tecnologia, sobretudo na produção de hortifrutigranjeiros em sua maior parte em estufas naqueles países e a maior parte em campo no Brasil. Porém, os EUA utilizam um sistema de médias moveis que reduzem o impacto das variações excessivas nos índices, sem, contudo, eliminá-las.

Por outro lado, esses ajustes não captam a redução das quantidades com a alta dos preços, pois no Critério Laspeyres os pesos são fixos e somente são alterados por pesquisas de orçamentos familiares, antigamente decenais e atualmente quinquenais.

Qual a influência da política monetária sobre a taxa de inflação, quando cerca de 55% dos preços não sofrem influência decisiva da alta dos juros? A obstrução continuou principalmente porque a equipe econômica do Plano Real elevou essas taxas de juros em abril de1995, para proteger a moeda do ataque dos especuladores, praticando uma política monetária com elevação dos compulsórios a níveis acima de 100% que quebrou o sistema e não por qualquer outra razão.

Como desde aquela data a política monetária manteve os juros muito elevados, devido à manutenção de uma taxa de câmbio muito valorizada como parte da política monetária conservadora, eram previsíveis as consequências.

Isso, principalmente através da elevação dos compulsórios sobre depósitos à vista, depósitos à prazo e depósito na poupança, que até hoje estão em 55% e 25%, seja porque os canais de credito obstruídos permitissem parar a transmissão de seus efeitos sobre a inflação, seja porque os preços administrados representassem mais de 25% e dos agropecuários mais 30% do IPCA, seja porque a participação das LFT insensíveis a variação da taxa SELIC na dívida pública fosse 60% na época, a verdade é que tais obstruções segundo eles, estão aí há 25 anos reduzindo as condições de crescimento, apreciando a taxa de câmbio e destruindo a indústria brasileira sem que nada se fizesse para concertar essa situação.

Tanto tempo, será que esses canais estão mesmo obstruídos ou a causa é outra? Já daria tempo para desconfiar, mas parece que o que está obstruído é o *"desconfiometro"* dos economistas e do BC.

Segundo Barboza (2015), *"Erber (2008) coloca a elevada taxa de juros como o resultado de uma influente coalizão de interesses formada em torno da manutenção dos juros em níveis elevados. Esta coalizão seria benéfica tanto para rentistas — que lucram com aplicações financeiras — quanto para o Banco Central do Brasil (BCB), que se beneficia da reputação de ser um banco central conservador."*

Segundo eles, não se encontrou evidências empíricas de que os interesses associados dos rentistas, das instituições financeiras e do próprio Banco Central tenham alguma coisa que ver com essa inércia? Será que os economistas não se deram conta disso, ou não quiseram se dar conta?

Lara Resende (2016) recentemente demonstrou que tem alguma coisa errada! Se ninguém efetivamente chegou a alguma conclusão, porque a tese de Erber não pode ser aceita? Mesmo que não possa ser provada, assim como as outras, somente inferida por evidência lógica? O apoio *enfático e sistemático da elite conservadora, do sistema financeiro, do "mercado"* a essa política durante estes 25 anos de certa forma confirmam essa evidência lógica. Trata-se, portanto de um problema de ordem política e institucional e não propriamente de ordem econômica.

## Como criar inflação com os índices de preços

Há muito tempo no Brasil existe nos órgãos que fazem os índices de preços a preocupação com os problemas das grandes variações nos preços dos produtos agrícolas, principalmente os produtos perecíveis. Como anteriormente as pesquisas de orçamento familiar eram feitas de 10 em 10 anos, ficava evidente que as alterações nos hábitos de consumo da população, sobretudo em face de uma rápida urbanização provocava distorções nesses índices.

As variações estacionais de outros preços de manufaturados como roupas e calçados de verão e inverno puderam ser corrigidas, mas no caso dos preços dos alimentos ainda estão às cegas. Até o ano de 2000 o IBGE aplicava uma média do critério Laspeyres com o critério Paasch, tentado minimizar o que eles chamavam de choques de oferta, sistema que foi abandonado depois do ano de 2000. Outros produtos que, também sofriam eventuais choques de oferta passaram a ser vigiados sem, contudo, sofrerem qualquer correção. O que significa isso?

Os preços agrícolas apresentam características de oferta e demanda diferente dos preços industriais e de serviços. Aliás, todos os preços que apresentam características similares aos produtos agrícolas, ou seja, que não podem ser facilmente diferenciados, podem apresentar situação similar, como nos casos dos assentos dos aviões, ônibus etc. Os preços de alguns produtos alimentares ainda podem se diferenciar, tanto por marca como pela qualidade o que não acontece com os preços agrícolas.

Assim, eles não são perfeitamente iguais como 1 kg de tomate, ou um saco de feijão. Por outro lado, a elasticidades-preço[60] e renda[61] são bem diferentes dos produtos secundário e terciários, ou seja, dos produtos industriais e serviços, sendo as dos preços agrícolas, ou inelásticas (não variam) ou com elasticidade preço e renda muito baixas  menor do que 1 com grande influência nas características dos mercados de cada um.

Os produtos alimentícios têm uma elasticidade-renda e elasticidade-preço inferior a 1 e em geral vão se reduzindo com o aumento da renda. A razão é muito simples, as pessoas comem em média certa quantidade por dia que não aumenta ou diminui com a queda ou aumento dos preços. Ocorre, entretanto nesses casos que pequenas variações na demanda determinam grandes variações nos preços e uma substituição por produtos similares, promovendo elasticidades-preço cruzadas.

Com o aumento da renda vão substituindo produtos mais baratos, por produtos mais caros e mais "*sofisticados*". Seria por

---

[60] Nota: Elasticidade-preço da procura é o quociente da variação do volume e da variação do preço.  Quanto maior a variação do preço com a redução do volume, a elasticidade da procura é menor do que 1.

[61] Nota: Elasticidade-renda da procura é o quociente da variação do volume com a variação da renda. Essa elasticidade é menor que 1 para a quase totalidade dos alimentos e dos produtos agrícolas pelo simples fato de que as pessoas não comem maior volume com o aumento de sua renda. Elas mudam os produtos que comem.

exemplo, cereais e farinhas por verduras e frutas. Essas características de baixa elasticidade-preço fazem com que pequenas variações na oferta ou demanda provoquem grandes variações nos preços.

Vejam o gráfico das curvas de oferta e demanda:

**CURVAS DE OFERTA E DEMANDA DE PRODUTOS AGRICOLAS**

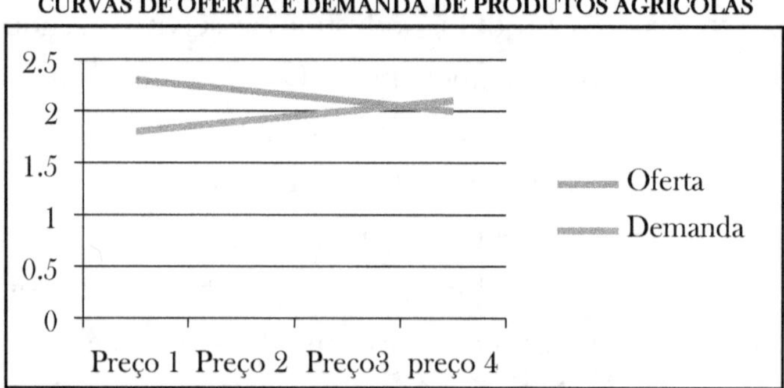


Pode-se constatar que uma redução muito pequena na oferta passa do preço 1 para o preço 2 muito maior, o mesmo ocorrendo com a demanda. Se os índices dos preços dos alimentos e dos produtos agrícolas não corrigirem isso, a influência nas taxas de inflação são muito grandes e dão indicação para as autoridades monetárias elevarem a taxas de juros para reduzir a demanda.

Acontece, por outro lado que a produção agrícola é feita por períodos defasados e nos casos do feijão quando é feito o plantio, eles tampouco controlam a quantidade final colhida, que pode ser muito maior ou muito menor dependendo das condições climáticas. Assim o produtor não domina a quantidade e somente a área plantada.

Os índices de preços agrícolas estão sujeitos a ajustes no mundo ocidental, seja através de médias móveis, ou recursos mais sofisticados como séries harmônicas, visando evitar uma falsa indicação dos índices de preços. Curiosamente no Brasil, depois de 2000 isso foi abandonado como se houvesse um desejo dos governos de publicarem índices de preços aumentados para promover a indicação de taxas de inflação mais altas e quem sabe aumentarem os juros o que parece ter acontecido nestes últimos 25 anos. Coisas do Dr. Silvana?

Como temos estatísticos muito competentes e respeitados em todo mundo a explicação se volta para uma suspeita de articulação política com claros objetivos de manter a política de juros elevados. Outro aspecto que corrobora essa premissa é a utilização dos preços administrados que devem claramente participar de um índice de preços, mas jamais de um índice de inflação, pois esses preços aumentam independente da oferta e procura, mas são indexados e definidos pelos governos. Juros altos ou baixos não alteram sua correção e assim são insensíveis a política monetária. Os estatísticos deveriam ser orientados pelos economista. Ha!

Vamos explicar como são construídos os índices de preços como o IPCA, INPC e outros. O IBGE faz de 5 e 5 anos uma pesquisa de orçamentos familiares. Antigamente era de 10 em 10 anos. São pesquisas muito trabalhosas e levam vários meses em todo o Brasil. Os pesquisadores vão de casa em casa e investigam quanto as famílias compram e gastam com produtos alimentícios, saúde, escolas, livros, transporte, comunicações, energia, enfim todos os gastos de uma família, qual a renda, quanto poupam etc. Às vezes chegam a pesar os alimentos e coletam os preços pagos.

Por exemplo, verificam que cada família consome em média 100 gramas de chuchu por dia e que pagaram R$0,50 por kg, gastaram então R$0,05 com chuchu. Depois tiram a média por faixa de renda, localização, cidade, município, Estado e Região, tamanho das famílias, profissão etc. Usei chuchu porque um Ministro da Fazenda no Brasil culpou o chuchu como responsável pela inflação do mês!!!

O índice é calculado pelo Critério Laspeyres onde os pesos são fixos e medem a variação dos preços. Primeiro somam as quantidades de (chuchu) cada produto e multiplicam pelos preços que coletaram e somam todos esses valores e acham a percentagem de cada um no total de cada categoria de produtos.

Depois ao longo dos anos pesquisam novamente todo mês os novos preços do chuchu, tomate, cebola etc. e multiplicam pelo peso percentual de cada produto na classe de cada categoria. Até aí tudo bem, mas acontece que o chuchu na safra custa R$0,20/kg e na entressafra R$8,00/kg. O tomate varia de R$1,00 até R$13,00 /kg.

Como uma grande quantidade de preços de produtos agrícolas varia com a safra, inverno ou verão e muitos outros fatores como choques de oferta por problemas climáticos, esses aumentos de preço não são inflação porque essas altas são insensíveis ao aumento da taxa de juros, que pode pelo contrário reduzir a oferta pela falta de crédito para sua produção.

Mas os índices não sabem disso e se medem o chuchu a R$8,00 reais ele vai impactar um aumento nos preços em 1600% e mesmo que tenha uma pequena participação vai somar com outros onde tenha ocorrido o mesmo fato e gerar uma inflação que não houve. Primeiro porque a dona de casa não vai comprar esse chuchu, vai substitui-lo por outro produto que não tenha subido, ou vai comprar uma quantidade muito menor se a alta for generalizado devido a uma seca.

Mas como a quantidade do índice é fixa vai haver um aumento falso do índice que não ocorreu. Essa situação não é muito fácil de ser corrigida, mas no mundo todo usa-se diversos artifícios estatísticos para evitar esse impacto negativo no índice de preços. Aqui no Brasil até 2000 o IBGE usava uma mistura do Critério Laspeyres com o Critério Paasche, que usa preços fixos e quantidades variáveis, No EUA e EU usam médias geométricas dos preços. Já se usou cestas de produtos conforme a época de safra como sugeria o IIE – Instituto Interamericano de Estatística da OEA.

Fechar os olhos para esses fatos e não criar um índice de inflação expurgado dos preços administrados e com os preços agrícolas sujeitos a um esquema de médias móveis é pura e simplesmente fabricar inflação. Mesmo que os modelitos econométricos que orientam o COPOM levem isso em consideração, o que não tenho como afirmar, os preços dos contratos indexados pelo IPCA ou INPC, ou os títulos públicos indexados por esses índices estão se beneficiando indevidamente de um falso indicador.

Por outro lado, quando estão indexando tarifas públicas estão lesando a população. Muitos economistas reclamam da economia indexada e na verdade têm razão com esses índices como são calculados. Outro aspecto relevante é a mudança nos preços relativos. Com a evolução da economia os preços industriais tendem a sofrer uma redução importante em relação aos preços médios da economia, os preços agrícolas, também, e em menor proporção e os preços dos serviços tendem a em aumentar, isto devido as diferenças de produtividade em cada setor.

Isso tem um impacto nos índices de preços que precisa ser considerado, através do cálculo dos preços médios e das variações nos preços relativos. Nem toda mudança nos preços é inflação assim como aumentos nos custos, como Friedman dizia, somente se encontrarem excesso de meios de pagamento cujas causas são outras.

Qualquer medida de combate à inflação pressupõe não eliminar esses índices, mas criar um índice próprio para inflação que nós daríamos o nome de INI - Índice Nacional de Inflação.

219

## Causas e fundamentos das Crises Internacionais

As crises fiduciárias que caracterizam o que se chama nesses mercados de volatilidade, nada mais significam do que uma oferta continuada de fundos originários de um processo exponencial de acumulação de capital devido ao rápido aumento do progresso tecnológico e as dificuldades de encontrar aplicação na formação de capital fixo, multiplicado por 25 vezes pelo sistema bancário internacional.

Esse sistema fora do controle dos bancos centrais ultrapassa largamente os Acordos de Basiléia do *BIS – Bank of International Settlements* que estipula em 12 vezes a alavancagem máxima dos bancos comerciais (*8% de patrimônio líquido mínimo para total dos empréstimos*) o que lhes permite oferecer taxas de juros de custo muito inferior.

O notável processo de inovação que cria novos produtos financeiros, as vezes não consegue acompanhar a velocidade de crescimento desses fundos produzindo essas crises de volatilidade, além do fato de que a oferta abundante acaba por determinar aplicações com riscos cada vez maiores, abalando suas raízes fiduciárias.

A redução notável dos custos das transações comerciais e financeiras através da Internet é tão recente que não foi ainda totalmente percebida e avaliada, mas seus efeitos sobre a indústria e o comércio significam ganhos assombrosos de produtividade do trabalho e, também nos serviços, situação inimaginável há alguns anos. Como é sumamente importante no setor de serviços, antes avesso à inovação tecnológica e aumentos de produtividade, mas que representam atualmente a maior parte do **PIB**, podem enganar facilmente a elaboração das contas nacionais.

A microinformática e a rede mundial vieram disseminar e popularizar essa tecnologia a custos extremamente baixos, acessível inclusive ao pequeno negócio e ao profissional liberal, alterando totalmente a teoria das economias de escala, o que terá papel de suma importância no futuro dos macro-empreendimentos em muitos setores de atividade, como já se verifica com as montadoras de automóveis.

Com o explosivo crescimento do mercado de eurodólar e depois dos mercados de capitais integrados e dos mercados futuros (*derivativos*), a grande variedade de produtos financeiros com taxas de risco, maturação e rentabilidade as mais diversas, absorveu integralmente a função de reserva de valor das moedas-papel. Isso foi possível pela criação da moeda eletrônica através da teleinformática de custo muitíssimo inferior ao da moeda escritural bancária. Daí o surgimento das moedas eletrônicas alternativas com possibilidade de terem reserva de valor e função de troca.

O dólar e as outras moedas-papel passaram a exercer apenas a função de unidade de conta e os ativos financeiros absorveram integralmente e com grandes vantagens as funções de reserva de valor, mesmo em nível internacional. Hoje é inadmissível um país reter reservas em moeda-papel e suas reservas nominadas em dólares estão aplicadas ou no **BIS** ou em consórcios financeiros considerados seguros, sobretudo em títulos soberanos. Isso somente foi possível pelo caráter de velocidade das transações financeiras e de baixo custo propiciadas pela teleinformática e pela Internet e intranets.

Em 1935, Allan B. Fisher propunha a divisão da atividade econômica em setores que apresentavam atividades com características similares e Colin Clark [62] definia e delimitava com clareza os setores, primário, secundário e terciário, mostrando que havia uma tendência - com o desenvolvimento econômico - da população ativa se reduzir no setor primário, aumentar no setor secundário e no setor terciário mais rapidamente.

Nas economias pós-industriais a população, também se reduz no setor secundário e continua crescendo no setor terciário que acumula a maior parte da população. Mas como esse setor teve um aumento muito grande na produtividade do trabalho, anteriormente inexistente a população ficou sem ter para onde ir trabalhar. A tendencia ao chamado desemprego tecnológico deve se acentuar muito nos próximos anos. Solução? Ninguém tem!

O setor primário acomodava a agricultura, a pecuária, a extrativa vegetal e a pesca, e o secundário a extrativa mineral, a indústria de transformação e a construção civil. O setor terciário aparecia como setor residual, abraçando o comércio, os

---

[62] Veja-se Clark, Colin em "The Conditions of Economic Progress", Macmillan & Co. Ltd., 1957.

transportes, as comunicações, energia elétrica, os intermediários financeiros, as administrações públicas e os serviços em geral.

Apesar de reconhecido e adotado pela profissão, o modelo de setores de atividade somente veio a servir para a compreensão dos mecanismos básicos do processo de desenvolvimento de uma nação, e permitir a inferência de um comportamento secular e tendências estruturais, a partir dos estudos de Jean Fourastié[63] com base nos conceitos de Karl Marx [64]sobre a produtividade do trabalho.

A influência do progresso técnico sobre essa produtividade, também explicitados por Schumpeter em sua análise da evolução histórica do desenvolvimento econômico. Fourastié apesar de apresentá-la como uma teoria geral da evolução econômica contemporânea, num contexto da economia positiva e não normativa, sua teoria foi considerada apenas uma hipótese estatística num artigo do *The Economist* em 9 de agosto de 1947, *"A Statistician's Hyposthesis"*.

Ainda que utilizando o conceito de produtividade do trabalho como medida efetiva da produtividade, Fourastié de

---

[63] Veja-se Jean Fourastié em suas obras "Machinisme et Bien-Être" Ed. de Minuit, 1947, "Le Grande Espoir du XXe Siècle", Editions Gallimard, 1963, "As 40.000 horas (Um perfil do Futuro), Cia Editora Forense, 1967, "A Produtividade", Difusão Europeia do Livro, 1965.

[64] Nota do Autor: Fourastié escreve a respeito *"L' accroissement du rendement du travail a brisé le cadre rigide où se mouvait l´humanité; les fluctuations de la production et de la consommation ne sont plus axées sur une horizontale mais sur une courbe ascendante: il y a progrés économique. ... tel est le principe que Karl Marx a aperçu le premier et dont il a bien marqué l' importance.*

forma alguma fundamentou seus estudos para um modelo histórico de desenvolvimento econômico na teoria do valor-trabalho de Marx.

Essa distinção é essencial para compreender-se com clareza o valor empírico de sua teoria. Se Fourastié viu com clareza o processo de desenvolvimento das nações até a maturidade terciária, ***não se apercebeu dos problemas internacionais resultantes de uma aceleração do processo de acumulação de capital como fruto mesmo do progresso técnico.***

Sua previsão de redução das horas trabalhadas no livro *"As 40.000 horas – para onde caminha o trabalho humano"* se volta essencialmente para seus estudos prospectivos sobre a condição e gênero de vida do homem no futuro, com alguma preocupação com o problema do desemprego gerado por uma saturação relativa dos mercados de bens primários e secundários, na qual ele não acredita que ocorrerá devido à uma participação cada vez maior do consumo coletivo no consumo total e uma carência permanente de bens e serviços terciários.[65]

---

[65] Nota do Autor: Fourastié escreve no livro "Le Grande espoir du XXe siécle *Le capitalisme se trouvera entièrement détruit par le progrès technique ; les terres cultivables auront perdu presque toute leur valeur et l' équipement industrile ne sera plus l´objet des luttes sociales ; les investissements primaires et secondaires ne donneront plus en effets de rentes appréciables, et leur valeur, exprimée en salaires, sera beaucoup plus faibles qu´ aujourd´ hui. Par contre, les biens tertiares (ouvres d´art , collections) , ou genérateur de services tertiares (sites touristiques, et commerciaux, terres agréable pour l' habitation) conserveront leur prix.*

A utilização dos conceitos de produtividade do trabalho que fundamentaram as teorias de Marx, sobretudo a do valor-trabalho, desclassificava a teoria de Fourastié para os economistas ocidentais, pois a Guerra Fria já estava em andamento.

Nos Estados Unidos no início dos anos 50, o senador McCarthy com sua comissão de investigação de atividades antiamericanas ameaçava os *"scholars"* nas universidades e qualquer estudo sobre as teorias de Marx poderia significar ou o estigma de comunista ou até mesmo a prisão por atividades antiamericanas.

O advento dos computadores iria fechar o ciclo, transformando um extraordinário instrumento de pesquisa econômica, como a estatística-matemática já amplamente utilizada até pelos clássicos, numa pretensa ciência, a Econometria, como forma evidente de fugir dos estudos de filosofia que obrigariam necessariamente a abordagem de Marx e Engels, incompatível com o clima político vigorante nos Estados Unidos no após-guerra.

Nesse contexto, com os riscos e deficiências de toda generalização, pode-se dizer que a academia americana adotando a Econometria como o principal instrumento da pesquisa empírica, se voltou essencialmente para a economia normativa e não para a economia positiva (Dopfer,1976), como deveria ter ocorrido.

Apesar da ambiguidade da distinção, esta permite colocar os mandamentos do Consenso de Washington claramente nos quadros teóricos de uma economia normativa com as claras e evidentes consequências desastrosas decorrentes de sua aplicação na América Latina. [66] Economia normativa internacional? Megalomania em alto grau.

Os estudos de Fourastié medindo o progresso técnico através da produtividade do fator trabalho permitiram explicar por que a população ativa passava do setor primário para o secundário e terciário com a evolução do progresso técnico, com os aumentos progressivos na produção.

Demonstrou claramente que os aumentos da produtividade do trabalho se combinavam com os conceitos marshallianos da teoria marginalista de elasticidade-renda e determinavam em consequência as alterações históricas nos preços relativos dos produtos primários, secundários e dos bens e serviços terciários.

O aumento menos rápido da produtividade do trabalho na agricultura, combinado com baixas elasticidades-renda de seus produtos, provocavam uma rápida redução da população ativa, enquanto no setor secundário, produtos de elevada elasticidade-renda combinados com crescimento mais rápido da

---

[66] Nota do Autor: Kurt Dopfer "Em busca de um novo paradigma", em A Economia do Futuro, Zahar Ed., 1979, p. 23, explica a distinção entre economia positiva e normativa "As proposições positivas explicam os "fatos como eles são", podendo-se, assim, testar a adequação de uma teoria apelando-se para os fatos. Já a economia normativa explica o que "deve ser" com uma escala que inclui julgamentos de valor além dos fatos. Admite-se que esta teoria não possa ter fundamentos empíricos e que a validade das proposições teóricas não possa ser testada por um mero apelo aos fatos.

produtividade faziam a população ativa do setor secundário crescer lentamente, e no setor terciário as elevadas elasticidades-renda dos bens terciários e serviços, combinados com um crescimento extremamente lento da produtividade do trabalho aumentava rapidamente a população ativa.

Em função dos custos do fator trabalho, os preços crescentes com a renda da população, se reduziam lentamente no setor primário em relação aos preços médios da economia, se reduziam muito rapidamente no setor secundário e cresciam no setor terciário em relação aos preços médios da economia como um todo, como consequência da taxa de evolução da produtividade marginal do trabalho em cada um desses setores.

Enquanto isso os economistas ligados à universidade americana se debatiam com os conceitos de produtividade conjunta dos fatores de produção, da produtividade do capital, da terra e do trabalho e com os sérios problemas de repartição decorrentes - dentro da *"condição ótima de Pareto"*, e no contexto da teoria do equilíbrio geral - com mensurações empíricas que apresentavam menor importância para a compreensão do processo de desenvolvimento econômico na fase industrial, pois estavam desligadas da necessidade da procura de novos pressupostos e novas teorias que reformulassem esse paradigma.

Entretanto isso Fourastié em 1950 não poderia perceber as possibilidades criadas pela informática e sua disseminação no incremento da produtividade do trabalho no setor terciário. No setor comercial de distribuição, mostramos (Silva, 1971) [67] que a produtividade média do trabalho - que já é muito elevada - cresce rapidamente com a informática e é por isso um elemento menos importante na determinação dos resultados no comércio de varejo.

Vale a pena contar um episódio ocorrido no início dos anos 70, quando ainda incipiente no Brasil o comercio de varejo por supermercados e autosserviços, certamente em razão da abundância de mão de obra barata sendo os supermercados uma inovação poupadora de mão de obra que se disseminava nos EUA e nos países europeus de mais alto nível de renda.

Interessado nos estudos sobre a comercialização de produtos agrícolas e alimentos em visita a Suécia para observar o Mercado Terminal de Atacado de Örsta tive ocasião de visitar uma cooperativa de consumo onde o sistema de caixas já era feito com uma caixa registradora onde tinha um cassete de fita perfurada registrando a saída dos produtos já codificados e os produtos não codificados, como os produtos naturais já vinham pesados, precificados e recebiam um código.

Investigando a novidade, pois tinha percebido a razão do sistema que era controle dos estoques, descobri o fabricante dessas caixas registradoras para o qual tive oportunidade de fazer estudos sobre o assunto no Brasil. Numa loja de varejo tipo supermercado onde as margens de lucratividade são muito

---

[67] Veja-se Silva, Reynaldo D.M. e em "A Agricultura e a Aceleração do Progresso Econômico", Edição Limitada, 1971, 234 pp.

reduzidas, pois os lucros da empresa decorrem do giro rápido das mercadorias e não de margens brutas elevadas, estas agem como fator de atração e ganho cada vez de maior de parcela do mercado pela atração dos consumidores que exercem os preços mais baixos do que em lojas comuns.

Assim, a produtividade do trabalho dos servidores tem uma pequena importância na determinação do lucro final das empresas. Maior ou menor produtividade do trabalho dos funcionários não altera fundamentalmente seus resultados que são determinados pelo giro das mercadorias.

Controlar os estoques para colocar nas prateleiras os produtos que são mais procurados em maior quantidade do que os que são menos procurados era a chave de incremento dos lucros do negócio. Isso é um problema de informação que a era da informática veio tratar com relativa facilidade.

Quando voltamos ao Brasil tivemos ocasião de comentar com o dono da primeira cadeia de supermercados no Rio de Janeiro, que respondeu: mas nos EUA eles não usam isso e como você sabe são eles que comandam as inovações nesta área.

Somente 7 anos depois nos encontrando e ele comentou, você tinha razão, pois este ano no Congresso de supermercados em Houston foi lançada essa ideia como a maior inovação. Até agora eles estavam apostando no sistema de automação através escaninhos que se abria automaticamente onde eram colocados os produtos visando economizar trabalho como na indústria. A informação era a chave da redução dos custos e não a produtividade do trabalho, que era um resultado indireto.

Da mesma forma - e como certamente será no setor de informática, sem nenhuma significação na época - onde a tecnologia de informação é o fator principal dos ganhos de produtividade que determinam reduções significativas nos custos de distribuição.

Essas tecnologias mostrarão no futuro que a participação da tecnologia de informação na determinação da produtividade será tal, que a ideia de repartição da produtividade marginal no uso dos fatores de produção terá que ser abandonada. Este fato, no entanto, somente reafirma a teoria de Fourastié, cuja observação 68 anos depois permite confirmá-la integralmente como um instrumento extremamente útil de compreensão da evolução econômica do mundo no século XX e XXI, e suas implicações para a compreensão do chamado processo de globalização financeira.

Os Estados Unidos aparentemente completaram seu estágio de maturação econômica no início da década de 60 quando a população ativa no setor industrial reduziu sua participação na população ativa total e o setor primário teve sua população ativa reduzida para até 2% do total, depois de um notável crescimento da produtividade do trabalho nos dois setores no após-guerra.

O Japão com suas características próprias de um setor agrícola pequeno e demanda primária dependente de importações, somente apresentaria tais indicações em fins da década de 70 e muitos dos países europeus como a Alemanha, apenas na década de 80 em face da importância de seu setor industrial de bens de capital voltado para exportação.

A Inglaterra em face de suas relações comerciais especiais com o antigo império, e a França e Itália com a formação do Mercado Comum retardariam algum tempo a caracterização de sua fase terciária, apesar da fase de maturação da Inglaterra ser anterior à dos Estados Unidos.

O que resultou desse processo de desenvolvimento? O setor terciário com seus subsetores nada homogêneos apresenta uma característica que nos países de economia madura é essencial para compreensão do fenômeno de formação do excedente na acumulação de capital.

A infraestrutura de transporte e de comunicações, setores com alta relação capital-produto, já atende a totalidade da população que cresce muito lentamente como nos Estados Unidos ou mesmo decresce como em muitos países europeus no Japão, utilizando assim pouco capital para sua atualização tecnológica ou sua modernização e eventual ampliação, considerando-se ainda a integral ocupação de seus territórios[68] por essa infraestrutura.

---

[68] Nota do Autor: O gasto com infraestrutura de transporte é relativamente muito pequeno nos países do primeiro mundo se comparados com países como o Brasil.

No setor secundário a construção civil, também de elevada relação capital-produto apresenta uma demanda muito menor - baixa utilidade marginal - do que nas fases iniciais ou mesmo intermediárias de crescimento exigindo em consequência pouco capital.

No entanto, a elevada produtividade do setor industrial e o próprio excedente de capital levam a uma aceleração da intensidade de uso do capital e à automação - em face dos elevados custos do fator trabalho - como decorrência dos altos níveis de renda média atingida e consequentemente dos salários, porém sem incremento significativo na produção - em razão de uma saturação relativa no mercado de bens de consumo durável e não durável - resultando em elevada acumulação de capital.

A substituição de uma unidade de trabalho de custo elevado por duas ou mais unidades de capital relativamente barato e abundante, resulta numa função de produção onde a taxa marginal de acumulação de capital é muito elevada e crescente na forma de uma função exponencial.

Esse excedente é difícil de ser detectado, pois a tendência de queda da taxa de juros que resultaria do mesmo - por uma oferta de capital maior que a procura - sofre interferência direta das políticas monetárias dos bancos centrais dos países europeus e do FED, nas quais a elevação das taxas de juros de curto prazo sempre foi um dos principais instrumentos [69]para controle da

---

[69] Nota do Autor: WACHTEL escreve: A instabilidade cambial é uma das principais causas da alta das taxas de juros. Taxas de juros elevadas são a única

inflação. Porém, em anos recentes o extraordinário aumento da quantidade de capital acabou por deixar a taxa de juros muito baixa ou até mesmo negativa nos países pós-industriais.

Os fatos mostram um grande crescimento do valor das ações nas bolsas americanas e nos mercados de capitais em geral. Segundo o BIS o valor de mercado de todas as ações era de US$4,7 trilhões em 1986 e atinge US$15,2 trilhões em 1996 (Pacheco, 1997, p. 44), ou seja, um crescimento de 232% em 10 anos, enquanto a economia real crescia 42% e o comércio 65%.

De 1996 até 2000 esse valor cresceu 353,9% nos 60 maiores bolsas de capital no mundo chegando a US$60 trilhões. Daquela data até 2017 o BIS tem registros que mostram um valor, entre depósitos, ativos e derivativos, de US$575 trilhões sendo os derivativos principalmente em contratos de juros.

Esse fato comprova a minha tese de uma elevada acumulação de capital, principalmente no setor industrial, e sua não distribuição na forma de dividendos em razão das diferenças de tributação entre dividendos e ganhos de capital, o que explicaria parcialmente a formação do excedente de capital e a necessidade de sua aplicação nos países do terceiro mundo, justificando assim a mística da globalização.

---

arma eficaz contra flutuações cambiais em curto prazo, e qualquer país recorre ao trunfo da taxa de juros sempre que sua moeda sofre algum ataque. O resultado é uma corrida mundial para elevar as taxas de juros, corrida esta que reduz o crescimento econômico, torna o pagamento da dívida inacessível a muitos países devedores e causa disfunções gerais em quase todo mundo. p. 195.

Caso houvesse uma distribuição dos lucros na forma de dividendos que aumentaria a renda e poderia provocar inflação pode-se afirmar *"ceteris paribus"* que haveria um aumento da porcentagem da participação do consumo na renda e eventualmente inflação.

Na forma de ganhos de capital, o valor tende a ser considerado pelos detentores do portfólio como poupança, pois os cupons dessas ações teriam que ser vendidos na bolsa para gerar o mesmo valor equivalente aos dividendos não distribuídos. Como isso ocorre de forma limitada, pois depende de incorporação do capital esse saldo vai para aplicação de caixa em ativos financeiros.

A experiência no mercado de capitais mostra que com as cotações subindo, até um determinado ponto o mercado perde liquidez, pois ninguém quer vender, fator que tende a reforçar o processo de acumulação financeira, num processo de alta persistente e continuada como a que se verificou em Wall Street de 1980 até 1987 e principalmente durante o governo Clinton desde 1991 até a crise de 2008, quando até o Presidente do FED, Alan Greenspan reclamou de um crescimento *"exuberante"* das cotações.

Os dramáticos resultados da crise dos títulos *"sub-prime"* baseados em hipotecas de segundo ou terceiro grau para os outros países do mundo, principalmente na Europa e no próprio EUA que até 2011 resultou em enorme recessão, tendem claramente a se repetir.

Apesar das amplas discussões teóricas e filosóficas a respeito do fim do capitalismo pela redução da taxa de lucro, a redução da eficácia marginal do capital é um fato extemporâneo e a tendência a oligopolização e dominação de mercado pelas grandes empresas por necessidades de planejamento em longo prazo (Galbraith, 1976) devem impedir o fenômeno globalmente.

O Diretor Executivo do FMI num discurso em 1984 teria advertido para uma queda na taxa de retorno dos investimentos na manufatura nos seis países mais industrializados de 1980 a 1983. Esse fato pode ter sido o motivo da procura de países em desenvolvimento para aumento de seus investimentos.

A manutenção de taxas de retorno do capital mais elevadas como decorrência do aumento da produtividade e eficiência devido à concentração do capital e o maior poder de mercado tendem a acelerar as crises devidas a esse processo de acumulação. O rápido processo de incorporação de tecnologia digital na indústria 4.0 contribui, também para acelerar esse processo. Vale ressaltar que a indústria 4.0 deve reduzir a quantidade de mão de obra e torná-la cada vez mais qualificada, produzindo assim, um aumento muito grande nos ganhos de capital.

O aumento dos custos do trabalho com o aumento da renda nos EUA levou a migração de um grande número de manufaturas nos EUA para o México e Ásia, principalmente Taiwan, Hong Kong, depois China Continental, Filipinas, Índia,

Paquistão e outras nações asiáticas, principalmente aquelas onde a incorporação de tecnologia digital era mais difícil.

Essa situação chamada de *"offshoring"* foi um fator que fundamentou a plataforma eleitoral de Donald Trump que se elegeu graças a promessas de recuperar a indústria manufatureira em regiões muito deprimidas devido a essa migração.

Vale ressaltar a clara impropriedade de tal promessa feita pela administração americana e uma tendência a redução do prazo entre uma crise e outra, também em razão da redução dos impostos para os elevados níveis de renda que são os maiores detentores desses ativos financeiros.

A excessiva valorização do dólar durante o governo Reagan deve ter provocado um acirramento da competição através de substancial aumento das importações, tanto nos Estados Unidos como em alguns países da Europa, cujas moedas acompanharam o dólar no período, pois o mesmo não ocorreu com o Japão e com outros países, como a Itália, que se beneficiaram largamente do episódio com aumento de suas exportações para o EUA e para a Europa.

A situação parece, no entanto, ser episódica e eventualmente setorial, e não há indicações empíricas da ocorrência generalizada desse fenômeno, pois a fase de migração *(offshoring)* já ocorreu e tende a se reduzir com a desvalorização relativa do dólar em relação ao Yuan, dólar de Taiwan e de Hong-Kong anteriormente muito mais favorável ao *"offshoring"* apesar dessa situação já ter se realizado principalmente para os produtos eletrônicos.

Marx em sua teoria da taxa declinante de lucro, aparentemente não considerou a hipótese de o progresso técnico economizar capital e como sua teoria é em valor, desconsidera os efeitos de redução dos preços relativos decorrentes desse mesmo progresso técnico.

Outro aspecto que tende a mostrar um excedente de acumulação financeira do capital é certa pressão sobre os preços dos bens de capital, com as taxas da relação declinante capital-produto e o índice de preços dos bens de capital nos EUA. Essa queda nessa relação certamente ocorreu em face de uma importante redução nos investimentos em infraestrutura e construção civil, que apresentam uma relação capital/produto mais alta que os outros setores. A relação sofre uma inversão de tendência na década de 70, provavelmente devido à crise do petróleo e uma mudança nos preços relativos da energia que alteraram a estrutura dos investimentos e reduziram estes em relação ao PIB.

A evolução do processo de desenvolvimento capitalista está levando o mundo para uma encruzilhada, de onde grandes convulsões sociais e econômicas podem ser esperadas. A previsão dos especialistas em tecnologia da informação para um mundo digitalizado com robôs para todas as tarefas e IA – Inteligência Artificial, total integração mundial das informações, não conseguem se aperceber dos fatos econômicos que decorrerão dessa extraordinária evolução científica.

Até meados dos anos 80 aproximadamente, o processo de desenvolvimento capitalista garantia certa distribuição do crescimento da renda nos principais países industrializados, através do mecanismo de pressões dos trabalhadores para aumento de salários, que através de greves ou outras formas de reivindicações obtinha uma razoável distribuição dessa renda e um crescimento dos mercados que alimentavam os investimentos e o crescimento econômico.

A constatação de que a renda da classe média não cresceu nos EUA desde a década de 80, parece indicar essa modificação na evolução do processo de desenvolvimento naquele país.

O setor terciário que absorvia relativamente pouco capital e evoluía recebendo o excedente de trabalho para produzir serviços relativamente infensos ao aumento da produtividade do trabalho em geral, sem sofrer os mesmos efeitos da evolução científica que aumentava rapidamente a produtividade do trabalho na agricultura e no setor industrial, cresceu cada vez mais em população ativa até o advento da rede mundial a Internet.

O setor terciário, representado pelo comércio, intermediários financeiros, transportes e comunicações, pelos serviços e pela administração pública como era pouco suscetível a grandes ganhos de produtividade no trabalho, tinha condições de receber cada vez mais a população ativa que se transferiu dos outros setores, não sem grandes traumas sociais.

A quantidade dessa população que tinha cada vez menos oportunidade de trabalho no setor agrícola e no setor industrial passou por uma revolução parecida, ainda que heterogênea em seus subsetores.

A tendência à baixa dos juros até níveis inferiores a inflação devido ao aumento da quantidade de capital foi provavelmente o fator que levou a especulação com derivativos, mas os depósitos financeiros e o aumento dos títulos financeiros acabaram por produzir uma queda na taxa de juros das aplicações.

Os resultados apareceram na forma de um endividamento tal que a dívida total do mundo atualmente atingiu a espantosa cifra de US$274 trilhões. Considerando o PIB de US$97,598 trilhões calculado pelo FMI para 186 países em 2018, essa dívida corresponde a 2,807 vezes esse PIB mundial. Essa situação mostra o grau de descontrole provocado por juros negativos que incentivam claramente ao endividamento e a necessidade de aplicações pelos intermediários financeiros a qualquer custo.

O Banco Mundial recentemente alertou que o aumento do endividamento já muito alto, com o advento da pandemia que exigiu dos governos enormes dispêndios irá provocar séria crise financeira.

Na União Europeia a ânsia desesperada do sistema financeiro de aplicar seus depósitos e passivos acabou por financiar países que não teriam a menor condição de pagar como a Grécia e Chipre e outros que claramente teriam dificuldades de atender os serviços da dívida caso surgisse alguma crise que reduzisse sua arrecadação, como Irlanda, Portugal, Espanha e em menor grau a Itália. A crise de 2008 detonou a situação necessária para a inadimplência e a obrigação dos governos de arcar com recursos muito elevados para evitar uma crise sistêmica que inviabilizasse o sistema financeiro por sua característica fiduciária.

Era evidente que, como essas aplicações financeiras que deviam remunerar tais capitais não eram reprodutivas, ou seja, não conseguiam se transformar em capital real como os investimentos na produção de bens e serviços, somente conseguiam remunerar tais aplicações desde que entrassem novos capitais.

Os mercados financeiros mundiais se tornaram o que se conhece como "*Esquema Ponzi*" ou "*Pirâmide*". O capital real é o único que gera mais capital e remunera o capital.

Com a Internet o setor de serviço passou a ter um aumento de produtividade do trabalho tal que, além de ter agravado o chamado desemprego tecnológico passou a permitir as previsões dos especialistas em TI de substituição do trabalho humano de forma generalizada e robotização indiscriminada, principalmente nos países ricos.

É evidente que com a descoberta da nanotecnologia criando a era do carbono, na substituição não somente do silício na informática, mas, também um grande número de materiais através dos nanotubos de carbono, do grafeno e das fibras de carbono, a revolução científica vai abalar completamente as bases do sistema econômico existente em todo mundo.

O processo paulatino de desenvolvimento econômico anterior que garantia um certo equilíbrio entre renda, emprego e produtividade foi totalmente rompido. Os países atrasados que receberam os capitais dos países industriais, criaram um enorme *"gap"* (distância) entre produtividade do trabalho e emprego, gerando um processo em que a necessidade de absorção de novas capacitações para o trabalho não encontrava tempo para generalização entre a população, criando nesses países classes de educados com alta renda e despreparados na pobreza.

A financeirização do capital atingiu esses países de forma a destruir sua indústria nascente em razão da necessidade de propiciar a atração de capitais excedente para cobrir os enormes desequilíbrios no balanço de pagamentos provocados pela *"globalização"*, com uma elevação desmesurada da taxa de juros e valorização da taxa cambial.

Além do Brasil, Rússia, Turquia, África do Sul e vários países da América Latina os países da União Europeia como Espanha, Portugal, Grécia, e outros continuam sofrendo os efeitos dessa evolução. Os remédios aplicados, austeridade e recessão nem de longe alteraram a situação.

Amanhã teremos junto com um notável agravamento do excedente de capital financeiro, sérios problemas de desemprego já muito grave na UE – União Europeia, e com tendências a se tornar estrutural nos países atrasados, numa revolução tecnológica que nem de longe podemos avaliar as consequências.

O carbono vai tornar os sistemas digitais muito baratos de modo a poderem ser utilizados em qualquer coisa que a imaginação humana possa criar. Materiais feitos de carbono pela nanotecnologia, muito mais leves e mais resistente do que todos os conhecidos atualmente vão tornar a mineração do silício uma atividade do passado. O advento dos computadores quânticos é um fantasma que vai assombrar as populações a procura de emprego.

A miniaturização nanométrica dos sistemas digitais propiciada por uma queda radical nos custos vai disseminar esses processos por toda economia e vai dar um impulso muito grande à inteligência artificial. Os sistemas econômicos e sociais existentes nos EUA, Europa e Japão não conseguirão sobreviver ao desemprego e a quebra generalizada das grandes fortunas. Isso certamente não acontecerá sem reações desordenadas e guerras.

Simultaneamente, os problemas climáticos e o aquecimento global comprometerão as necessidades de capital coletivo para fazer frente às destruições e catástrofes. Amanhã conheceremos se o mundo atual conseguirá fazer frente a esses desafios ou perecerá no caos. O sistema capitalista como conhecemos hoje não sobreviverá a essa extraordinária evolução se não se adaptar a tais perspectivas.

# CAPÍTULO V
## A economia brasileira comandada pela ortodoxia econômica

A política monetária com utilização de juros muito elevados para o controle da inflação colocou os juros para crédito às empresas e pessoas físicas em valores tão altos que produziram os mais altos níveis de inadimplência e insolvência de empresas. Isso se deu através da elevação da taxa básica Selic, que para ser sustentada obrigou o Banco Central a intervir no mercado secundário *"enxugando"* qualquer liquidez no interbancário, com operações compromissadas, na colocação de títulos do Tesouro.

Junto com redução do crédito através de depósitos compulsórios sobre depósitos a vista, superiores a 50% e sobre depósitos a prazo e sobre a poupança da ordem de 25%, além de manter a taxa de juros de aplicação pelos bancos em níveis 5 a 6 vezes a Selic determinou a absorção de grande parte dos recursos do Tesouro para pagamento dos juros reduzindo as possibilidades de crescimento do País.

A política monetária com as metas de inflação e com a taxa de câmbio valorizada, através de constantes operações de *"swaps"* de contratos de venda de câmbio extremamente oneroso para o Tesouro, e outras práticas de política monetária pouco convencionais, somente no mercado secundário levaram o passivo do Banco Central a mais de R$1,8 trilhões vencendo em curtíssimo prazo.

A avaliação dos resultados dessa política ao longo de 25 anos leva a conclusões pouco elogiosas a seus operadores e defensores. Os 25 anos de ortodoxia econômica e monetária provocaram um atraso muito expressivo no desenvolvimento do Brasil e mostra a necessidade de se repensar toda essa política prevalecente no País desde muito tempo.

Com a predominância de governos eleitos como membros das classes mais abastadas, inclusive a classe média apesar de sua renda ainda muito inferior à da renda das elites, ligadas ou aos governos ou as classes empresariais ou governos populistas, a aprovação unanime da maioria dos economistas para essa política, foi esta implementada sem discussão. Há uma correlação direta em nível de renda e posição política conservadora não significando isso que não haja exceções por vezes expressivas.

Por outro lado, a profissão de economista ficou profundamente marcada pela predominância das expressões da academia americana no cenário internacional, como a espetacularização do Prêmio Nobel como definição apriorística do que é certo e do que está errado na ciência econômica.

A predominância da enorme economia dos EUA no mundo, tanto através de seu inegável poderio econômico, assim como militar, passou a reger muitas das manifestações dos economistas acadêmicos americanos na área da ciência econômica como doutrinas a serem seguidas pelos países *"periféricos"* (no dizer do sociólogo FHC).

No Brasil, somente economistas que fizessem seu MS e PhD *(Master of Science e Philosophy Doctor)* em universidades americanas eram categorizados para altos cargos na direção da economia brasileira e na maioria das economias na América Latina. Doutores formados na *Sorbonne* ou em *Oxford, Cambridge* ou no *London School of Economics* eram ignorados. Esse fato, e muitas outras manifestações populares levaram o teatrólogo, filósofo e jornalista Nelson Rodrigues em uma de suas *"tiradas amargas"* dizer que – o brasileiro tem complexo de vira-lata - o que acabou se tornando um mote para nacionalistas.

A esse respeito um conceituado economista, Paulo Nogueira Batista Jr., em um de seus artigos comentou com rara felicidade, *"Como dizia Nelson Rodrigues, brasileiro não pode viajar. O estudo no exterior produz uma verdadeira desnacionalização mental – os alunos absorvem não só conceitos e teorias, mas também valores. Saem daqui provincianos, suburbanos, e voltam orgulhosos "cidadãos do mundo", aparentemente sofisticados, na verdade espiritualmente castrados. A fragilidade psicológica do brasileiro chega a ser comovente. Há casos particularmente medonhos. São aqueles que estudam nos EUA e depois fazem carreira em organismos internacionais, como o Fundo Monetário Internacional e o Banco Mundial. Esses aí costumam se destacar pelo* **vira-latismo.** *De novo, há exceções (e eu espero ser uma delas), mas o padrão geral é bisonho".* [70]

---

[70] Veja-se Batista Jr., Paulo Nogueira, Regime Colonial do Espirito, publicado

Entretanto, um dos mais respeitados economistas brasileiros como um dos responsáveis pelo Plano Real, André Lara Resende, que na época apoiou essa política monetária ortodoxa, publicou recentemente um livro[71] onde, numa notável reconversão teórica resgata a essência dos problemas gerados pela política monetária ortodoxa no Brasil.

O lançamento de seu livro nesse momento no Brasil é de grande importância política, principalmente por sua influência no meio acadêmico onde predominam as teses da ortodoxia clássica. Pena que tenha vindo tão tarde, quando o País enfrenta uma tendência de crescimento exponencial da dívida pública ameaçando uma crise sem precedentes devido aos elevados juros praticados pela política monetária do Banco Central durante 25 anos.

Na tabela pode-se ver os cenários possíveis para o próximo ano de 2021 que mostra claramente que a tendência da economia brasileira com a política monetária ortodoxa é de uma crise de consequências difíceis de imaginar.

---

22/03/2018 00h10, última modificação 21/03/2018 15h29 em Carta Capital, Webpages.

[71] Veja-se, Resende, André Lara, Juros, Moeda e Ortodoxia, Editora Portfolio Penguin, 188 p., 2017, São Paulo.

CONTAS FISCAIS DO TESOURO NACIONAL

| ANO | RESULTADO PRIMÁRIO (1) | RESULTADO NOMINAL (3) = (1) + (2) | JUROS (2) | DPMFi (4) | PIB (5) | (4) / (5) | TAXA MÉDIA DE JUROS |
|---|---|---|---|---|---|---|---|
| EM R$ MILHÕES CORRENTES | | | | | | % | % |
| 1994 | -9.057 | -15.201 | 6.144 | 60.148 | 356.800 | 16,86 | 10,21 |
| 1995 | 17.230 | -13.318 | 30.548 | 85.593 | 720.985 | 11,87 | 35,69 |
| 1996 | 739 | -24.200 | 24.939 | 124.920 | 854.630 | 14,62 | 19,96 |
| 1997 | -2.376 | -21.307 | -40.239 | 290.970 | 952.089 | 30,56 | 13,83 |
| 1998 | 5.042 | -45.100 | -50.142 | 448.529 | 1.002.351 | 44,75 | 11,18 |
| 1999 | 22.672 | -26.336 | -49.008 | 475.772 | 1.087.711 | 43,74 | 10,30 |
| 2000 | 20.431 | -25.016 | -45.447 | 639.827 | 1.199.092 | 53,36 | 7,10 |
| 2001 | 21.980 | -25.273 | -47.253 | 818.475 | 1.315.755 | 62,21 | 5,77 |
| 2002 | 31.919 | -10.029 | -41.948 | 905.921 | 1.488.787 | 60,85 | 4,63 |
| 2003 | 38.744 | -62.153 | -100.896 | 1.008.763 | 1.717.950 | 58,72 | 10,00 |
| 2004 | 52.385 | -27.033 | -79.419 | 1.113.119 | 1.957.751 | 56,86 | 7,13 |
| 2005 | 55.741 | -73.284 | -129.025 | 1.259.325 | 2.170.585 | 58,02 | 10,25 |
| 2006 | 51.352 | -74.475 | -125.827 | 1.387.682 | 2.409.450 | 57,59 | 9,07 |
| 2007 | 59.439 | -59.607 | -119.046 | 1.584.180 | 2.720.263 | 58,24 | 7,51 |
| 2008 | 71.308 | -24.891 | -96.199 | 1.769.454 | 3.109.803 | 56,90 | 5,44 |
| 2009 | 42.443 | -107.363 | -149.806 | 2.036.231 | 3.333.039 | 61,09 | 7,36 |
| 2010 | 78.723 | -45.785 | -124.509 | 2.307.143 | 3.885.847 | 59,37 | 5,40 |
| 2011 | 93.035 | -87.518 | -180.553 | 2.534.898 | 4.376.382 | 57,92 | 7,12 |
| 2012 | 86.086 | -61.182 | -147.268 | 2.823.336 | 4.814.760 | 58,64 | 5,22 |
| 2013 | 75.291 | -110.555 | -185.846 | 2.986.224 | 5.331.619 | 56,01 | 6,22 |
| 2014 | -20.472 | -271.542 | -251.070 | 3.301.051 | 5.778.953 | 57,12 | 7,61 |
| 2015 | -116.656 | -513.896 | -397.240 | 3.936.681 | 5.995.787 | 65,66 | 10,09 |
| 2016 | -159.473 | -477.835 | -318.362 | 4.509.262 | 6.259.228 | 72,04 | 7,06 |
| 2017 | -118.442 | -459.350 | -340.907 | 5.062.043 | 6.559.940 | 77,17 | 6,73 |
| 2018 | -116.167,37 | -426.474,50 | -310.307 | 5.495.707 | 6.889.176 | 79,77 | 5,75 |
| 2019 | -88.898,90 | -399.013,97 | -310.115 | 5.946.852 | 7.256.926 | 81,95 | 5,42 |
| 2020* | -714.488 | -1.015.636 | -301.148 | 6.962.488 | 6.891.176,5 | 101,03 | 2,25 |

FONTE: STN - Secretaria do Tesouro Nacional - * até outubro

O que se pode constatar é que de 1995 até 2020 pagou-se R$3,886 trilhões de juros, através de aumento da dívida pública mobiliária federal interna e retirou-se do Orçamento Geral da União R$824,560 bilhões para pagamento de juros fazendo-se o resultado primário, que somados resultam em R$4,153.734 trilhões somente para o pagamento de juros da DPMFi.

A dívida externa liquida de apenas (-) US$83,423 bilhões, é pouco perto de um serviço da dívida de US$102,801 bilhões. O problema se agrava com a entrada muito elevada de capital estrangeiro exigindo um serviço da dívida cada vez maior. Com o câmbio muito valorizado esse problema tende a se tornar motivo de desconfiança dos investidores e possibilidade de redução desse capital com grave crise do Balanço de Pagamentos.

Na desvalorização recente do Real muito acentuada o estímulo a entrada de capitais se perde em razão dos efeitos da pandemia e a incerteza do que deverá ocorrer na recuperação e a situação política e fiscal muito frágil. Um aumento do valor do dólar pode mudar rapidamente o cenário.

A evidência que tem alguma coisa errada é muito grande e bancar a avestruz e enfiar a cabeça do buraco para não ver, ou enganar a população, compromete todos os organismos da mídia, as instituições da república e os economistas brasileiros que ficaram pesquisando o porquê dos juros altos, através de modelitos econométricos e nada encontraram.

Um crescimento dos IPO em todo o mundo de 87% este ano, mostrando o grande excedente de capital confirma de certo modo a tendência à uma crise sistêmica pela aplicação crescente em derivativos ou de grande risco, devido aos juros muito baixos ou negativos.

Se considerarmos a relação capital/produto média do País vigente de 1996 a 2002 que foi de 5,61, com uma participação da FBCF - Formação Bruta de Capital Fixo de 17,86% no PIB e adotarmos uma participação de 20%, usual no Brasil quando não há restrições ao crescimento devido aos juros altos, o PIB cresceria 12,18% mais.

A enorme entrada de capital estrangeiro para investimento fixo como defendida por eles para complementar a poupança interna nada adiantou, comprovando as teorias dos neoclássicos de que a taxa de juros acima da "*taxa natural*" reduz os investimentos. Como a poupança é igual aos investimentos se não tivesse havido a entrada de US$ 355.254,60 bilhões de investimento fixo estrangeiro que representou apenas 27,8% da poupança total do País de US$1,279.346 trilhão no total de 2015 a 2019 pouca diferença teria feito, pois a taxa de crescimento no período foi negativa de – 3,1%. O País de vive de promessas há muito tempo.

A relação capital / produto cresceu muito nesse período passando de 3,5/1 nos tempos de alto crescimento para 5,6/1 no governo FHC, 5,5/1 no governo Lula, 4,9/1 no governo Dilma, 6,32/1 no governo Temer e 7,24/1 no governo Bolsonaro até outubro de 2020. É uma demonstração muito clara do estrangulamento do crescimento por juros muito altos, onde os investimentos perderam muita produtividade e foram dirigidos para setores de crescimento a longo prazo.

Como o PIB real cresceu apenas 13,7% no período de 1995 até 1919, podemos aquilatar quanto de crescimento do País foi perdido devido a ortodoxia monetarista. Vale ressaltar que se o Plano Real teve alguma coisa que ver com isso foi devido a ancora cambial que obrigou a elevação da taxa de juros para conter o ataque à moeda por causa do câmbio sobre valorizada e os elevados *"déficits"* das transações correntes que deixavam o País muito vulnerável às crises internacionais, o que obrigou a elevação da taxa de juros básica que chegou a mais de 40%.

Mas a implementação da política monetária ortodoxa com juros muito elevados teve sua confirmação com a assunção de Armínio Fraga na Presidência do Banco Central e com o regime de metas de inflação em 1999. A média da taxa Selic foi de 16,73% de dezembro de 1997 a julho de 2017 e a média de juros da DPMFi foi de 9,22%, dividindo-se o total de juros pagos pela dívida.

Entretanto, a STN – Secretaria do Tesouro Nacional informa um custo médio de 12 meses em maio de 2018 de 9,62%. Os títulos prefixados, LTN e LFT vencem juros iguais a Selic e os títulos pós fixados vencem juros de 6% afora os indexadores e uma parte a taxas flutuantes. Os títulos prefixados representam quase 50% das operações compromissadas do Banco Central no mercado secundário e aproximadamente 35% na DPMFi em mãos do público.

Com o valor de R$ 4,153,734 trilhões reduzido para uma taxa média de juros de 3,0 %, num cálculo de juros 67,5%

menores ter-se-ia uma diferença com valor de R$ 2,803.770 trilhões, que admitindo-se a taxa média de poupança de 20%, possibilitaria gastos na saúde, educação e segurança pública de R$ 2,243.016 trilhões e R$ 560,754 bilhões em investimentos em infraestrutura que na relação capital/produto de 5,12 deveriam produzir um aumento de R$ 2,871.061 trilhões no produto no período de 1994 a 2017, ou seja, 23 anos.

Como utilizamos valores correntes podemos somar ao PIB de 2018 e verificar qual seria o aumento. O PIB de 2018 seria de R$ 6,889.176 trilhões, portanto o novo valor seria de R$ 9, 760.237 trilhões, 41,7% maior.

Esta simulação muito simplificada desconsidera a interação do aumento da renda da população, o efeito multiplicador do investimento admitido por Keynes que levaria a um aumento muito maior da renda.

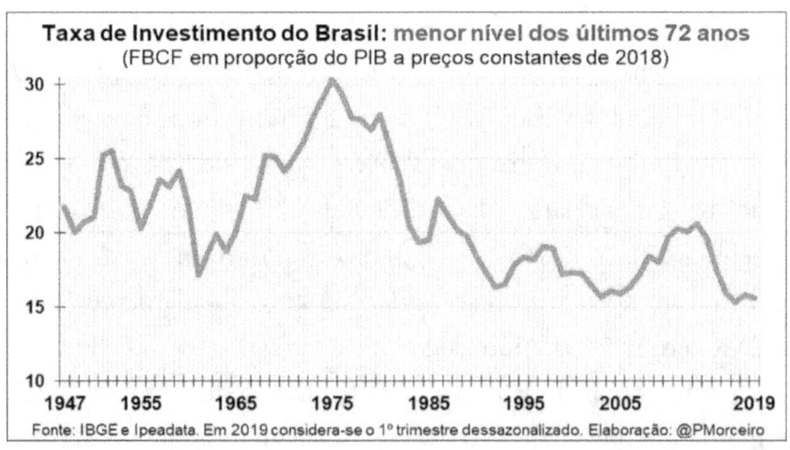

Os dados de 2018 e 2019 mostram que opções de política monetária baseadas em duvidosas teorias econômicas muito antigas e somente aplicadas em países de moeda conversível, foram aplicadas com resultados desastrosos durante 25 anos no Brasil, provocando a grave situação que o País se encontra em 2020. Os ortodoxos podem sempre argumentar: e o combate à inflação?

Demonstramos no capítulo das teorias da inflação a enorme controvérsia existente entre as teorias sobre inflação e como combatê-la. Por que aceitar uma teoria determinada e não outra? Desde que eles não se entendem, estudamos as falhas das teorias existentes e identificamos nos conceitos clássicos de neutralidade da moeda e na teoria de Alfred Marshall da velocidade-renda da moeda e sua constância, e nas teorias sobre os juros, a essência dos problemas que levaram as teorias subsequentes dos neoclássicos, que fundamentam as práticas de políticas monetárias atuais, a não compreenderem a natureza da inflação e por isso a incapacidade de lidarem com a inflação sem destruírem a capacidade de produção do País, provocarem elevado desemprego e levarem tanto tempo para obter resultados. Ou na verdade, compreenderam muito bem, mas não no interesse do povo e sim seus próprios ou de seus apoiadores!

Essas queixas sempre estiveram no núcleo das teorias heterodoxas que procuravam alternativas as estas graves sequelas, porém com aceitação dos conceitos marshallianos. Vale ressaltar ainda que vários autores que procuraram entender a predominância de uma política específica sobre as outras, principalmente por seu caráter conservador de privilegiar soluções que interessam principalmente aos grandes capitais financeiros, chegaram à conclusão que se trata de um processo de captura do Estado por esses interesses.

Por outro lado, um contraponto nada desprezível aparece quando utilizam uma alegação de que a inflação prejudica principalmente as classes mais pobres e os assalariados como alavanca para a aplicação dessas políticas. Os heterodoxos sensibilizados por esse aspecto acabam por conviver com a necessidade de reduzir a inflação a qualquer custo, como vimos de 2003 a 2014 e acabam por ficarem *"Entre a cruz e a caldeirinha"* como diz o povo em sua sabedoria milenar e ficam sem ação objetiva, optando por uma arenga política que não sensibiliza ninguém, mas cumprem os trágicos desígnios do financismo como ocorreu!

Segundo Marcos Ianoni [72] nas conclusões de seu trabalho de pesquisa sobre essa tese diz o seguinte *"O trabalho apresentou*

---

[72] Veja-se Ianoni, Marcos, Interesses financeiros e captura do Estado no Brasil, Revista de Economia Política, vol. 37, nº 2 (147), pp. 324-342, abril-junho/2017, "Para Bresser-Pereira (doravante B-P) o estado brasileiro, em especial o BCB, está capturado por uma coalizão política que se beneficia, por um lado, de um dos mais altos juros reais do mundo e, por outro, de um câmbio sobrevalorizado. Compõem esta coalizão política os rentistas, o setor financeiro, o grande capital investido nos serviços públicos - todos interessados nos juros altos, que indexam parte relevante da dívida pública mobiliária interna, e nos preços monopolistas das empresas multinacionais, beneficiadas pelo câmbio baixo".

*dados e evidências empíricas que revelam uma aproximação, de natureza relevante para a economia política e a ciência política, do BCB e do TN em relação aos poderosos grupos de interesse financeiro nacionais e internacionais, inclusive através da mediação do FMI. detectou-se a participação da comunidade financeira internacional e nacional na criação, nas atividades, em parte do patrocínio das necessidades operativas e em avaliações institucionais das agências de RI (Relação com Investidores) do BCB e da STN".*

Já Fábio Erber (2008a; 2008c) *"contribui para o aprofundamento dessa tese, sugerindo que a excessiva rigidez monetária somente pode ser explicada pela ótica da economia política. As altas taxas de juros não configuram um problema de natureza exclusivamente macroeconômica. Trata-se do resultado de uma influente coalizão de interesses formada em torno da manutenção dos juros em níveis elevados. [...]".*

Segundo Ricardo De Menezes Barboza,[73] *"Erber (2008) coloca a elevada taxa de juros como o resultado de uma influente coalizão de interesses formada em torno da manutenção dos juros em níveis elevados. Esta coalizão seria benéfica tanto para rentistas – que lucram com aplicações financeiras – quanto para o Banco Central do Brasil (BCB), que se beneficia da reputação de ser um banco central conservador. **Entretanto, não há***

---

[73] Barboza, Ricardo De Menezes, Taxa de juros e mecanismos de transmissão da política monetária no Brasil, Revista de Economia Política, vol. 35, nº 1 (138), pp 133-155, janeiro-março/2015.

*qualquer evidência de que as taxas de juros no Brasil tenham sido exageradas, pelo menos desde a introdução do Regime de metas de Inflação".* Ha!!!?

Existem cerca de 60 trabalhos sobre os problemas dos canais de transmissão da política monetária, a maioria com modelos econométricos e a totalidade das conclusões não se apresentam conclusivas com uma grande variedade de sugestões, algumas bem risíveis.

Mas, uma delas seria a prática de juros mais baixos pelo BNDES como a responsável principal, o que levou a aprovação de uma lei pelo Congresso obrigando o BNDES a praticar uma política de juros de acordo com o decidido pelo COPOM – Comitê de Política Monetária, confirmando as teses de captura do Estado, no caso por um Congresso amplamente conservador, que tem claramente defendido os interesses das grandes corporações financeiras que há muito reclamavam da concorrência do BNDES.

CONTAS FISCAIS DO TESOURO NACIONAL

| ANO | RESULTADO PRIMÁRIO (1) | RESULTADO NOMINAL (3) = (1) + (2) | JUROS (2) | DPMFi (4) | PIB (5) | (4) / (5) | TAXA MÉDIA DE JUROS |
|---|---|---|---|---|---|---|---|
| | | EM R$ MILHÕES CORRENTES | | | | % | % |
| 1994 | -9.057 | -15.201 | 6.144 | 60.148 | 356.800 | 16,86 | 10,21 |
| 1995 | 17.230 | -13.318 | 30.548 | 85.593 | 720.985 | 11,87 | 35,69 |
| 1996 | 739 | -24.200 | 24.939 | 124.920 | 854.630 | 14,62 | 19,96 |
| 1997 | -2.376 | -21.307 | -40.239 | 290.970 | 952.089 | 30,56 | 13,83 |
| 1998 | 5.042 | -45.100 | -50.142 | 448.529 | 1.002.351 | 44,75 | 11,18 |
| 1999 | 22.672 | -26.336 | -49.008 | 475.772 | 1.087.711 | 43,74 | 10,30 |
| 2000 | 20.431 | -25.016 | -45.447 | 639.827 | 1.199.092 | 53,36 | 7,10 |
| 2001 | 21.980 | -25.273 | -47.253 | 818.475 | 1.315.755 | 62,21 | 5,77 |
| 2002 | 31.919 | -10.029 | -41.948 | 905.921 | 1.488.787 | 60,85 | 4,63 |
| 2003 | 38.744 | -62.153 | -100.896 | 1.008.763 | 1.717.950 | 58,72 | 10,00 |
| 2004 | 52.385 | -27.033 | -79.419 | 1.113.119 | 1.957.751 | 56,86 | 7,13 |
| 2005 | 55.741 | -73.284 | -129.025 | 1.259.325 | 2.170.585 | 58,02 | 10,25 |
| 2006 | 51.352 | -74.475 | -125.827 | 1.387.682 | 2.409.450 | 57,59 | 9,07 |
| 2007 | 59.439 | -59.607 | -119.046 | 1.584.180 | 2.720.263 | 58,24 | 7,51 |
| 2008 | 71.308 | -24.891 | -96.199 | 1.769.454 | 3.109.803 | 56,90 | 5,44 |
| 2009 | 42.443 | -107.363 | -149.806 | 2.036.231 | 3.333.039 | 61,09 | 7,36 |
| 2010 | 78.723 | -45.785 | -124.509 | 2.307.143 | 3.885.847 | 59,37 | 5,40 |
| 2011 | 93.035 | -87.518 | -180.553 | 2.534.898 | 4.376.382 | 57,92 | 7,12 |
| 2012 | 86.086 | -61.182 | -147.268 | 2.823.336 | 4.814.760 | 58,64 | 5,22 |
| 2013 | 75.291 | -110.555 | -185.846 | 2.986.224 | 5.331.619 | 56,01 | 6,22 |
| 2014 | -20.472 | -271.542 | -251.070 | 3.301.051 | 5.778.953 | 57,12 | 7,61 |
| 2015 | -116.656 | -513.896 | -397.240 | 3.936.681 | 5.995.787 | 65,66 | 10,09 |
| 2016 | -159.473 | -477.835 | -318.362 | 4.509.262 | 6.259.228 | 72,04 | 7,06 |
| 2017 | -118.442 | -459.350 | -340.907 | 5.062.043 | 6.559.940 | 77,17 | 6,73 |
| 2018 | -116.167,37 | -426.474,50 | -310.307 | 5.495.707 | 6.889.176 | 79,77 | 5,75 |
| 2019 | -88.898,90 | -399.013,97 | -310.115 | 5.946.852 | 7.256.926 | 81,95 | 5,42 |
| 2020* | -714.488 | -1.015.636 | -301.148 | 6.962.488 | 6.891.176,5 | 101,03 | 2,25 |

FONTE: STN - Secretaria do Tesouro Nacional - * até outubro

Na tabela acima vale a pena verificar que valores bastante acurados, com base em informações feitas pelo Ministério da Fazenda do atual governo, a DPMFi total, somando a dívida mobiliária em mãos do público e a dívida mobiliária na carteira do Banco Central, que está aplicada em operações compromissadas de curtíssimo prazo, diga-se de passagem - conceito negado pelas autoridades monetárias – atingiria 115% do PIB em 2021.

Vale ressaltar que se a dívida mobiliária que está nas mãos do público está nas mãos dos intermediários financeiros que, se consideramos que administram os fundos de investimentos, fundos de previdência privada e estão intimamente ligados a maior parte das seguradoras, juntos representam 78,2% do total dos títulos federais nas mãos do público. A composição média da DPMFi nas mãos do público dada pela STN é:

| ITEM | COMPOSIÇÃO DA DPMFi SEGUNDO DETENTORES - maio 2018 | |
|---|---|---|
| 1 | Instituições Financeiras | 22,4 |
| 2 | Fundos de investimento | 26,9 |
| 3 | Previdência Privada | 25,0 |
| 4 | Seguradoras | 3,9 |
| 5 | Não Residentes | 12,0 |
| 6 | Governo | 4,3 |
| 7 | Outros | 5,6 |

Fonte: STN – Secretaria do Tesouro Nacional

| ITEM | COMPOSIÇÃO DA DPMFi SEGUNDO INDEXADOR - maio 2018 | |
|:---:|---|:---:|
| 1 | Ttítulos prefixados | 34,7 |
| 2 | Índices de preços | 29,3 |
| 3 | Câmbio | 4,0 |
| 4 | Taxas flutuantes | 32,0 |

Fonte: STN – Secretaria do Tesouro Nacional

| ITEM | COMPOSIÇÃO DA DPMFi SEGUNDO PRAZO  - maio 2018 | |
|:---:|---|:---:|
| 1 | Até 12 meses | 20,3 |
| 2 | De 1 a 2 anos | 12,1 |
| 3 | De 2 a 3 anios | 18,7 |
| 4 | De 3 a 4 anos | 13,3 |
| 5 | De 4 a 5 anos | 14,5 |
| 6 | Acima de 5 anos | 21,1 |

Fonte: STN – Secretaria do Tesouro Nacional

| ITEM | COMPOSIÇÃO DA DPMFi SEGUNDO DETENTORES  - novembro 2019 | |
|:---:|---|:---:|
| 1 | Instituições Financeiras | 23,7 |
| 2 | Fundos de investimento | 26,5 |
| 3 | Previdência Privada | 25,4 |
| 4 | Seguradoras | 3,9 |
| 5 | Não Residentes | 11,1 |
| 6 | Governo | 3,8 |
| 7 | Outros | 5,6 |

Fonte: STN – Secretaria do Tesouro Nacional

A necessidade de amortização anual é de 17,4% significando R\$1,211.473 trilhões aproximadamente o que está previsto para 2021, que está tirando o sono do Ministro da Fazenda. A mídia publicou recentemente que seria R\$1,31 trilhões.

Se tomarmos como exemplo as operações compromissadas do Banco Central no mercado secundário no mês de março de 2018, no total de 257 operações, apenas 9 de compra de títulos e as restantes de venda de títulos, totalizaram R$ 3.999,165 trilhões com um saldo de R$ 1.092,6 trilhões, onde R$ 3.125,067 trilhões foram operações de 1 dia com taxas em torno da taxa Selic, R$ 24.280 bilhões em operações de 62/3 dias, R$ 824.389 bilhões em operações de 38 dias e R$ 25.430 bilhões em operações de 127 dias.

O volume de operações de venda de títulos com prazo de 1 dia que deixaram um saldo de R$ 1,092,6 trilhões é motivo de grande preocupação, pois significa uma intervenção diária nesse mercado extremamente vultosa como uma de R$ 824.389 bilhões. As operações de 1 dias são feitas sobretudo com títulos prefixados LTN com taxa da ordem de 6,5%, ou seja, a taxa Selic. Dos títulos em carteira não aplicados em operações compromissadas em fim de março de 2018, 5,05% eram em LTN, 33,43% em NTN-B, 65,1% em NTN-F e 0,02% em NTN-P. Em outubro de 2020 as LFT eram 34,39% e as LTN eram 19,64%, as duas prefixadas de curto prazo mostrando a desconfiança dos investidores.

## Avaliação de alternativas à ortodoxia monetarista

A história é rica de lições do passado que perduram até hoje. As ideias de Sócrates, Platão, Arquimedes, Pitágoras e outros filósofos gregos estão vivas e utilizadas ainda hoje. Não quero me referir a religiões que cultuam Cristo, Maomé, Buda, e outros que viveram há milênios. Existem descobertas da medicina chinesa usadas há 2000 anos atrás sendo utilizadas hoje em dia cada vez mais. Assim vou recordar Jean Bodin (1568), John Paul Locke (1692), David Hume (1752), Richard Cantillon (1755) que intuíram a velocidade de circulação da moeda em sua forma mais simples.

Numa época em que a moeda bancária era praticamente inexistente era fácil perceber-se que uma moeda de prata de valor 100, comprava um bem e o vendedor usava essa mesma moeda para comprar outro bem ou pagar um serviço, cujo executor usaria a mesma moeda para comprar um alimento para sua família e assim por diante.

Em quanto tempo essa mesma moeda passaria de mão em mão? Um dia, dois? Eles perceberam que a mesma moeda tinha comprado não bens ou serviços no valor de 100, mas sim no valor de 400. Então se medissem apenas a quantidade de moedas de prata de 100 disponíveis na cidade não teriam em verdade uma noção de quantos bens ou serviços poderiam ser comprados. Isso daria uma ideia falsa da quantidade de bens, mas se conseguissem acompanhar o andamento da moeda poderiam ver quantas vezes essa moeda passaria de mão em mãos até voltar para o primeiro possuidor. Teriam então uma ideia de quanto uma mesma moeda poderiam comprar de bens e serviços e daí intuíram que existia um multiplicador monetário que chamaram velocidade de circulação da moeda. A ideia de velocidade inclui a medida de tempo, enquanto a ideia de multiplicador ignora o tempo.

Esse fato foi que permitiu conceber a ideia de que uma mesma moeda pode comprar muito mais do que seu valor e se mudasse de mão mais depressa poderia acabar podendo comprar muito mais do que os bens e serviços existentes e faria com que os vendedores sentindo que tinham mais compradores do que os bens que estava disposto a vender poderia fazer uma espécie de leilão. Quem dá mais leva!

Os compradores percebendo que se não pagassem mais ficariam sem aquele bem aceitavam a elevação dos preços que estavam dispostos a pagar pelo bem. Se o bem era de extrema necessidade como um alimento para a família estava disposto a pagar sempre cada vez mais, enquanto se não fosse um bem muito importante, poderiam desistir logo.

Era a noção de elasticidade-preço da demanda. Eram noções de fácil percepção para eles que na verdade eram filósofos, pois inexistiam economistas na época. Entretanto, a mensuração do número de vezes que a moeda mudava de mão era uma pesquisa impossível na prática, ficando assim, tanto a noção da velocidade de circulação da moeda como da dificuldade de sua mensuração, como uma alternativa na prática impossível. Esse fato é que levaria ao abandono dessa noção por uma outra concepção que fosse mais fácil de medir, a velocidade-renda da moeda.

Essa pequena história, contém na verdade o mais importante desvio teórico da ciência econômica, na medida em que fundamentou todo pensamento econômico posterior e as desgraças sociais e econômicas que pavimentaram a vida econômica dos países de economias capitalistas de mercado na sua luta contra a inflação.

A controvérsia que resultou dura até hoje e é a essência destes meus escritos no intuito de voltar a resgatar as ideias simplórias desses filósofos do passado. A questão não é colocada corretamente, tanto por Lara Resende como pela maioria absoluta dos economistas que só viam na quantidade de moeda o equívoco da teoria quantitativa da moeda. Na verdade, é exatamente aí que está o fulcro da questão.

Quando olhamos apenas a quantidade de moeda é evidente que não existe uma proporcionalidade entre o aumento da quantidade de moeda e o aumento dos preços no processo inflacionário, mas se adicionamos a velocidade de circulação aparece a explicação com elevado nível de correlação. Mas, para eles essa velocidade é a velocidade-renda que não serve para nada e o conceito de neutralidade aparece com clareza.

Todos negaram a TQM porque o fato que não existia proporcionalidade entre a quantidade de moeda e o índice de crescimento dos preços e viam que o índice de inflação crescia muito mais do que a quantidade de moeda, mostrando definitivamente a falsidade teórica da proposição. Mas, na verdade nada mais do que uma questão capciosa.

Mas, as políticas monetárias ortodoxas reduzem drasticamente a quantidade de moeda, achando que ela é a razão da inflação. Mas, como se a inflação não é devida ao aumento da quantidade de moeda, pois ela cresce muito menos dos que os preços. Esse paradoxo criou a procura de razões outras acabando com a TQM. Achamos que é alguma coisa como *"No creo en brujas, pero que las hay, las hay"*.

Lara Resende [74]fez observações que comprovam integralmente nossa tese, *"A experiência revolucionária dos bancos centrais do mundo desenvolvido, desde a grande crise financeira de 2008, não deixa mais dúvida: todos os modelos macroeconômicos que adotam alguma versão da Teoria Quantitativa da Moeda (TQM) estão equivocados e devem ser definitivamente aposentados. Os bancos centrais aumentaram a oferta de moeda numa escala nunca vista. **O FED, por exemplo, aumentou as reservas bancárias de US\$ 50 bilhões para US\$ 3 trilhões, ou seja, multiplicou a base monetária por 60, num período inferior a dez anos. A inflação não explodiu, ao contrário, continuou excepcionalmente baixa.** O mesmo aconteceu no Japão, na Inglaterra e nas economias da zona do*

---

[74] Veja-se Lara Resende – Juros e Conservadorismo Intelectual, Jornal Valor Econômico,13/01/2017.

*euro. Diante do aumento, verdadeiramente extraordinário, da oferta de moeda, a inflação manteve-se excepcionalmente baixa e ainda menos volátil do que no passado".*

Isso mostra claramente a validade de nossa tese, onde um aumento da base monetária aumenta as reservas bancárias e os depósitos a vista que são o divisor da equação de trocas que define a velocidade de circulação da moeda que cai muito, e impede que o aumento da disponibilidade de meios de pagamento em mãos do público aumente a demanda agregada resultando na alta de preços.

As relações não são exatamente proporcionais e por isso pode haver aumento nos preços, porém, muito inferiores aos aumentos da base monetária, tanto porque há variações na alavancagem da moeda escritural, como na transferência das reservas bancárias para os depósitos à vista. Mas a explicação da tese é irretorquível.

Allan Meltzer[75], um dos mais influentes neokeynesianos da Universidade de Chicago, fez um comentário em 2009 sobre o aumento indiscriminado das reservas bancárias feito pela FED

---

[75] Veja-se Meltzer, Allan – *"In May 2009, Meltzer warned that the enormous increase in bank reserves—caused by the Fed's purchases of bonds and mortgages—will surely bring on severe inflation if allowed to remain. Four years after Meltzer's comment, with the Fed's quantitative easing program still continuing, US inflation as measured by the consumer price index (CPI-U) was running at a year-on-year rate of 1.4%, while expected inflation over a 10-year period, as estimated by the Cleveland Federal Reserve, was running at around 1.55%. Meltzer's argument that nobody had expected the lack of inflation has been challenged by Paul Krugman.*

para salvar instituições financeiras da crise quando deixou falir o Lehman & Brothers, advertindo que iria provocar uma grande inflação, mas 4 anos depois a taxa de inflação era de 1,49%, e sua alegação de que ninguém esperava uma falta de inflação foi desafiada por Paul Krugman conhecido professor que ganhou o prêmio Nobel.

Na lógica da teoria de inflação vigente é impossível compreender esse fenômeno, mas se olharmos para nossos gráficos sobre a velocidade de circulação da moeda veremos que um aumento grande da base monetária que aumenta as reservas bancárias provoca uma queda da velocidade de circulação da moeda, que compensa a maior quantidade de moeda não aumentando os meios de pagamento em mãos do público, se considerada a fórmula de Fisher.

Sei que estamos *"cutucando a onça com vara curta"*, mas já no livro "Inflação – O Mal do Século" publicado em 1990 demonstramos através de gráficos e regressões que a velocidade de circulação da moeda medida conforme a teoria de Irving Fisher, com o quociente de cheques compensados e outras formas de pagamento, sobre os depósitos a vista no sistema bancário varia muito, cresce muito com o índice de preços e se reduz com a redução dos índices de preços.

Além disso, cresce quando a política monetária reduz a quantidade de moeda escritural através do aumento dos depósitos compulsórios pressionando a inflação ao invés de reduzi-la pelo aumento da velocidade de circulação da moeda, e assim, na quantidade de meios de pagamento nas mãos do público.

*Tenho clara consciência que é um verdadeiro escândalo vir aqui escrever que Jean Bodin tinha razão desde 1568. Acho que até dizer que Irving Fisher tinha razão poderia minorar o sofrimento da profissão de economista, afinal renomado professor da Universidade de Yale, mas em 1568 já viam o que em 2020 eles ainda não vêm!*

Quando aumenta a base monetária, aumentam as reservas bancárias e os depósitos à vista, a velocidade de circulação da moeda se reduz e da mesma forma quando se reduz a base monetária a velocidade de circulação aumenta. Essas reações seriam neutras se fossem absolutamente proporcionais, porém os aumentos da velocidade de circulação são maiores do que a redução dos depósitos à vista e aí reside seu efeito multiplicador da quantidade de meios de pagamento nas mãos do público. Quantas vezes será necessário repetir esse mecanismo?

Tanto, a ideia de encaixe de Walras (*encaisse desirée*) como a preferência pela liquidez de Keynes não tem significação no Brasil. Pois uma economia com tanto tempo de inflação, as taxas de crescimento maiores ou menores, a população não guarda dinheiro em casa e sim no banco, mas principalmente na poupança ou em ativos financeiros mais líquidos. *Tem a historinha daquele caboclo que guardou dinheiro durante 50 anos debaixo do colchão e quando achou que estava rico foi ao banco. Não se sabe ao certo o que ele fez quando constatou que sua riqueza tinha virado pó."*

A política monetária ortodoxa que não acredita na **TQM**, mas reduz a quantidade de moeda através de aumento dos depósitos compulsórios no Banco Central, com a *"paranoia"* da falta de correlação entre a quantidade de moeda e o nível de preços, acabou inventando a história das *"quase-moedas"*, que seriam ativos financeiros de alta liquidez que se somariam a quantidade de moeda, para tentar explicar essa dicotomia. Na falta de explicação lógica qualquer coisa serve! Até coisas absurdas!

Não perceberam que esses ativos eram corrigidos pela inflação? Achamos que eles procuravam uma *"entidade misteriosa"* que atuava para desmoralizar a teoria deles. Por que não admitir que a teoria pudesse estar errada? Lara Resende critica exatamente este aspecto na política de juros altos, mas não percebe a questão da velocidade-renda que virou uma *"entidade sagrada"* que provocou a cegueira geral.

Vamos colocar abaixo alguns gráficos que constam do livro "Inflação – O Mal do Século", pois a edição do livro está esgotada, para mostrar que a velocidade de circulação da moeda no conceito de Fisher – Newcomb varia, e varia em função da base monetária que com seu aumento, aumenta também as reservas bancárias e os depósitos à vista, ou seja, a moeda escritural.

Como podemos ver nos gráficos, a velocidade de circulação da moeda não é constante, pelo menos no Brasil e suspeito que também nos países que não detém a moeda de reserva. Marshall estava obviamente enganado quando em sua teoria afirmou que a velocidade de circulação da moeda era constante e o inverso de K, que ficou conhecida como Constante Marshalliana, e depois com o Professor A.C. Pigou que resolveu que em face das dificuldades de mensuração dessa velocidade confirmar que a profissão iria aceitar a velocidade-renda como a única velocidade da moeda a ser considerada.

Irving Fisher, como trabalhava e pesquisava estudos estatísticos mostrou que era possível mensurar essa velocidade se dividíssemos o total de meios de pagamento, como cheques compensados, ordens de pagamento e qualquer modalidade de formas de pagamento pelo valor dos depósitos a vista representando a moeda escritural teríamos o valor dessa velocidade.

Também, em face das evidentes dificuldades de mensuração da velocidade da moeda manual, considerou que a relação entre a velocidade de circulação da moeda manual e da moeda escritural era constante, o que levou a confusão de se afirmar que ele considerava a velocidade de circulação da moeda constante.

Estava armada a maior confusão da história das teorias econômicas sobre a velocidade de circulação da moeda, a negação da teoria quantitativa da moeda e adotadas as bases para todas as teorias monetárias ortodoxas e estruturalistas que tantos males causaram e vem causando a humanidade.

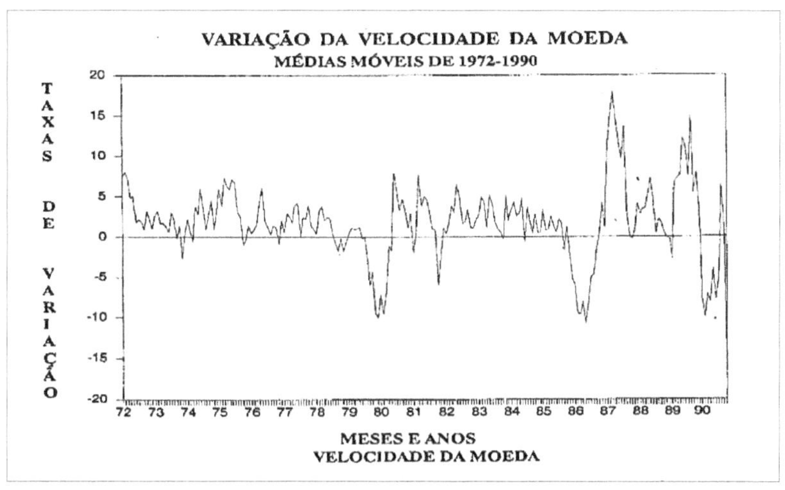


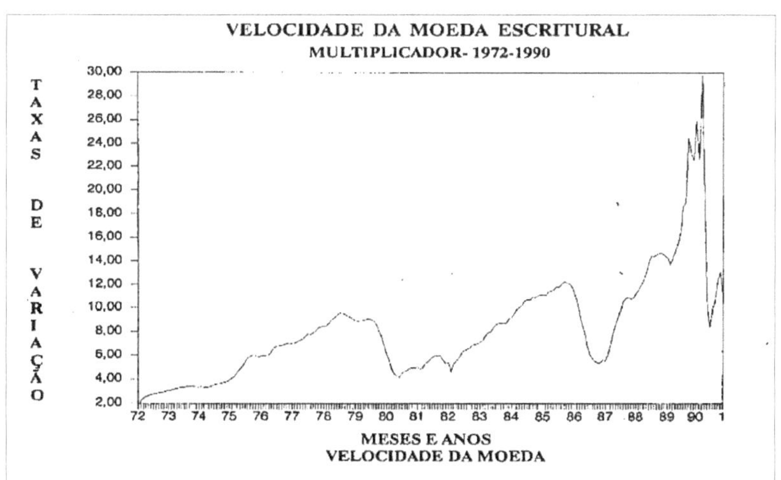

Estamos aqui mostrando apenas que as bases das teorias que fundamentam o conceito de velocidade-renda da moeda não se sustentam. Evidentemente, quando afirmamos que o Professor Pigou foi o responsável pela propagação do equívoco estamos apenas inferindo, mas o que é provável é que todos os teóricos neoclássicos, keynesianos e neokeynesianos tenham participado ativamente dessa concepção. Por quê? Como afirmou a Professora Joan Robinson, *"Economia sempre foi em parte um veículo para a ideologia dominante de cada período, ..."*

Logicamente estes 25 anos de juros absurdos e graves restrições ao crescimento não são frutos simplesmente de teorias econômicas ortodoxas, apesar de defendida pela maior parte da profissão de economista. Tampouco, os que não concordaram, que foram em pequeno número, adotavam a velocidade de circulação da moeda no conceito de Fisher, assim como os chamados *"estruturalistas"* ou os que ficaram conhecidos como defensores do *"nacional desenvolvimentismo"*, que viam na TQM o diabo em pessoa.

Enfim, uma considerável confusão se instalou em todo o mundo. Não temos a pretensão de resolver essa confusão, mas levantar a questão e alertar a profissão para a necessidade de resolvê-la sem o que vai continuar esses absurdos que tanto sofrimento trazem para as populações dos países em desenvolvimento, e em menor proporção para os outros países já industrializados. Aqui no Brasil tive ao meu lado apenas Waldir Ramalho, um grande e ignorado professor de economia.

O que se pode observar nos gráficos é que toda expansão da base monetária que provoca um aumento das reservas bancárias e consequente aumento dos depósitos a vista provoca a queda da velocidade de circulação. Isto ocorreu com a saída de M.H. Simonsen no início do Governo João Figueiredo e posse de Delfim Netto no lugar dele que criticava a questão da valorização da taxa de câmbio, também muito criticada por Afonso Celso Pastore na época colaborador de Delfim, que imediatamente desvalorizou a moeda em cerca de 10%, aumentando a base monetária como consequência.

Em 1980 Delfim fixa a taxa de câmbio numa medida heterodoxa, contrariando tudo que defendia até então e levando o país a pedir ajuda ao FMI em 1981 pelo esgotamento das reservas cambiais. Pode-se observar, também que o aumento da base monetária no Plano Cruzado devido a necessidade de monetização com o congelamento dos preços provoca uma grande queda na velocidade de circulação da moeda.

Bortkiewicz entendia que a velocidade de circulação crescia devido ao aumento dos preços e não que provocava o aumento dos preços. Mas, fica a questão, então o que provocava o aumento dos preços? O aumento da quantidade de moeda? Mas se ele negava a teoria quantitativa da moeda que afirmava que era o aumento da quantidade de moeda que provocava o aumento dos preços como explicar a alta dos preços?

Com estas questões que provocamos, procuramos, também mostrar a possibilidade de a velocidade de circulação da moeda ser o fator multiplicador da quantidade de moeda, mesmo quando a política monetária conservadora reduz a base monetária ou aumenta os depósitos compulsórios reduzindo os depósitos à vista.

Se observarmos o gráfico em 1975 há uma redução da base monetária, provavelmente pela colocação de títulos públicos no mercado e ainda assim cai a velocidade de circulação, mostrando que uma redução dos depósitos compulsórios aumentando os depósitos à vista provoca uma redução da velocidade de circulação da moeda escritural.

Portanto, não é a quantidade de moeda sozinha que altera a velocidade de circulação, mantendo a proposta de Fisher. Com o Plano Collor o efeito Oliveira - Tanzi, com a súbita paralização da alta dos preços, segundo discurso do Presidente no início a nova um aumento substancial das disponibilidades do Tesouro, teria possibilitado a compra antecipada de títulos federais que iam vencer em 2 anos.

Isso aparece claramente em 1990 devido a essa monetização que tem que ser feita com a intervenção realizada pelo Plano. A partir dessa época começam a aparecer com maior importância os pagamentos com cartões de compra e cartões de crédito que devem ser considerados no computo dos valores que vão no quociente da fórmula da velocidade de circulação da moeda escritural.

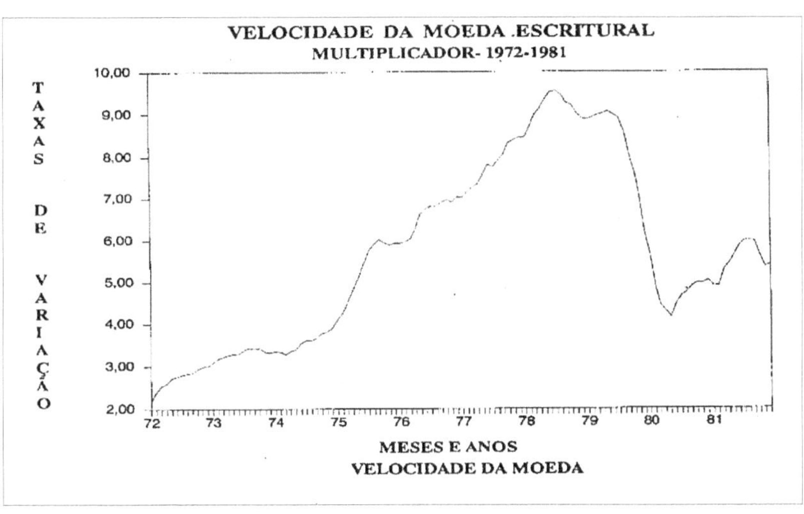
VELOCIDADE DA MOEDA .ESCRITURAL
MULTIPLICADOR- 1972-1981
TAXAS DE VARIAÇÃO
10,00
9,00
8,00
7,00
6,00
5,00
4,00
3,00
2,00
72 73 74 75 76 77 78 79 80 81
MESES E ANOS
VELOCIDADE DA MOEDA

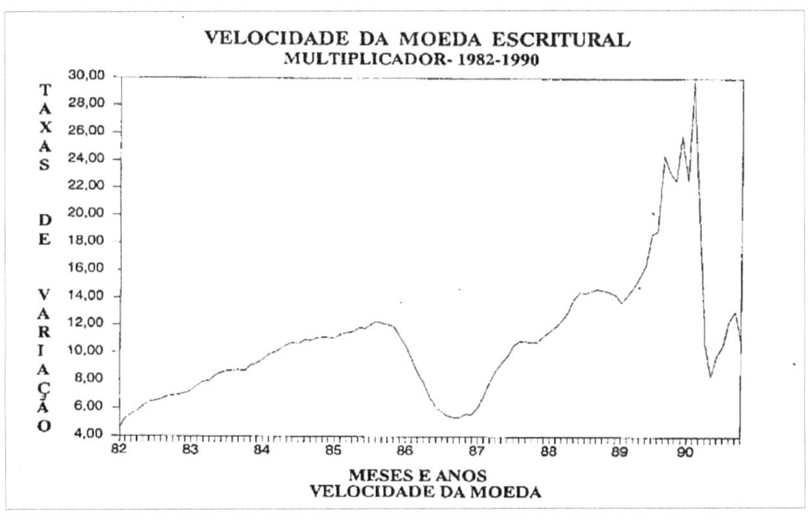
VELOCIDADE DA MOEDA ESCRITURAL
MULTIPLICADOR- 1982-1990
TAXAS DE VARIAÇÃO
30,00
28,00
26,00
24,00
22,00
20,00
18,00
16,00
14,00
12,00
10,00
8,00
6,00
4,00
82 83 84 85 86 87 88 89 90
MESES E ANOS
VELOCIDADE DA MOEDA

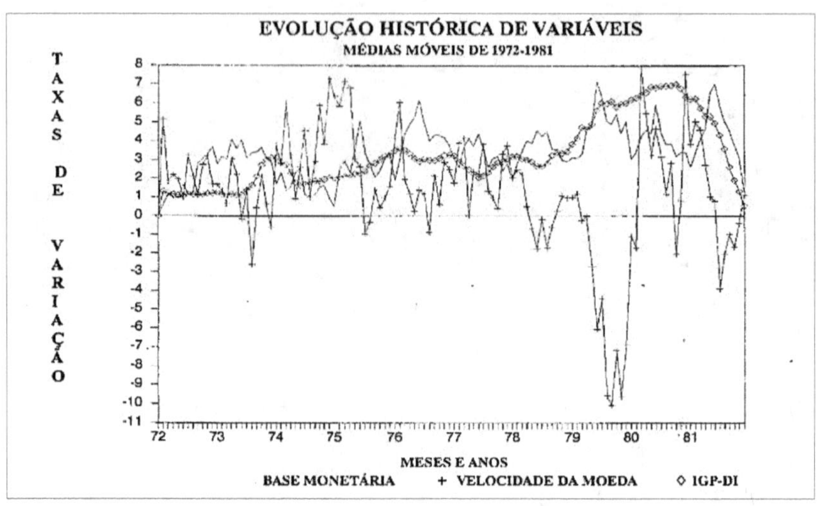


A concepção da velocidade de circulação da moeda como multiplicador que coloco é fruto da evidência na negação da TQM – Teoria Quantitativa da Moeda, negação que afirmava que a alta dos preços é fruto exclusivo do aumento da quantidade de moeda em mãos do público, quando verificaram que o M1 crescia muito menos do que o índice de preços resolveram descartá-la.

Exatamente esse fato que justifica a concepção da velocidade de circulação da moeda como multiplicador dos meios de pagamento, pois explica exatamente essa diferença, quanto uma quantidade x de moeda em mãos do público multiplicada por um fator y vira uma capacidade de compra z.

Esse fator y é a velocidade que é então o fator multiplicador. Assim, o multiplicador atual do M1 que não consegue explicar isso tem que ser revisto. Em nosso livro propusemos uma equação que trata especificamente de fluxos monetários e não de estoques.

O raciocínio partiu da seguinte constatação *"Quando o Banco Central colocava em 1988 no mercado financeiro um montante líquido de títulos públicos de Cz$1,659 trilhões em julho, Cz$2,917 trilhões em agosto, representando, respectivamente, 1,65 vezes e 2,69 vezes a base monetária e 82,3% e 130,4% do M1, a juros reais de 0,26% ao ano e o mercado financeiro apresentava claros sinais de excesso de liquidez, os analistas não tinham explicações"* e mais. *"Tamanha contração da base monetária não reduzia a liquidez? Se considerarmos que a captação líquida de Cz$2,106 trilhões em junho, quando reinventada na economia, entre 30 e 60 dias sofreria uma multiplicação de 14,85 e 18,35 vezes essa liquidez pode facilmente ser compreendida".*[76]

---

[76] Veja-se Silva, Reynaldo D.M. e – Inflação – O Mal do Século – ARIEL Editora, Brasília, DF, 1990, p.93-95.

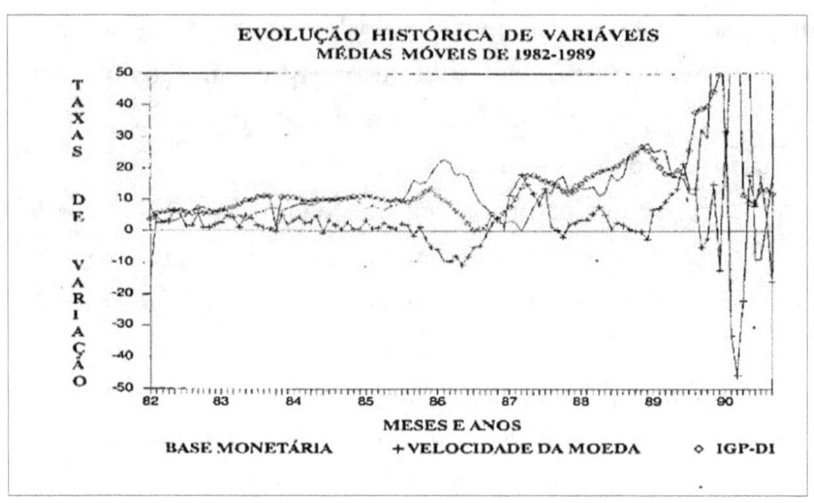


Admitiu-se que esse fluxo não era a origem da inflação cujas taxas já eram muito elevadas, sendo de 22,28% em junho de 1988, mas tenderiam a acelerar ou retardar a oferta monetária. *"O retardamento dessa redução poderia ser calculado pelo número de vezes que a circulação desse fluxo monetário é necessário para que a diferença entre a variação da demanda monetária de bens e serviços (produto) e a variação da demanda monetária total se iguale a variação da oferta monetária, considerando-se essa variação da oferta monetária a cada circulação multiplicada pela velocidade de circulação da moeda escritural. Essa variação é a diferença da demanda monetária por haveres financeiros".*

Essa ideia não tem a ver com o encaixe de Walras, ou a propensão a poupar de Keynes, mas sim a seu conceito de diferença de destinação, com a destinação para consumo e para poupança ou especulação como ele diz e confirmado por Hicks que diferencia da mesma forma a procura de moeda para transações e especulações, mas não para precaução. Assim a demanda por haveres financeiros seria equivalente a demanda para especulação de Hicks.

Exatamente aí reside a questão da aceleração da inflação que leva a hiperinflação, pois como a inflação aumenta o Efeito Oliveira - Tanzi depreciando cada vez mais a disponibilidade de recursos dos governos estes precisam captar recursos no mercado financeiro para cobrir o rombo das contas públicas aumentado cada vez mais a demanda monetária por haveres financeiros que é multiplicada por n que é igual a V a velocidade de circulação da moeda. Isso explica claramente a disparidade entre o crescimento do $M_1$ e do Índice de Preços e mostra o efeito multiplicador dessa velocidade.

Constatamos, além do mais, um fato basilar para a compreensão do fenômeno, que tem sido negado insistentemente por muitos economistas: a inflação é essencialmente um fenômeno monetário, é uma doença do dinheiro, e a inflação no mundo moderno é fruto de uma mudança insuspeitada na natureza desse dinheiro (moeda) e dos meios de pagamento.

Não se trata, entretanto, de uma nova teoria sobre a inflação e sim da verificação prática da teoria quantitativa da moeda e da mudança da natureza da moeda através da utilização de estatísticas mensalmente publicadas no Brasil desde o final da Segunda Guerra Mundial. Como consequência dessa constatação, reafirmamos o conceito monetarista de prevalência de um fenômeno basicamente monetário e mostramos a importância dos elementos que diferenciam esta revisão das teorias monetaristas ortodoxas existentes.

A explicação puramente monetária do fenômeno, deve provocar o menosprezo de alguns economistas, pois seria um retorno à conceitos hoje unanimemente considerados no Brasil como superados: as diferenças com relação às teorias monetaristas atuais são, porém, essenciais.

Na formulação das políticas de controle inflacionário, sobressaem com clareza a importância essas diferenças por não terem jamais sido consideradas nas diversas teorias sobre a inflação. Esta complementação da teoria quantitativa da moeda, mostra conquanto características universais.

Não pretendo explicar todos os aspectos da economia brasileira que determinam a inflação aguda, como querem alguns economistas de que uma teoria deva representar; estes entendem assim, por terem uma visão da economia através de modelos estatístico-matemáticos que se pretendem tanto melhores quanto mais completos (*Sic transit gloria mundi*)[77]. A multiplicidade de

---

[77] Nota: *Sic transit gloria mundi* (abrev. *STGM* ou *S.T.G.M.*) é uma frase

pequenas distorções que determinam a crise brasileira, não diminuí nem invalida a universalidade desta complementação teórica, pelo contrário, serve para sustentá-la.

Apresenta, também características totalmente diversas das concepções monetaristas vigentes nas quais os sacrifícios impostos aos salários e ao nível de emprego para o controle da inflação constituem-se em erro primário e lamentável, exibidos triunfalmente com sucesso por uma taxa de inflação de 4,3% que envergonha qualquer ministro de finanças europeu.

O controle do crédito que estrangula as empresas - levando muitas delas à insolvência - é outro sacrifício inútil e desnecessário. Como decorrência desta revisão teórica, percebe-se que o déficit público na maior parte das vezes não é a causa da inflação, mas apenas corolário como mostra o Efeito Oliveira-Tanzi.

As operações de *"open-market"* realizadas na Inglaterra já no século XIX, a partir de 1913 nos Estados Unidos e a partir de 1938 na França, na estrutura atual distorcida do mercado financeiro, acabam por se constituir num instrumento de aceleração da inflação, produzindo efeitos exatamente opostos aos pretendidos.

Esta consideração não quer de modo algum, dizer que o déficit público é uma coisa desejável, mas sim apenas que não é

---

latina que significa literalmente "assim transita a glória do mundo", "toda glória do mundo é transitória". Tem sido traduzida como "as coisas mundanas são passageiras". Wikipédia, webpages.

necessariamente a causa da inflação, como querem muitos economistas e como defendiam os economistas clássicos Richard Cantillon e David Hume com o *"mecanismo direto"* e como David Ricardo e Henry Thornton em 1806 no seu *"mecanismo indireto"* que acaba no mecanismo direto. Tampouco é indesejável quando repositório da poupança privada com risco soberano principalmente a pequena poupança popular ou eventualmente recurso do Estado para obter receitas emergenciais. Se for para maior investimento também é plenamente exequivel.

O poder explicativo desta revisão pode ser apreendido pelas variações enormes na capacidade de multiplicação monetária da velocidade de circulação da moeda escritural, que torna todos os outros fatores explicativos de pequena significação. Em verdade, tratou-se de encontrar um multiplicador monetário cujo conceito seja operacional, e permitisse explicar o fato de os preços crescerem mais rapidamente que a quantidade de moeda.

O Banco Central pública desde os anos 50, com dados a antiga SUMOC - Superintendência da Moeda e do Crédito, o valor dos cheques compensados, a moeda escritural, e um índice da velocidade de circulação anual da moeda escritural, como sendo quociente daqueles índices. Este conceito foi pormenorizadamente explicado por Eugenio Gudin, quando cita os cálculos do Federal Reserve Bank de New York, que dão o valor dessa velocidade para Nova York como 60 vezes, cerca de

30 vezes para os seis maiores centros financeiros do país, e cerca de 22 vezes para outras 337 cidades, no ano de 1958.

O valor dos cheques compensados, significa o valor aproximado do total de pagamentos realizados pelo público com moeda escritural. Admitindo-se entesouramento zero com a moeda manual, está necessariamente passaria em algum momento pelos bancos, constituindo-se em um depósito bancário. Dessa forma o total de cheques compensados refletiria o valor da moeda manual em circulação, que passa pelos bancos, mais a moeda escritural, decorrente da criação de moeda pelo sistema bancário, através dos empréstimos.

A divisão do valor dos cheques compensados, como valor dos pagamentos totais feitos com base nos depósitos bancários, pelo saldo de moeda escritural, representa um multiplicador monetário que engloba o giro da moeda escritural, dentro do conceito de velocidade de circulação da moeda escritural. O valor dos cheques compensados, no entanto, não representa efetivamente o valor total das transações, pois não engloba as ordens de pagamento e transferências de contas internas nos Bancos, os cheques sacados na boca do caixa e os pagamentos feitos com moeda manual, com cartões etc.

Por outro lado, os depósitos a vista não representam efetivamente a totalidade do estoque de moeda escritural disponível. Entretanto, seu quociente tenderia a reduzir os erros das duas variáveis e, sobretudo se apresentar como um indicador macroeconômico de extrema importância na teoria monetária, pois, viria preencher a lacuna da falta de um conceito operacional de velocidade de circulação-transação da moeda.

Existe estatisticamente a possibilidade de se medir a velocidade de circulação da moeda manual, utilizando-se a própria fórmula da equação de trocas, e partindo-se do estoque de moeda e utilizando-se índices de crescimento desse estoque e o IPCA, e sua comparação com a velocidade de circulação da moeda escritural mostra claramente as diferenças e a menor significação da moeda primária.

Evidentemente, somente a introdução desse novo multiplicador monetário na equação de trocas não forma a totalidade de um corpo teórico para explicar a inflação, porém dá substância à teoria quantitativa da moeda, explicando todas as variações nos preços em função das variações na quantidade de moeda e nas velocidades de circulação desta.

Falta explicar como o aumento da quantidade de moeda, e de sua velocidade se traduzem em rendimento, e este é utilizado pela população para compra de bens e serviços. Na verdade, este mecanismo de variação da velocidade de circulação torna independente a quantidade de meios de pagamento criados, não se constituindo, portanto, numa parte da teoria monetária da inflação. O pressuposto é que o total de cheques emitidos, seja igual ao total dos depósitos à vista mais a moeda escritural criada.

Longas séries estatísticas dos elementos para o cálculo da velocidade de circulação da moeda escritural continuam sendo computadas em todo o mundo. Por que o desprezo por esse multiplicador? Não consegui encontrar na literatura moderna no Brasil, qualquer indicação de sua utilização.

Eugenio Gudin escreve com intimidade a respeito, porém sem compreendê-la como um multiplicador monetário. Paul Hugon desenvolve com toda clareza o raciocínio, no sentido de mostrar que a moeda escritural veio substituindo o papel-moeda e tornando-se a principal responsável pela inflação e chama-a de moeda desmaterializada, e escreve sobre sua velocidade, mostrando com toda clareza a tese que vimos defendendo, porém, quando se trata de verificar o multiplicador, se agarra a teoria bancária neoclássica e na velocidade–renda da moeda. Ninguém consegue jogar fora a *"cartilha"*.

No entanto, sua aplicação preenche uma lacuna teórica da maior importância na identificação de todos os fenômenos monetários que regem o processo inflacionário, e na compreensão de um fenômeno moderno, e que tende a se generalizar com a *"era da informação"*.

A moeda irá se desmaterializar cada vez mais, perdendo suas funções de reserva de valor e de liquidez, que serão cada vez mais substituídas por ativos financeiros negociados em mercados monetários e financeiros de características fiduciárias, que lhes garante elevada liquidez. Os cartões de compra e de crédito, os sistemas de débito em conta *"online"*, nas grandes lojas e nos bancos 24 horas, e a circulação generalizada dos cheques, mostra com clareza a tendência futura. A moeda será apenas um elemento de troca que pode ser feita eletronicamente e instantaneamente com o Pix.

Esta tese, certamente de difícil aceitação pela profissão, no entanto, pode ser a renovação de teorias que a prática tem demonstrado inadequadas e infrutíferas, que no dizer de André Lara Resende *"Acredito que a desmitificação da teoria macroeconômica e a ampliação do debate contribuiria tanto para a melhor formulação de políticas como para tirar a macroeconomia do impasse em que se encontra"*.

Apesar de se referir ao uso dos instrumentos de juros altos para contenção da inflação, esta frase se ajusta perfeitamente a questão da TQM e da velocidade de circulação da moeda. O gráfico adiante é extremamente ilustrativo do que aconteceu com a base monetária e a velocidade de circulação da moeda nos anos de sombra da era da ortodoxia monetária da *"troupe"* Pedro Malan/Henrique Meirelles/Joaquim Levy.

Vejam gráfico abaixo da velocidade da moeda, INPC e Base Monetária.

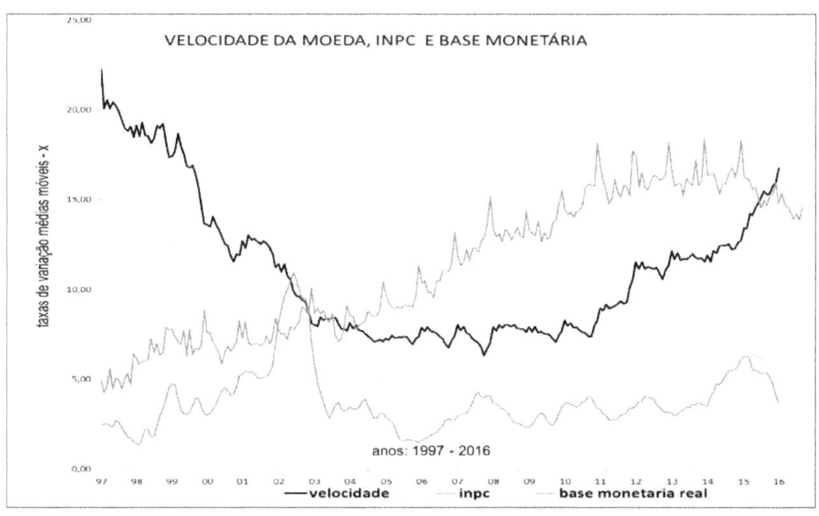

VELOCIDADE DA MOEDA, INPC E BASE MONETÁRIA
taxas de variação médias móveis - x
25,00
20,00
15,00
10,00
5,00
0,00
anos: 1997 - 2016
97 98 99 00 01 02 03 04 05 06 07 08 09 10 11 12 13 14 15 16
velocidade
inpc
base monetaria real

## A retomada do crescimento sem inflação

Constatados os equívocos teóricos que fundamentam o conhecimento de economia e as políticas monetárias praticadas desde o após-guerra até hoje com agravante das praticadas depois de 1994, e os equívocos do Plano Real na fixação âncora cambial que turbinou os juros estratosféricos e a brutal dívida pública mobiliária do País, existem razões obvias para adoção de medidas para modificar essas políticas.

Torna-se necessário, também propor novas práticas de política monetária e, sobretudo uma solução para superação do nível de 115% do **PIB** que será atingido proximamente pela **DPMFi**, quando as agências de *"rating"* classificarem o crédito do País como irrecuperável e insustentável.

Essa entrada de capitais de fora pode se reduzir em face desse risco e criar problemas devido a dependência dessa entrada de capitais para fechamento do Balanço de Pagamentos. Isso pode ocorrer além das possibilidades de um ataque a moeda, gerando ou uma grave redução das reservas internacionais ou uma elevação muito grande da taxa de juros agravando sobremaneira o déficit fiscal, com consequências imprevisíveis caso se procure evitar um aumento muito grande da taxa de câmbio através de operações de *"swaps"* futuro.

As pressões inflacionárias no quadro atual de índices de preço que fabricam inflação, o total descontrole das contas públicas e um passivo do Banco Central de curtíssimo prazo dia superior a R$ 1,8 trilhão que pode a qualquer momento se tornar exigível, leva a uma tendência a descontrole social pela revolta contra a situação da saúde, segurança pública e educação e um processo muito amplo de condenação por corrupção de um grande número de políticos de todos os partidos, situações que estão longe de ser um horizonte favorável a retomada do crescimento.

Desarmar essa *"bomba-relógio"* armada para explodir caso não se consiga um significativo aumento do PIB capaz de reduzir a relação Dívida/PIB não é uma tarefa fácil, sobretudo porque a maioria da profissão afirma que o crescimento do PIB não é a saída para o problema, tratando inclusive como *"besteira"* tal afirmação. Cabe aqui uma observação calcada na sabedoria popular *"pior cego é aquele que não ver"*. Será que estou tomado por um catastrofismo doentio? Afinal estou contra a maioria absoluta da profissão, e da *"opinião popular"* segundo o vezo da mídia em geral.

Entretanto, estou focado – como se costuma dizer atualmente - em números produzidos pela STN – Secretaria do Tesouro Nacional, Banco Central do Brasil e IBGE. Será que eles estão equivocados? Quando o Congresso aprova a Lei das Diretrizes Orçamentarias de 2019 com previsão de um *"déficit"* fiscal de R$139 bilhões e é sancionada pelo Presidente da República, certamente assessorado por técnicos qualificados estão também equivocados e até porque até agora não conseguiram aprovar o Orçamento Geral de 2021?

Quando as agências de *"rating"* internacionais consideram a dívida pública federal interna bruta e não somente aquela em mãos do público ou a dívida líquida como querem os economistas, também estão equivocadas? **Ou é mais razoável supor é que os responsáveis pelo descalabro tentam esconder o malfeito?**

Quando utilizamos palavras duras para caracterizar a situação atual e seus responsáveis pelos enormes riscos corridos pelas instituições em decorrência da insistência nessa política quando eram claras as indicações que alguma coisa estava errada, estamos apenas corroborando o que André Lara Resende fez como alerta para a profissão e para os responsáveis.

Foi chamado de *"economista incendiário"*, classificaram suas observações de *"neofisherismo"* claramente com conotação pejorativa numa evidente confirmação de suas afirmações *"A condução da política monetária é hoje a última trincheira do liberalismo tecnocrático. **O questionamento do arcabouço teórico que lhe confere legitimidade não é entendido como um questionamento meramente intelectual, mas como uma ameaça política.** Diante da gravidade da crise político-institucional por que passa o país, levantar a possibilidade de que o arcabouço conceitual da ortodoxia macroeconômica possa estar equivocado ameaça, assim, a legitimidade da última trincheira da tecnocracia liberal ilustrada".*

Apesar de nossas teses não corresponderem a muitas de suas observações, mas que na verdade atendem a maioria de suas críticas ao modelo atual, entendemos que o conjunto de suas afirmações e observações contidas em seu livro é de uma importância teórica e política da mais alta relevância e oportunidade, exatamente no momento, em que o País enfrenta uma situação econômica, social e política à beira da possibilidade de um colapso financeiro. Trata-se no dizer popular *"uma luz no fim do túnel"*.

Se ele foi chamado de *"incendiário"* eu certamente serei classificado de *"terrorista"*, mas ainda assim me disponho a apresentar minhas propostas para condução de uma política monetária consequente com estas revisões teóricas. Mas antes de formular tais propostas vou descrever um *"modus operandi"* para desmontar essa *"bomba relógio"* montada pela ortodoxia monetarista nestes 25 anos sem o que se torna impossível a utilização de um novo modelo de política monetária.

Trata-se de uma tarefa complexa e delicada, pois o vulto dos títulos federais nas mãos do público, remunerados a taxas elevadas, a existência de 12% desses títulos nas mãos de não residentes, 26% nos fundos de pensão compõem um quadro com possibilidade de reflexos indesejados somente pela simples menção de qualquer atitude precipitada em relação as taxas de juros comprometidas.

O volume de operações compromissadas com clausula de recompra roladas diariamente pelo Banco Central no mercado secundário vencendo em curtíssimo prazo, da ordem de R$1,5 trilhão, que sustentam a atual taxa Selic em 2% ao ano, não pode ser sumariamente interrompido sem o risco de uma crise bancária sistêmica pela insolvência de várias instituições.

A existência de 70 milhões de pessoas inadimplentes com o nome *"sujo"* como se diz, considerando 3 pessoas por família na área urbana segundo o IBGE, significa 210 milhões de pessoas envolvidas, ou seja, 98 % das famílias brasileiras. Mesmo que a estimativa seja exagerada é uma situação que se pode considerar dramática ainda que outras pessoas nos domicílios não estejam nessa situação, a renda familiar é muito afetada e a impossibilidade de acesso ao crédito se for o chefe da família ou a esposa, também fica impossibilitada e se for uma família chefiada pela mulher, a família toda é afetada.

De qualquer forma pensar em aumentar o consumo das famílias sem resolver essa pendência é uma ideia no mínimo utópica e restrita a uma classe média alta, portanto restrita a um número reduzido de pessoas para consumir. A expectativa de que terão que consumir apenas o que podem comprar à vista, elimina a hipótese de consumo de bens de custo mais elevado como eletrodomésticos, sem falar em automóveis e residência a própria, indústrias de grande importância para a geração do PIB.

A retirada dessa população dessa situação é uma tarefa urgente e relativamente fácil, pois os credores costumam abater percentual elevado da dívida numa negociação. Organizada pelo Governo uma negociação geral pode resultar num fator de retomada do consumo de grande parte das famílias.

Quando o Banco Central opera mais de R$1,5 trilhão por dia no mercado secundário, chamado de mercado aberto *(open-market)* este perde totalmente a condição de mercado aberto tornando-se apenas um mercado interbancário. Porque não separar e criar um mercado monetário secundário de pregão na antiga bolsa de valores do Rio de Janeiro e ficar o atual mercado secundário apenas como mercado interbancário, afinal são operações bem diferentes?

Como desmontar o circo macabro montado pelos economistas do PSDB desde 1995? É uma bomba relógio marcada para explodir proximamente! O relógio está marcando 92,5% do PIB na dívida pública federal mobiliária bruta e é possível que exploda antes de 115%, vai depender o que a empresas de *"rating"* acharem. O humor delas é variável e depende dos interesses dos EUA serem, muito ou pouco contrariados. Se o Governo atual fizesse o que tem que fazer daria tempo de desmontar a bomba e evitar a explosão? Apesar de acreditar que nunca fará, faço estas sugestões. Como fazer isso? Nossas sugestões à luz da nova concepção da velocidade de circulação da moeda são as seguintes:

a) Aprovar uma PEC, revogando o parágrafo 2° do art. 164 da Constituição Federal; esse parágrafo diz *"O banco central poderá comprar e vender títulos de emissão do Tesouro Nacional como o objetivo de regular a oferta de moeda ou a taxa de juros"*. Para modificar a Lei nº 11.803 de 05/11/2008 que alterou a Lei nº

10.179 de 06/02/2001 e é necessário revogar esse artigo da CF e, também evitar a aprovação da independência do Banco Central.

b) De imediato aprovar no Congresso uma lei alterando a Lei n.º 11.803 de 05/11/2008 que alterou a Lei n.º 10.179 de 06/02/2001 proibindo o Banco Central de usar os títulos do Tesouro para política monetária e passar o Banco Central a utilizar títulos de sua emissão BBC – Bônus do Banco Central. A substituição de R$ 1,8 trilhão de títulos do TN em operações compromissadas de 1 dia e 30 dias por BBC é a única forma de reduzir a dívida pública mobiliária federal em mãos do público, transformando para dívida do Tesouro não exigível a curto prazo e passando a depender da liquidez do Tesouro que sempre poderá utilizar seu poder sobre a moeda; a alternativa é abrir conta corrente remunerada no Banco Central e creditar a liquidação de cada operação nessas contas passando a compensação de reservas dos bancos a serem feitas nas contas remuneradas, na medida em que como emprestador de última instância o Banco Central deve deixar a flutuação das reservas bancárias decorrente de alterações na base monetária serem compensadas pelos próprios bancos, após as negociações no mercado interbancários entre os próprios bancos. Assim elimina-se a mistura da dívida pública com a atuação do Banco Central na sua função primordial de emprestador de última instância e regulador da liquidez numa posição passiva e não ativa para manter uma determinada taxa de juros com o objetivo de política monetária de combater a inflação.

c) Proibir o Banco Central de operar no mercado de derivativos com *"swaps"*; as operações no mercado futuro são altamente especulativas e o BC não precisa fazer *"hedging"* na medida em que pode operar com as reservas internacionais e intervenções no mercado de câmbio visando derrubar a cotação do dólar são extremamente custosas para o Tesouro e danosas para as exportações e ficam na dependência de variação das taxas que permitam operações de *"swap reverso"* ou variações cambiais que favoreçam sua especulação à custa do Tesouro para recuperar prejuízos. Por outro lado, o Banco Central pode ganhar muito dinheiro com essa especulação, mas também pode perder muito com já aconteceu. Com baixas taxas de juros o câmbio deverá ficar com cotação que não é ameaçada por especulação. Variações das taxas cambiais ocorrerão e somente a excessiva entrada de capitais estrangeiros deve depois de retomado o crescimento e normalizada a economia passarem a ser controladas; as ambições dos especuladores do mercado de ações – eles são extremamente importantes para esse mercado – porém não devem comandar os interesses da Nação, pleiteando o seu crescimento através de capitais estrangeiros de *"portfolio"* quando danosos para nossas contas externas;

d) As operações dos títulos da dívida pública ficam restritas ao Tesouro Nacional. Nos EUA na década de 20 o Tesouro americano tirou do FED as operações com títulos federais pela mesma razão, pois o FED quase havia quebrado o Tesouro.

e) Elevar o imposto IOF de 20% para liquidação de contratos de CDB antes do prazo de vencimento acabando com o CDB – Flex e proibindo saques da caderneta de poupança fora da data do aniversário. Os bancos para fugirem do depósito compulsório sobre depósitos a vista que são muito maiores do que os depósitos compulsórios dos depósitos a prazo, desenvolveram um esquema de transferirem esses depósitos para uma conta de "abre e fecha" de depósitos a prazo (CDB – Flex). A redução dos depósitos a vista aumenta a velocidade de circulação da moeda e a disponibilidade de recursos monetários em mãos do público e a taxa de inflação. Trata-se de disciplinar o sistema bancário para o funcionamento correto de suas atividades e impedir que "*truques*" dificultem a ação administrativa do Banco Central. A eliminação desses depósitos acaba com uma aberração que é o conceito de quase moedas.

f) Acabar com a TR e substituir a correção da caderneta de poupança pelo INI - Índice nacional de Inflação a ser criado e reduzir os juros da poupança para 3% ao ano e retirar as garantias acessórias ficando igual aos títulos bancários. Essas garantias dão uma atração a poupança que distorce sua rentabilidade. No mundo inteiro ela não tem essa garantia colocada para o Estado roubar a população mais carente. A TR já foi considerada pelo STF na ADIN 493-0 como não ser válida como índice de correção monetária. Recentemente várias manifestações das cortes superiores confirmaram essa decisão. Sua aplicação como índice de correção monetária na poupança é uma lesão à poupança da população com menor acesso a operações de maior volume de recursos e característica da pequena poupança. A TR triste herança da era Collor, também é aplicada em vários títulos públicos como as TDA, em depósitos judiciais e é uma forma indireta de lesar o público e credores do Estado, distorcendo vários instrumentos de políticas pública. A proposta é a substituição por um novo índice de inflação que chamamos de INI – Índice Nacional de Inflação que será visto mais adiante nas cadernetas de poupança e juros de 3% ao ano, sendo que nas TDA já há legislação reduzindo de 6 para 3% os juros. É preciso dar credibilidade ao Tesouro e ao Estado brasileiros e acabar com essas molecagens para gerir suas contas, lesando uns e outros.

g) Reduzir o depósito compulsório dos depósitos a prazo e da caderneta de poupança a zero e dos depósitos a vista em 10 % a cada mês dos 55% atuais até 10%; a redução dos depósitos a vista de forma paulatina para 10% e zerar depósitos a prazo e depósitos de poupança visa acabar com essa *"jabuticaba"* que foi essencial para manutenção dos elevadíssimos juros dos bancos e manter a Selic nas alturas; acabar com a ortodoxia monetarista que levou o País ao desastre pressupões a volta à normalidade da política monetária e possibilidade dos bancos obterem lucros com um volume maior de credito através da criação de moeda escritural com baixas taxas de juros voltando a sua função de intermediários financeiros e não especuladores.

h) Reduzir paulatinamente a Selic que de forma a encontrar um ponto de equilíbrio entre a liquidez desejável com determinado nível de compulsório de depósitos a vista; a taxa básica de juros a ser determinada pelo Banco Central não deve mais ser o elemento de política monetária de combate à inflação e sim a taxa de emprestador de última instancia como meio de evitar variações excessivas da taxa de juros; na medida em que o aumento da liquidez vai impulsionar o crédito pelo sistema bancário, as compensações no mercado interbancário de troca de reservas entre os bancos pode exigir uma participação mais ativa do Banco Central para manter a liquidez e a taxa de juros vigorante no mercado interbancário, que seria a taxa de juros de equilíbrio; o Banco Central deve optar por manter essa taxa como a taxa básica pela qual proverá de recurso o mercado; a liquidez deve ser resultado do total das aplicações dos bancos com os limites de uma programação monetária necessária para acompanhar o crescimento da economia, dentro das normas definidas administrativamente visando o máximo crescimento com a menor inflação; a prepotente megalomania de querer definir quanto deve ser a taxa de juros é resultado da ideia de que a taxa de juros vai reduzir a inflação, como a pratica de 25 anos mostrou que é uma utopia fruto da economia normativa nascida com o *"econometrismo";* isso pode funcionar nos EUA que detém a moeda de reserva que regula até certo ponto a liquidez internacional. Com as demonstrações que fizemos de que o aumento da base monetária não aumenta os preços devido à queda da velocidade de circulação da moeda pelo aumento das reservas bancárias e dos depósitos a vista, a baixa inflação vai resultar do equilíbrio entre oferta e demanda de bens e serviços somente como função do crédito ao consumo; assim o controle administrativo do volume e prazos desse crédito é que deve controlar a inflação; o monitoramento constante da evolução dos preços pode permitir os ajustes necessários para manter o nível de preços resultante de excesso de demanda e não de outros fatores; essas ações devem ser realizadas junto com as outras medidas sobre a dívida mobiliária, pois na DPMFi há vários títulos com a correção pela Selic que teriam que ser substituídos, pois teriam seu valor aumentado rapidamente e induzindo a venda e tumultuando o mercado. A redução da taxa de juros dos bancos por um aumento da liquidez e baixa da Selic sem oferta de títulos no mercado secundário tenderá a valorizar os títulos pré-fixados e levar a uma especulação. Medidas de ampliação da demanda de crédito para absorver a liquidez devem ser tomadas conjuntamente e a colocação de títulos pós-fixados de curto prazo em substituição aos pré-fixados acabará por alongar a curva de juros.

i) Elevar o índice de Basileia para 17% para todos os bancos; o objetivo é numa fase de grande expansão do crédito a juros baixos não estimular operações de risco dando garantias de sanidade fiduciária. Como o aumento da liquidez é importante aumentar a fiscalização pelo BACEN sobre excessos na concessão de crédito que podem levar os bancos a comprometer sua liquidez e acabar correndo riscos inaceitáveis. Na situação atual com os juros muito altos os bancos não conseguem aplicar sua disponibilidade procurando aplicação em títulos do Tesouro e tendo que manter a coeficiente de Basiléia em 17% apesar do limite exigido pelo BACEN ser inferior.

j) Chamar os bancos, e todos credores de pessoas físicas inadimplentes a repactuarem seus créditos com prazo de carência e prazos compatíveis com a capacidade de pagamento dos devedores, a juros do interbancário, com os descontos dos juros de 400% que fazem usualmente em negociações de créditos de difícil recuperação, podendo os credores não intermediários financeiros, compensarem esses créditos com operações junto a Caixa Econômica Federal e obrigando os credores a comunicaram a extinção do débitos às empresas de cadastro. Este item é provavelmente o que deverá sofrer muitas críticas, mas é fundamental, pois sem crédito o País não cresce e aumentar rapidamente o **PIB** é a unida saída para a enormidade da dívida mobiliária, e os juros e encargos dessa dívida que imobilizam o executivo e obrigam a se ter elevada carga tributária. Com cerca de 67 milhões de pessoas significam com 3 pessoa por família 67 milhões de famílias afetadas pelo membro da família negativado e excessivamente endividado atingindo 167,0 milhões de pessoas ou 94% dos habitantes urbanos do país; esse passivo tem que ser de qualquer forma diluído e possibilitar o acesso desse contingente novamente ao crédito dessa vez não com juros de agiota como os que os levou a inadimplência. Mais de 70% dos devedores estão nessa situação devidos aos juros estratosféricos do cartão de crédito, CDC e cheque especial.

k) Revogar a lei de cadastro positivo; não cabe ao poder público legislar para ajudar nas operações de administração de crédito dos bancos e é uma discriminação que contraria a CF. O cadastro positivo é um escarnio com 67 milhões de inadimplentes com essas taxas de juros de agiota desse congresso comprometido com o sistema financeiro.

l) Revogar a lei de teto de gastos; uma excrescência obrigada pelo Meirelles quando percebeu que a trajetória da política monetária que defendeu por tanto tempo levaria o País à bancarrota. Uma manobra desesperada de um banqueiro tipo *"aprendiz de feiticeiro"* para administrar um País.

m) O Tesouro Nacional não deverá mais emitir LFT e LTN prefixadas e sim pós-fixadas de 1, 2 e 3 anos no prazo necessário para evitar problemas de administração da dívida mobiliária; a eliminação dos títulos pré-fixados deve ser realizada em etapas, pois com a redução dos juros novas emissões terão grande dificuldade de colocação podendo haver um problema para administração da dívida que tinham em julho de 2018, 34,13% em LTN e LFT ou cerca de R$1.509,0 trilhões; outros 12,12% ou R$ 427,78 bilhões estavam nas mãos de estrangeiros; cerca de 29,43% são corrigidos por índices de preços; a substituição por Letras pós-fixadas com juros muito baixos pode levar o detentores estrangeiros a liquidarem suas posições e levarem para outros mercados; somente com um rápido crescimento do País e atração de investimentos em capital real poderá permitir uma redução desse montante sem traumas, pois a alta dos juros nos EUA vai paulatinamente reduzindo essa participação com a queda dos juros no Brasil. A existência de um volume tão elevado de títulos pré-fixados foi uma garantia para os bancos participarem do festim. Mas a DPMFi é uma bomba relógio cuja desmontagem deve ser estudada com muita cautela. 28,22% vence em 12 meses, mas como a dívida está em 85,5% em mãos dos bancos, de fundos de investimento e previdência privada e seguradoras, em sua maior parte administradas pelos bancos há possibilidade de negociações. O que quer dizer isso? O volume de comprometimento com a dívida é tão alto que há um interesse comum que pode ser administrado pelo Tesouro e pelo Banco

Central. Emitir LTN e LFT pós-fixadas de 1,2 e 3 anos com juros acima da Selic mais INI pode atrair o mercado e bancar a substituição com sucesso. (Observações de Luís Nassif *"A LFT é o papel por excelência dos investidores conservadores, pequenos poupadores que aplicam em fundos de renda fixa e fundos DI. Sua remuneração corresponde à variação diária do overnight. Além disso, por ser papel de risco soberano (isto é, garantido pelo governo) e com remuneração atrelada ao over, deveria ser vendido ao par, isto é, pelo seu valor de face. Custa 100, os fundos compram por 100 e diariamente repassam para o investidor a variação do overnight. No caso de outros papéis, como as LTNs, costuma haver oscilação no valor de face, porque são papéis prefixados ou com taxas diferentes das do overnight. Como a maioria desses papéis é "rolada" diariamente no overnight, quando sente que o papel pode render menos, ou as taxas de juros podem aumentar, os investidores (fundos, bancos, corretoras) exigem um desconto para comprar o papel. Por isso são mais utilizadas por fundos especulativos, que operam com a oscilação do seu preço.)".*

n) Os conglomerados financeiros deverão separar o banco comercial de depósito do grupo no prazo de 1 ano e até lá serão proibidas operações internas do grupo com o banco de depósito; os conglomerados financeiros foram estimulados pela política ortodoxa com desculpa de evitar riscos sistêmicos, aumentar a eficiência e baratear o crédito. Na verdade, uma ridícula desculpa num mundo digitalizado e utilizada para possibilitar as transações internas dos conglomerados para fugir de eventuais controles administrativos do BACEN. Aumentar as operações de crédito com baixos juros exigirá a desvinculação dos bancos de depósitos do conglomerado e possibilitará a aplicação da poupança financeira em crédito de longo prazo pelos bancos de investimento e disponibilidades para um mercado de debentures, letras e hipotecas que tenderá a melhora os juros das aplicações e reduzir o "*spread*" atual.

o) Os CDC – operações de crédito direto ao consumidor ficam restritas a aquisição de bens e serviços; impedir o CDC de financiar crédito sem vinculação a bens e serviços porque esse crédito para pessoa física estimula o uso indiscriminado do crédito e uma maior possibilidade de inadimplência sem reflexos na produção de bens e serviços que deve alavancar o crescimento. Com o tempo a normalização do mercado poderá ser retomada essa operação dentro dos limites da programação do orçamento monetário de regulação da expansão do crédito de consumo. Essas operações podem ser substituídas por operações de emergência muito limitadas a situações críticas da população através de requerimentos de justificação.

p) Criar um mercado monetário na antiga Bolsa de Valores do Rio de Janeiro, separando o atual mercado secundário para negociações com pregão com os títulos públicos, debentures, hipotecas, letras de crédito etc., ficando o mercado secundário atual exclusivamente como mercado interbancário; a criação de um mercado monetário visa desvincular o mercado estritamente bancário do mercado secundário criando um verdadeiro *"open market"* para operação com pregão para títulos privados. As empresas têm dificuldade de negociar no mercado atual devido a interferência do Banco Central girando um volume muito elevado com títulos públicos em operações compromissadas da política monetária de 1 dia. Como ainda existe a estrutura da antiga Bolsa de Valores no Rio de Janeiro pode ser aproveitada para esse objetivo.

q) Criar no **BNDES** linhas de crédito para empresas em recuperação financeira para auxiliar na recuperação; há que auxiliar na recuperação das empresas que não resistiram a essa política monetária absurda e o **BNDES** pode auxiliar na recuperação de um importante ativo da nação que foi destruído.

r) O **IBGE** deverá criar um índice nacional de inflação – INI com o **IPCA** menos os preços administrados e com os preços de alimentos e produtos agrícolas naturais em séries com medias moveis trimestrais e quadrimestrais dependendo do ciclo de produção com é feito dos **EUA** e na Europa. Os atuais índices de preços, **IPCA**, **INPC** etc., não são índices de inflação, pois nem todo aumento dos preços produz inflação, pois podem ser variações estacionais ou cíclicas alavancadas por elasticidades muito baixa da demanda, ou simples a mudança dos preços relativos refletindo mudanças de tecnologia. A inflação que importa é a inflação da demanda que altera todos os preços. Há que se criar um índice que reflita efetivamente a inflação, retirando os preços administrados pelos governos e a variação dos preços agrícolas e dos alimentos de suas variações extremas, devido a fatores estacionais ou cíclicos ou de choques de oferta por problemas climáticos, através de médias moveis. O sistema atual fabrica inflação e promove uma indexação falsa.

s) O governo deve reajustar o salário-mínimo independente das regras atuais de forma a aumentar a renda para consumo e apoiar a classe com menor recurso e colocar o reajuste dos aposentados pelo salário-mínimo, além de reajustar as tabelas de IR conforme a inflação.

t) A União deve cancelar a dívida dos Estados e Municípios que exaurem os recursos deles em favor da União corrompendo totalmente os princípios da federação em favor da União que já centraliza a maior parte dos recursos tributários e obriga os Estados e Municípios a manterem impostos indiretos muito elevados e competirem entre si por investimentos destorcendo os fundamentos de alocação espacial dos investimentos com isenção tributária. Trata-se de uma aberração dos tempos de FHC.

Em síntese essas são as medidas essenciais para desmontar a bomba relógio e circo macabro. Apostamos que com essas medidas o país pode crescer no mínimo 7% ao ano daqui para frente e a administração da dívida possibilitará uma redução progressiva dos encargos com a colocação da curva de juros no lugar certo, com baixas taxas de inflação.

A desmontagem desse circo de horrores é uma tarefa complexa e delicada, e certamente vai ter uma oposição da parte da população que mais faz barulho, acolitada por uma imprensa capitalista beneficiária e sustentáculo desse circo. Não sei se algum governo vai conseguir. Tenho sérias dúvidas!

A profissão de economista está contaminada há muito tempo com falsas teorias neoclássicas que se tornaram a cartilha da profissão. André Lara Resende depois de Paulo Nogueira Batista Jr que sempre criticou essa política, é o primeiro economista brasileiro da leva conservadora a perceber o tamanho dos erros, seguido de Bresser Pereira e alguns poucos na UNICAMP.

Os governos Lula e Dilma sempre se ligaram aos beneficiários ou por não entenderem do assunto e se assessorarem pelos economistas comprometidos, ou por cederem para poderem governar. **Não importa a razão por que foram ativos construtores do desastre.** As tentativas de ajuste fiscal através de redução de gastos somente irão aprofundar a recessão ou um crescimento muito baixo do PIB, levando o País a insolvência devido ao nível muito elevado da dívida pública. A mudança na política monetária de juros altos e câmbio valorizado é a única saída para reativar a economia e através do crescimento do PIB, afastar o País da insolvência.

Existem diversas outras medidas sobre crédito agrícola, política de preços mínimos, microcrédito, bancos cooperativos, mercado secundários a serem sugeridas, porém, tornariam excessivamente longa está lista. Tais medidas devem provocar uma clara retomada do crescimento e alívio imediato das contas públicas. Limitar o crescimento da dívida pública é essencial sem afetar sua liquidez, para isso é necessário a manutenção dos juros atuais de remuneração dos títulos pós-fixados, reduzindo os pré-fixados e recompondo a curva de juros.

Uma calibração ampla do crédito ao consumo pode gerar inflação de demanda devendo ser motivos de acompanhamento contínuo e flexibilização conforme o crescimento da renda, mas um aumento do crédito à oferta de bens vai estimular a competição e a viabilização das empresas menores e reduzindo a dominância dos gigantescos oligopólios das multinacionais que trazem capitais de fora e fazem *"arbitragens"* com recursos abundantes do mercado internacional.

Alguns princípios básicos norteiam essas propostas: A ação do Banco Central deve dar uma maior importância a medidas de ordem administrativa na gestão do crédito e da moeda. Será necessária a separação dos bancos de depósito dos conglomerados financeiros e a proibição de operações entre eles.

A razão destes princípios e sua viabilidade está na possibilidade atualmente do BC controlar a obediência a ordenações administrativas do crédito, através de sistemas programados para verificação de divergências em balancetes e balanços auditados. Como faz a receita federal, os contadores são responsáveis solidários com as informações contábeis o BC deveria da mesma, forma exigir dos auditores responsabilidade equivalente no cumprimento de disposições normativas e não somente normas contábeis.

A integração dos conglomerados com a desculpa de redução dos custos bancários somente serve para reduzir as possibilidades de terem que cumprir as disposições normativas. Os custos bancários, assim com a inadimplência têm pouca influência na taxa de juros, por mais que tentem convencer a população.

Aliás as propostas de Goebbels de repetir a exaustão falsas informações a esse respeito parece ter funcionado neste caso, pelo menos para a grande mídia e para a paquidérmica passividade do BC.

A capacidade de criação de moeda escritural pode aumentar ou diminuir a participação dos custos nas taxas de juros e num país onde as taxas bancárias são fonte importante dos lucros tais afirmações são na verdade *"histórias para inglês ver"* como o dito popular.

# BIBLIOGRAFIA


ARIDA, PÉRSIO, Neutralizar a Inflação, uma Ideia Promissora, in Inflação Inercial, teorias sobre Inflação e o Plano Cruzado, Editora Paz e Terra, 1986.

BARRE, R., Manual de Economia Política, Editora Fundo de Cultura, Rio de Janeiro, 1962.

BRESIANI-TURRONI, CONSTANTINO, O Fenômeno da Hiperinflação Alemã nos anos 20, Editora Expressão e Cultura, 1989.

BRUNNER, KARL, High-Powered Money, and the Monetary Base. In: Eatwell et all. (1990). The New Palgrave: Money. London: The MacMillan Press.

CAGAN, PHILLIP, Monetarism. In: Eatwell et all. (1990). The New Palgrave: Money. London: The MacMillan Press.

CARDOSO, F.H., A Construção da Democracia – estudos sobre política, Editora Siciliano, São Paulo, 1993.

CASSIDY, JOHN, Como os Mercados Quebram- A lógica das Catástrofes Econômicas, Editora Intrínseca Ltda, Rio de Janeiro, 2011.

EARLE, J., MORAN, CAHAL, WARD – PERKINS, ZACH, The Econocracy – The Perils of Leaving Economics to the Experts, Manchester University Press, 2017.

ERBER, F. Development projects and growth under finance domination – the case of Brazil during the Lula years (2003-2007). Revue Tiers Monde, 194.

FELIEZ, CARLOS MANUEL, SUZIGAN, WILSON, Economia Monetária – Teoria, Política e Evidência Empírica, Editora ATLAS S.A., 1978.

FIUZA, GUILHERME, 3.000 das no bunker – um plano na cabeça e um país na mão, Editora Record, Rio de Janeiro - São Paulo, 2006.

FRANCO, GUSTAVO H. B., O Plano Real – e outros ensaios, Livraria Francisco Alves Editora S.A., Rio de Janeiro, 1995.

FRIEDMAN, MILTON Inflação: Suas Causas e Consequências. Rio de Janeiro: Ed. Expressão e Cultura, 1969.

GALBRAITH, JOHN KENNEDY, A Economia e Objetivo Público, Livraia Martins Editora, 1975.

GUDIN, EUGENIO, Princípios de economia Monetária, Livraria AGIR Editora, Rio de Janeiro, 1979.

HAYEK, FRIEDRICH A., Desemprego e Política Monetária, Editora José Olympio, 1985.

HUGON, PAUL, História das Doutrinas Econômicas, Editora ATLAS S.A., 1980.

KEYNES, JOHN MAYNARD, A Teoria Geral, do Emprego, do Juro e da Moeda, Editora ATLAS S.A., São Paulo, 1982.

KEYNES, MILO, (coordenador) Ensaios sobre John Maynard Keynes, Editora Paz e Terra, Rio de Janeiro, 1977.

KURTZMAN, JOEL, a Morte do Dinheiro – Como a economia eletrônica desestabilizou os mercados mundiais e criou o caos financeiro, Editora ATLAS S.A., São Paulo, 1995.

MARTIN, HANS-PETER e SCHUMANN, HARALD, A Armadilha da Globalização – O assalto à democracia e ao bem-estar social, Editora Globo S.A., São Paulo, 1999.

MOFFIT, MICHAEL, O Dinheiro do Mundo: De Bretton-Woods, a Beira da Insolvência, Editora Paz e Terra, 1985.

MYRDAL, GUNNAR, Desafio à Riqueza, Editora Brasiliense, São Paulo, 1966.

PATINKIN, DENNIS, Money, Interest and Prices. New York: Harper & Row, 1965.

PEREIRA, LUIZ BRESSER, NAKANO, YOSHIAKI, Inflação Inercial e Choque Heterodoxo no Brasil, in Inflação Inercial, Teorias sobre Inflação e o Plano Cruzado, Editora Paz e Terra, 1986.

RAMALHO, VALDIR, Déficit Público, Política Monetária e os Erros de Concepção do Plano Cruzado, IBRE/FGV, CEMEL, 1987.

REGO, JOSÉ MARCIO (organizador), Inflação Inercial, Teorias sobre Inflação e o Plano Cruzado, Editora Paz e Terra, Rio de Janeiro, 1986.

RESENDE, ANDRÉ LARA, a Moeda Indexada: Uma proposta para Eliminar a Inflação Inercial, in "Inflação Inercial, teorias Sobre Inflação e o Plano Cruzado, Editora Paz e Terra, 1986.

RESENDE, A. L. Juros, Moeda e Ortodoxia - teorias monetárias e controvérsias políticas, Editora Schwarcz S.A., São Paulo, 2017.

SARGENT, THOMAS, Os Finais de Quatro Hiperinflações, in Inflação Inercial, teorias Sobre Inflação r o Plano Cruzado, Editora Paz e Terra, 1986.

SCHACHT, HJALMAR, Setenta e Seis Anos de Minha Vida - A autobiografia do mago da economia alemã da República de Weimar do III Reich, Editora 34, São Paulo, 1999.

SILVA, REYNALDO D.M., Inflação O mal do Século, ARIEL Editora, Brasília, DF, 1990.

SILVA, ALDROALDO MOURA DA, Inflação: Reflexões a Margem da Experiência Brasileira in Inflação Inercial, teorias Sobre Inflação r o Plano Cruzado, Editora Paz e Terra, 1986.

SIMONSEN, MARIO HENERIQUE, Experiências Anti-inflacionárias: Lições da História, in Inflação Inercial, teorias Sobre Inflação e o Plano Cruzado, Editora Paz e Terra, 1986.

SIMONSEN, MARIO HENERIQUE, Macroeconomia, Editora APEC, 1974.

SIMONSEN, MARIO HENERIQUE, Brasil 2001, APEC Editora S.A., Rio de Janeiro, 1977.

SIMONSEN, MARIO HENERIQUE, Palestras e Conferências, Ministério ad Fazenda, 1975.

SIMONSEN, MARIO HENERIQUE, Palestras e Conferências, Ministério ad Fazenda, 1976.

SI SIMONSEN, MARIO HENERIQUE, Palestras e Conferências, Ministério ad Fazenda, 1977.

MONSEN, MARIO HENERIQUE, Palestras e Conferências, Ministério ad Fazenda, 1978.

SHUMPETER JOSEPH, A., A História da Análise Econômica,

TAVARES, MARIA DA CONCEIÇÃO, BELLUZZO, LUIZ GONZAGA, Uma Reflexão Sobre a Natureza da Inflação Contemporânea, in Inflação Inercial, teorias Sobre Inflação r o Plano Cruzado, Editora Paz e Terra, 1986.

WACHTEL, HOWARD, Os Mandarins do Dinheiro – As origens da Nova Ordem Econômica Supranacional, Editora Nova Fronteira S.A., Rio de Janeiro, 1988.